Schnäppchenführer

# Shopping in NORDITALIEN

von Gertrud Born

## Fabrikverkauf

**Die Top-Marken**



Fink-Kümmerly+Frey

Zeppelinstraße 29 – 31,
73760 Ostfildern
2. Auflage

Autorin: Gertrud Born
Herausgeber: Heinz Waldmüller

ISBN: 3-7718-1003-5

Herstellung: Ralf Rüffle
Titelgestaltung: Isabel Müller, Büro Seufferle
Kartographie: Bernd Matthes
Satz: Dorner GmbH
Druck: Ebner Ulm

# Liebe Leserin, lieber Leser,

wir alle wissen, Italien ist Spitze in Mode und Design. Die ganze Welt orientiert sich an Italien. Sollte es in diesem Land mit seinen berühmten Designern und Fabriken keine Fabrikverkäufe und Schnäppchen geben? Natürlich gibt es sie! Ich habe sie gefunden! Es war gar nicht so schwer. Angefangen hat alles im schwäbischen Metzingen. Dort gibt es Deutschlands berühmtesten Fabrikverkauf, den Herrenausstatter BOSS. Damit haben wir den ersten Schnäppchenführer in Baden-Württemberg im Jahr 1992 gestartet. Die Firma BOSS wurde vor einigen Jahren an den italienischen Textilkonzern Marzotto verkauft. Marzotto hat seinen Sitz im norditalienischen Valdagno, in der Provinz Vicenza. Also fuhr ich nach Valdagno, wohin sich sonst kein Tourist verirrt.

Siehe da, Marzotto hat, drei Kilometer nördlich von Valdagno, in Maglio di sopra, einen günstigen und äußerst gut sortierten Fabrikverkauf. Die Marzottotochter Lebole im toskanischen Arezzo ebenso. Außerdem hatte ich mich bei den Recherchen zu dem „Schnäppchenführer Schweiz" an der italienischen Grenze verfahren und landete im Fabrikverkauf der berühmten Designerfirma Alessi. Dort traf ich eine Schwäbin, die ansonsten Alessiware in einem schicken Laden in Deutschland verkauft und im Urlaub direkt beim Hersteller einkaufte, weil es billiger ist.

So entstand die Idee, einen „Schnäppchenführer Norditalien" zu erstellen. Ich sammelte alle bekannten italienischen Marken von Cerruti bis Sergio Tacchini und machte den Firmensitz ausfindig. Zwischendurch fand ich in Zeitungen immer wieder einmal zaghafte Tips für den Einkauf in Italien mit einigen wenigen Adressen.

Freundliche Italiener halfen mir bei der Suche nach den Fabrikverkäufen in Städten, Dörfern und Industriegebieten, die dort „Spaccio" oder „Vendita diretta" heißen. Wochenlang war ich in Norditalien unterwegs. Es waren keine Urlaubsreisen, sondern Knochenarbeit. Preise mußten verglichen, Qualitäten eingeordnet werden, die Streckenbeschreibungen waren Schwerstarbeit.

Fast immer war ich die einzige Deutsche in den Fabrikverkäufen. Aber ich habe deutsche Touristen getroffen, die auch im Urlaub auf ihr Geld achten und auf der Suche nach einem Fabrikverkauf waren. In der Nähe des Gardasees habe ich einer Familie aus Ravensburg helfen können, die einen Fabrikverkauf für Schuhe suchten.

In Italien ist der Fabrikverkauf viel unkomplizierter als bei uns. Die Firmen werben mit großen Schildern am Straßenrand für ihren Fabrikverkauf, auf diese Weise habe ich sehr viele Einkaufsmöglichkeiten einfach zufällig entdeckt.

Der italienische Fabrikverkauf hat einige Besonderheiten. Wichtig: In der Zeit von Ende Juli, im August und manchmal sogar in der ersten Septemberwoche haben fast alle Fabriken und Fabrikverkäufe und viele Stockisten geschlossen. Außerdem: Es gibt Bereiche, wo nicht nur die Fabrikverkäufe günstig sind, sondern wo das ganze italienische Preisniveau niedriger ist, zum Beispiel bei Schuhen und Lampen. Eine Besonderheit ist auch, daß in Italien der Sommerschlußverkauf von 10. Juli bis 10. September dauert und der Winterschlußverkauf entsprechend vom 10. Januar bis 10. März. Die Preise sind in dieser Zeit überall reduziert und in den Fabrikverkäufen natürlich noch mal zusätzlich.

Und nun viel Spaß in bella Italia!

Gertrud Born
Autorin

Die Adresse: J. Fink-Kümmerly + Frey
Schnäppchenführer
z. Hd. Gertrud Born
Zeppelinstrasse 29–31
D-73760 Ostfildern

# Zum Inhalt

Italien ist ein Einkaufsparadies. Italien steht für gutes Essen, gute Weine, für Mode und Design – kurz für Eleganz, für Kreativität und für die Leichtigkeit des Seins. Italien liegt im Trend, und was liegt näher, als hier einzukaufen mit Rabatten von 20 bis 50%?

Man muß nur die richtigen Adressen, die Öffnungszeiten und die Wegbeschreibung kennen. Das bietet der „Schnäppchenführer Norditalien": die Top-Adressen der „Venditi diretti" oder der „Stocchisti", die in Italien viel zu finden sind. Stockisten sind Firmen, die Restbestände und Musterkollektionen namhafter Hersteller und Designer aufkaufen und mit etwa 50%iger Ersparnis gegenüber dem Einzelhandel in zum Teil sehr gepflegten oder aber auch unscheinbaren Lagerverkäufern weiterveräußern.

Sei es Bett- oder Tischwäsche, Wolle, Strickwaren, Damen-, Herren- oder Kinderbekleidung, Schuhe, Handtaschen und andere Lederwaren, Sport- oder Freizeitkleidung, Haushaltswaren, Möbel, Lampen oder Fahrräder, bei einem Einkauf mit den Tips dieses Buches haben Sie die Kosten für das Buch schon wieder hereingeholt.

Beginnen wir unsere Schnäppchentour in Mailand, der Stadt der Mode, der großen Designer, und in der Provinz Mailand. Hier gibt es von allem etwas: Mode, Schuhe, Lederwaren, Lampen, Möbel. Verständlicherweise gibt es bei Dolce & Gabbana keinen Fabrikverkauf, auch nicht bei Versace. Aber diese Namen finden Sie in den Stocks, oder zum Teil in Fabriken, die für diese Designer arbeiten. Ähnlich ist es bei den bekannten Herstellern von Designermöbeln. Flexform und Mastrangelo sind nur zwei von vielen großen Namen aus Meda, der Stadt der Möbel. Es gibt Showrooms, aber für den Privatmann gibt es nur die Möglichkeit, die Möbel im Schaufenster anzusehen. Die Gegend von Meda bis Cantù in der Provinz Como bietet jedoch reiche Auswahl an Stilmöbeln und edlen, in Handarbeit gefertigten Intarsienmöbeln. Italien liegt mit dieser Tradition im Trend, den Roger Saul, Inhaber der englischen Firma Mulberry, neu entdeckt und seinen Firmenumsatz mit edlen Remakes bereits verdoppelt hat. Designermöbel z. B. von Philippe Starck finden Sie in Binasco bei Kartell.

Wenn wir unsere Schnäppchentour nach Westen hin fortsetzen und über Parabiago, Lomazzo Cirimido in die Provinzen Novara und Biella weiterreisen, kommen Sie bestimmt mit den richtigen Schuhen in der Gegend der Woll- und Stoffherstellung an. In der Provinz Biella erwarten Sie Namen wie Escada und Cerruti und außerdem die Strada Trossi, die man umbenennen könnte in die „Schnäppchenstraße". In der Provinz Novara, in der Nähe des Ortasees schließlich, treffen Sie auf Alessi, und wenn Sie sich mit unbekannteren Namen zufriedengeben, ist Crusinallo ein Kochtopfparadies.

Verbinden Sie Ihren Urlaub am Gardasee mit einer Schnäppchentour: Sie finden in der Provinz Verona Schuhe und Mode, das richtige Revier für Mode ist jedoch die Provinz Vicenza, und zwar das Val d'Agno von Montecchio Maggiore bis Maglio di sopra und für Schuhe die Provinz Padova, vorbei an der Straße der Schuhmacher, Richtung Mestre in der Provinz Venezia. Ein Ausflug nach Venedig führt Sie vielleicht zur Übernachtung nach Mestre. Auch Mestre hat eine schöne Piazza und in diesem Bereich vier „Stocchisti", die Designermode zu günstigen Preisen anbieten.

Ein Bildungsurlaub in Florenz, eine Reise ans Meer, nach Rimini oder Ancona, wo immer in Norditalien Ihr Urlaubsziel ist, es ist stets Ausgangspunkt für ein lohnendes Schnäppchen.

Nachstehend finden Sie eine Legende der Provinzkürzel, die in den Kopfzeilen der Firmenseiten auftauchen und Ihnen die Orientierung erleichtern:

| | |
|---|---|
| AN – Ancona | MO – Modena |
| AR – Arezzo | NO – Novara |
| BG – Bergamo | PD – Padova |
| BI – Biella | PV – Pavia |
| BO – Bologna | SI – Siena |
| BS – Brescia | TN – Trento |
| BZ – Bolzano | TV – Treviso |
| CO – Como | VA – Varese |
| FI – Firenze | VC – Vercelli |
| FO – Forli | VE – Venezia |
| MI – Milano | VI – Vicenza |
| MN – Mantova | VR – Verona |

# Warum dieses Buch erfunden werden mußte

Meine erste Bekanntschaft mit dem Schnäppchenland Italien hatte ich nicht in Mailand oder Rom, sondern in Berlin bei der STIFTUNG WARENTEST. Es war beim Festakt „25 Jahre STIFTUNG WARENTEST“. Damals war ich Redakteur in der Ratgeber-Redaktion des Süddeutschen Rundfunks und wollte einen außergewöhnlichen „O-Ton“, den wichtigsten Buchstaben im Rundfunker-Abc, aus Berlin mitbringen. Es schien mir ziemlich aussichtslos, das mit dem außergewöhnlichen „O-Ton“, bis der damalige Bundespräsident, Richard von Weizsäcker, ans Rednerpult schritt. Auf einmal war bei mir der Kick da: Du mußt ein Interview mit dem Bundespräsidenten machen, so nach dem Motto – der Bundespräsident ein Verbraucher wie du und ich! Kauft der überhaupt ein, weiß er wie ein Supermarkt aussieht, kennt er seine Schuhgröße, weiß er was ein Kubikmeter Wasser kostet?

Ich ging also nach dem Festakt auf den Bundespräsidenten Richard von Weizsäcker zu, erklärte ihm mein Informationsziel. Er nickte freundlich, und ich schaltete mein Tonband an. Ich fragte ihn: „Kaufen Sie Ihre Schuhe selbst oder werden Ihnen da 20 Paar zur Auswahl ins Präsidentenamt geschickt?“ Von Weizsäcker lächelte verschmitzt: „Meine Schuhe kaufe ich in Italien! Die machen dort einfach erstklassige Schuhe.“

Als wir das Interview sendeten, hatte ich so meine Probleme. Die Journalisten-Kollegen fanden es sehr merkwürdig, den Bundespräsidenten danach zu fragen, wo er seine Schuhe kaufe. Vom Niedergang des Journalismus war die Rede und davon, ob ich wirklich keine sinnvolleren Fragen an den Bundespräsidenten habe.

In meinem privaten Freundeskreis schwärmten vor allem die Frauen vom guten Geschmack des Bundespräsidenten, und sie beschlossen, auch in die „Stiefelrepublik Italien“ zu fahren um den Schuhkauf dort auszuprobieren. Und dann ging es um die italienische Mode, diese flatter- und launenhafte, die immer wieder neue Höhepunkte setzt. Von Armani bis Byblos, von Prada bis Versace wurden die Nobelmarken gepriesen. Aber nicht nur für Damenmode, auch für Herrenmode steht Italien: Seidenkrawatten, Hemden und Anzüge von Weltmarken werden hier produziert, und außerdem steht Italien für Design in Küche und Wohnung.

Zum Markt gehört der Preis. Ab Fabrik kauft man in Italien zum besonders günstigen Preis. Ein italienischer Hersteller hat mir verraten: „Ich produziere einen Pullover für 30 DM. Wenn ich ihn in hoher Stückzahl für eine große Marke produziere, verkauft diese große Marke meinen Pullover für den fünffachen Preis, also für 150 DM an den Einzelhändler. Der Einzelhändler schlägt noch einmal 100% plus Mehrwertsteuer drauf. Merken Sie, was einen Pullover teuer macht? Ich bekomme für einen fertigen Pullover 30 DM, im deutschen Laden wird er für über 300 DM verkauft. Hier verkaufe ich diesen Pullover im Fabrikverkauf für etwa 80 DM.“

Die klugen Verbraucher machen solche Preisaufschläge nicht mehr mit. Sie planen Ihre Urlaubsreise mit Umwegen zu den Fabriken. Das Zauberwort für Italien heißt also: Einkaufen ab Fabrik, und zwar Markenqualität – mit oder ohne großes Label – zum supergünstigen Preis.

Problem nur: Wo finde ich in Italien die erstklassigen Hersteller, die direkt ab Fabrik verkaufen? Genau diese Adressen mit Warenangebot, Wegeskizze und allem Drum und Dran hat Gertrud Born in mühevoller Detailarbeit vor Ort recherchiert und für Sie im SCHNÄPPCHENFÜHRER NORDITALIEN zusammengestellt: Das ist eine Leistung, die ich bewundere.

Vielleicht gehören Sie zu den über sieben Millionen Deutschen, die Jahr für Jahr Urlaub in Italien machen. Dann dürfen Sie sich freuen, wenn Sie den Schnäppchenführer NORDITALIEN in Ihrem Handschuhfach haben. Dann können auch Sie einkaufen wie ein Bundespräsident.

Gute Einkäufe darf ich Ihnen wünschen mit dem
SCHNÄPPCHENFÜHRER NORDITALIEN

Heinz Waldmüller
Erfinder und Herausgeber der
Schnäppchenführer zum Einkaufen ab Fabrik

# Zum Gebrauch dieses Buches

**Die Übersichtskarten** auf den Seiten 12–13 zeigen deutlich, wo die Zentren der „Venditi diretti“, der „Stocchisti“ und sonstigen günstigen Einkaufsquellen in Norditalien liegen. Diese Karte ist ein erster Orientierungsrahmen für Ihre Schnäppchentour.

**Das Inhaltsverzeichnis** (Seite 14–22) gibt nun genauere Orientierung. Nach Provinzen und danach streng alphabetisch, stellen sich die Orte mit Fabrik- und Lagerverkauf etc. vor: alphabetisch angeordnet nach Firmennamen, nicht nach Markenbegriffen.

**Anwendungsbeispiel:** Sie möchten wissen, was es in Milano neben Etro noch so alles gibt. Im Inhaltsverzeichnis unter „Milano“ stehen Firmen. Die Details gibt es im Hauptteil des Buches, Seite 137–149. Von der Streckenbeschreibung „Wie komme ich nach Milano?“ über die Orientierungskarten bis hin zu Warenangebot, Ersparnis, Einkaufssituation und Öffnungszeiten erfahren Sie hier Seite für Seite die Spezial-Informationen zu jeder einzelnen Firma.

➤ Dieser Pfeil in den Orientierungskarten zeigt Ihnen den Standort der jeweiligen Firma an.

**Ein Waren- und Firmenregister** am Schluß des Buches (S. 216–221) dient als zusätzliche Suchhilfe. Dieses Register gibt zusätzlich erste Hinweise auf die jeweiligen Warengruppen einer Verkaufsstelle.

**Anwendungsbeispiele:** Sie suchen die Firma Sergio Tacchini. Sie finden das Unternehmen am schnellsten im Firmen- und Markenregister. Zusätzlich erhalten Sie die Basisinformation, daß diese Firma Sportkleidung ab Fabrik verkauft (Seite 67).

**Wichtig noch:** Jede Firmenbeschreibung ist eine Momentaufnahme. Redaktionsschluß war der 1. Oktober 1996. Letzte Überprüfung war im September 1996. Falls sich die Einkaufssituation geändert hat, tragen Sie das unter Ihren persönlichen Einkaufsnotizen ein (Seite 222ff.), und berichten Sie uns Ihre Erfahrungen (s. auch Seite 4).

**Ganz wichtig ist, daß alle „Venditi diretti" und fast alle „Stocchisti" in der Zeit zwischen Ende Juli, August und teilweise noch in der ersten Septemberwoche Ferien machen oder ihre Lager auffüllen und deshalb geschlossen haben.**

Wenn Sie's genau wissen wollen, rufen Sie an. Die Vorwahl nach Italien ist: 00 39; die nächste Null der Vorwahl für den Ort entfällt.

**Was Sie noch beachten sollten, sind die Zollvorschriften bei der Durchreise durch die Schweiz:** Lassen Sie sich bei Ihrem Einkauf in Italien eine Rechnung auf Ihre Heimatadresse in Deutschland ausstellen. Wenn der Zollbeamte Ihnen vertraut, können Sie so ohne weiteres mit Ihrer Ware durch die Schweiz fahren. Wenn nicht, müssen Sie eine Sicherheit hinterlegen. Das heißt, Sie müssen bei der Einfahrt in die Schweiz 10% des Warenwerts, der höher ist als 200,– sfr. bezahlen. Bei der Ausreise bekommen Sie Ihr Geld wieder zurück.

# Ein Wort zum Fabrikverkauf

**Nicht alle Adressen in diesem Buch haben Fabrikverkauf im Rechtssinne.**

**Für Fabrikverkauf im Rechtssinne gibt es strenge Rechtsnormen. Als Verbraucherjournalisten haben wir unsere Aufgabe nicht darin gesehen zu überprüfen, ob die aufgeführten Firmen Fabrikverkauf im Rechtssinne durchführen. Ausschlaggebend war vielmehr die Frage: Ist dieser Verkauf für den Leser eine gute Einkaufsadresse im Sinne von Warenqualität und preisgünstig einkaufen? Deshalb gibt es in diesem Buch auch Vertriebsgesellschaften, Lagerverkauf, Direktverkauf, Werksläden oder auch Einzelhandelsgeschäfte, die Ware aus der eigenen Fabrik zu günstigen Preisen verkaufen.**

**Die Firmenadressen beschreiben, unter welchen Anschriften wir die Unternehmen erreicht haben. Sie geben keine Auskunft über die Rechtsform oder über die Gesellschaft, die den Verkauf betreibt.**

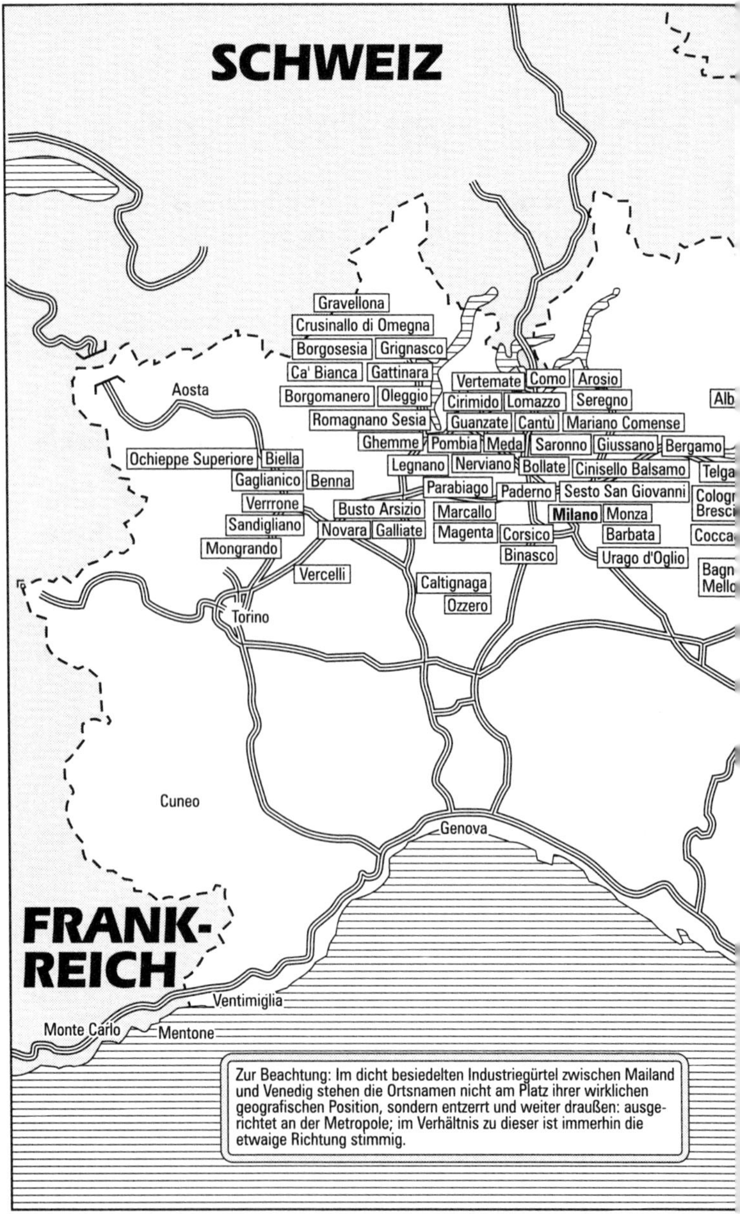


Zur Beachtung: Im dicht besiedelten Industriegürtel zwischen Mailand und Venedig stehen die Ortsnamen nicht am Platz ihrer wirklichen geografischen Position, sondern entzerrt und weiter draußen: ausgerichtet an der Metropole; im Verhältnis zu dieser ist immerhin die etwaige Richtung stimmig.

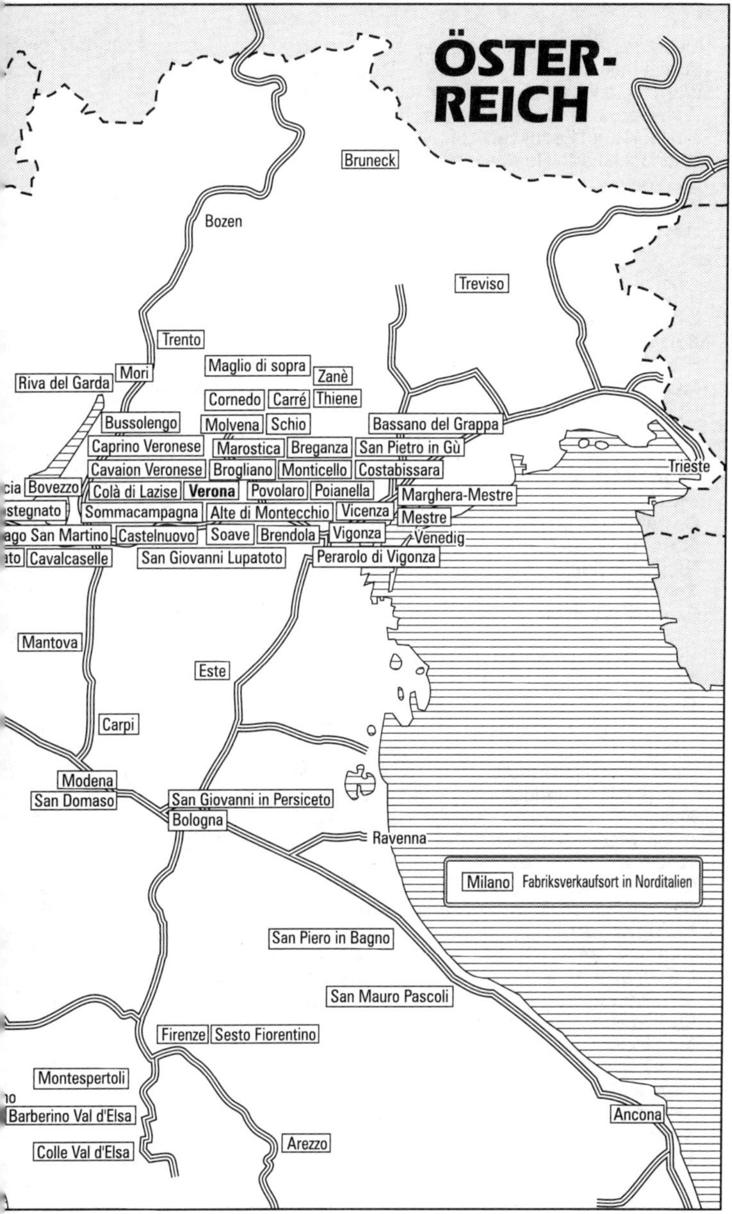
ÖSTER-
REICH
Bruneck
Bozen
Treviso
Trento
Maglio di sopra
Zanè
Mori
Riva del Garda
Cornedo
Carré
Thiene
Bussolengo
Molvena
Schio
Bassano del Grappa
Caprino Veronese
Marostica
Breganza
San Pietro in Gù
Cavaion Veronese
Brogliano
Monticello
Costabissara
Trieste
Bovezzo
Colà di Lazise
Verona
Povolaro
Poianella
Marghera-Mestre
Sommacampagna
Alte di Montecchio
Vicenza
Mestre
Castelnuovo
Soave
Brendola
Vigonza
Venedig
Cavalcaselle
San Giovanni Lupatoto
Perarolo di Vigonza
Mantova
Este
Carpi
Modena
San Domaso
San Giovanni in Persiceto
Bologna
Ravenna
Milano
Fabriksverkaufsort in Norditalien
San Piero in Bagno
San Mauro Pascoli
Firenze
Sesto Fiorentino
Montespertoli
Barberino Val d'Elsa
Ancona
Arezzo
Colle Val d'Elsa

# Die Vor- und Nachteile des Fabrikverkaufs

**Vorteile für den Verbraucher:**

1. Günstige Einkaufsmöglichkeit.
2. Meist Markenqualität.
3. Sehr gutes Preis-Leistungs-Verhältnis.
4. Beim Fabrikverkauf gibt es ab und zu die Möglichkeit, zumindest zum Teil den Produktionsbetrieb kennenzulernen.

**Die Nachteile für den Verbraucher:**

1. Nicht immer ist jeder Artikel in der gewünschten Farbe oder Größe vorhanden. Wobei in Italien noch zu beachten ist, daß eine italienische Damengröße 42 in der Regel einer deutschen Größe 38 entspricht, aber Ausnahmen bestätigen die Regel. So ist z. B. eine Größe 42 bei Escada tatsächlich auch eine deutsche Größe 42. Bei den Herren gibt es nichts für die „extra langen". Es gibt z. B. keine Größen 92, 98, 102 usw.
2. Meist gibt es nur die Ware des Herstellers.
3. Dadurch geringe Möglichkeiten des Preisvergleiches vor Ort.
4. Lange Anfahrtswege, höherer Zeit- und Kostenaufwand.
5. Angesichts der niederen Preise und des Angebots könnte ein Kaufrausch entstehen.
6. Bei 2. Wahl könnten gravierende Fehler übersehen werden.
7. Kein Umtauschrecht.
8. Oft fehlende modische Aktualität.
9. Kaum Beratung.
10. Oft keine gepflegte Einkaufsatmosphäre, sondern Lagerhalle.

# Was spart man beim Fabrikverkauf?

Wir geben die Ersparnis in Prozentzahlen an. Diese Angaben sind natürlich nicht wissenschaftlich nachvollziehbar. Es sind Schätzungen nach aktuellen Preisvergleichen.
Zum Beispiel Schuhe von Lario aus Cirimido: Wir haben Pumps für 119.000 Lit. probiert, die in einem Schuhgeschäft in Stuttgart 298 DM kosten. Das ist eine Ersparnis von rund 60%. Vielleicht hatten die Schuhe im Fabrikverkauf bei Lario einen kleinen Fehler, wir konnten aber keinen finden. Doch so wie uns geht es sicher vielen Verbrauchern: Der Fehler stört uns nicht. Wichtig ist, daß wir schöne, günstige Schuhe finden.
Natürlich ist das Schuhgeschäft in Stuttgart schöner als der Fabrikverkauf in Cirimido. Aber auch das stört uns nicht. In Italien gibt es übrigens viele Schuhgeschäfte, die fast fabrikverkaufsmäßig einfach ausgestattet sind. Und wir schließen auch nicht aus, daß Sie hier günstige Schuhe finden und besonders zu den Schlußverkaufszeiten. Aber zu Schlußverkaufszeiten sind die Waren im Fabrikverkauf ebenfalls nochmals reduziert.
Wir haben auch Preisvergleiche in Italien angestellt. Im Zentrum von Verona kosten Schuhe von Baldinini um bzw. über 300.000 Lit. In San Mauro Pascoli haben wir Schuhe aus der neuen Kollektion um 220.000 Lit. gefunden, aus der Vorsaison sind die Schuhe dann nochmals um 100.000 Lit. günstiger.
Der Leser muß bei den Prozentangaben jeweils bedenken, daß es zum Teil 2.-Wahl-Ware ist, die 50% billiger angeboten wird, oder Ware aus der vorherigen Saison, oder daß es Musterkollektionen sind, die mehrfach vorgeführt und anprobiert worden sind. Der Leser muß wissen, daß hier zum Teil mindere Qualität mit einer fehlerfreien Ware verglichen wird.
Bei manchen Waren liegt der italienische Ladenpreis deutlich niedriger als in Deutschland. Wir sind dann jeweils von der Ersparnis im Vergleich zum italienischen Ladenpreis ausgegangen. Die Prozentangaben sollten aber nicht allein stehen, wir haben uns deshalb bemüht, immer das Warenangebot genau zu beschreiben und dazu einzelne Preise zu benennen, um Ihnen auf den ersten Blick zu zeigen in welchem preislichen Rahmen z. B. eine Herrenjacke von Cerruti oder Etro liegt.

**HEGE UND PFLEGE**

# Das Schnäppchen-Jagdrevier

*Das Schnäppchen-Jagdrevier in Norditalien ist groß. Wir haben noch viele Adressen, die fast einen weiteren Schnäppchenführer füllen könnten. Wir haben jedoch versucht, die interessantesten Adressen zu recherchieren und für jeden Geschmack und jeden Geldbeutel die richtige Mischung zu finden.*

*Zwei Super-Adressen, die wir aus Zeitgründen nicht recherchieren konnten, wollen wir Ihnen jedoch nicht vorenthalten:*

**San Mauro Pascoli (FO), Via Veneto, 16, Telefon: 0541/930960**
**Sergio Rossi, Damenschuhe**
**Öffnungszeiten:** Montag bis Mittwoch und Freitag 15.30 bis 18.30 Uhr.
**Wegbeschreibung:** Von Baldinini (S. 183) fahren Sie auf der Via Rio Salto Richtung Centro, kurz davor nach rechts in die Via G. Pascoli und wieder rechts in die Via A. Gramsci bis zur Via Veneto, dort nach links. Auf der linken Seite finden Sie in einem Wohnhaus Sergio Rossi Diffusion.

**Vigevano (PV), Via Gambolina, 48, Telefon: 0381/42476**
**Armando Pollini, Damenschuhe**
**Öffnungszeiten:** Montag bis Freitag 17.00 bis 18.00 Uhr, Samstag 9.00 bis 12.00 Uhr.
**Wegbeschreibung:** SS 494 von Milano kommend an der Abzweigung Richtung Centro vorbei. Nach der Tankstelle weitere 150 m, dann liegt auf der rechten Seite gegenüber von Full Moda, hinter Zaun und Bäumen versteckt, die Verkaufsstelle.

Versuchen Sie Ihr Glück auf eigene Faust, wenn Sie in der Nähe sind, und schreiben Sie uns Ihre Erfahrung!
Wie jeder andere Jäger, muß auch der Schnäppchenjäger sein Revier pflegen. Deshalb helfen Sie uns, wenn sich an den Adressen in diesem Buch, seit unserem letzten Besuch, etwas geändert haben sollte. Aber schicken Sie uns keine neuen Adressen! Wir haben reichlich, und auch Sie werden, wenn Sie mit den Augen eines Schnäppchenjägers durch Italien fahren, viele Hinweise auf einen „Spaccio“ oder „Vendita diretta“ finden.

**SAILOR** **CHERVO** **SKORPION BAY**

# Sport und Mode

*Immer häufiger wird heute Sportbekleidung zu modischer Freizeitkleidung oder gar zum Kult. Beispiele wie Snowboardklamotten oder Inlineskateausrüstungen kennt jeder. Auf dieser Welle bewegt sich auch die Firma Maglieria Gipsy. Neue flippige Sportklamotten dieser Firma kann man zu beinahe jedem Ereignis anziehen.*

**Warenangebot:** Poloshirts, Allwetterjacken, Stoffhosen in flippigem Styling, Jeans, Bermudas, Aerobicdresses, Sporttaschen, Badeanzüge, Westen, Pullis.

**Ersparnis:** 30%. Preisbeispiele: Sailor-Jeans 35.000 Lit., Skorpion-Bay-Pulli 40.000 Lit., Sailor-Polo 40.000 Lit., Badehose 30.000 Lit., Bermudas 40.000 Lit., Allwetterjacke 140.000 Lit., Weste 39.000 Lit., karierte Chervo-Hose 75.000 Lit., Sporttasche 35.000 Lit.

**Einkaufssituation:** großer Fabrikverkauf mit vielen Sonderangeboten und riesiger Auswahl, der unzählige Überraschungen bereithält. Ausreichend Umkleidemöglichkeiten.

**Firma:** Maglieria Gipsy S.R.L., Via Sottoprovinciale, 24 - 24021 Albino (BG), Telefon: 0 35/75 34 19.

**Öffnungszeiten:** Montag bis Freitag 9.00 bis 12.30 und 15.00 bis 19.00 Uhr, Samstag 9.00 bis 12.00 und 15.00 bis 18.00 Uhr.

**Streckenbeschreibung:** In Bergamo Richtung Val Seriana. Durch Albino durch in den Teilort Comenduno. In Comenduno an der Ampel rechts und gleich wieder links in die Via Sottopronvinciale, die sie nun bis ganz ans Ende durchfahren sollten. Da ist das Fabrikgebäude und der Verkauf.

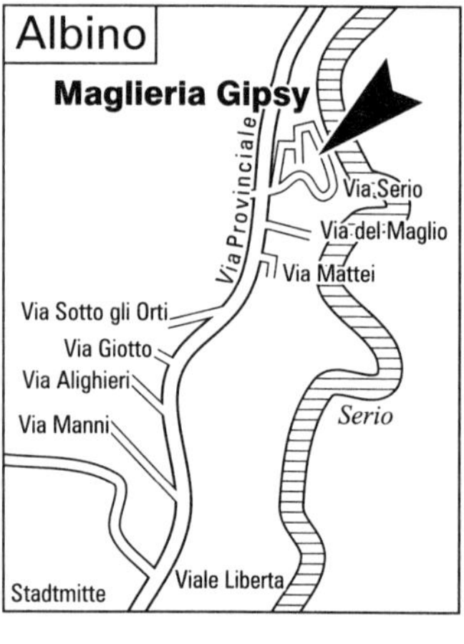

**ANNALISA FERRO** **ESTASI**

# Wie wär's mit einem neuen Lieblingsstück?

*Ob elegant, feminin, romantisch oder sportlich, die Kombination aus feinstem Material und raffiniertem Schnitt ist verführerisch und erfüllt höchste Ansprüche sowohl im Showroom in Milano als auch in der Näherei in Alte di Montecchio Maggiore.*

**Warenangebot:** Kostüme, Nachmittagskleider, auch sportliche und elegante Kleider, Jacken Hosenanzüge, Blusen, Pullis, Röcke und eine sehr kleine Auswahl an Handtaschen. Die Kleidergröße hört bei 48 – was einer deutschen Größe 42/44 entspricht – auf.

**Ersparnis:** 30%. Preisbeispiele: 3teiliger Hosenanzug im Safaristil 650.000 Lit., Nachmittagskleid mit kurzem Arm 831.000 Lit., Sommerkleid ohne Arm um 500.000 Lit.

**Einkaufssituation:** gepflegter Showroom. Da die Näherei im Haus ist, werden kleine Änderungen binnen einer Stunde ohne Aufpreis ausgeführt.

**Firma:** Annalisa Ferro, Viale Industria, 40 - 36041 Alte di Montecchio Maggiore (VI), Telefon: 04 44/49 13 28.

**Öffnungszeiten:** Montag 15.30 bis 19.30 Uhr, Dienstag bis Samstag 9.00 bis 12.30 und 15.30 bis 19.30 Uhr.

**Streckenbeschreibung:** A 4 – Milano–Venezia, Abfahrt Montecchio Maggiore, rechts nach Montecchio M. und nach 100 m wieder rechts in die Via L. Galvani. Bereits an der ersten Kreuzung (Viale Industria) liegt links die Fabrikation mit Showroom.

GENNY

# Man muß nicht Claudia und nicht Genny heißen

*Genny gehört zu der internationalen Designer-Elite für anspruchsvolle, fetzige und auch klassische Damenoberbekleidung, bürgt für hohe Qualität und flotten Stil und kreiert für jede Garderobe den passenden Schuh.*

**Warenangebot:** zur Zeit des Sommerschlußverkaufs begrenzte Auswahl an Kostümen, Hosenanzügen, Kleidern, Blusen, Tops, Pullis, Röcken, Bermudas und Hosen. Für Ware aus der neuen Kollektion standen die leeren Kleiderständer bereit.

**Ersparnis:** bis 50%, auf Schlußverkauf zusätzlich 20%. Preisbeispiele: jugendliches Pepita-Kostüm 423.000 Lit., Jeans um 80.000 Lit., Blazer aus Cupro 427.000 Lit.

**Einkaufssituation:** heller, großer Verkaufsraum mit Lagerhallencharakter im Fabrikgelände. Relativ wenig Umkleidekabinen. Sehr freundliche Bedienung. Handtaschen müssen eingeschlossen werden. Am Verkauf klingeln. – Öffnungszeiten werden nicht so genau eingehalten; evtl. muß man etwas warten.

**Firma:** GENNY MODA S.P.A., SS 16, Zona P.I.P. Baraccola - 60131 Ancona (AN), Telefon: 0 71/87 17.

**Öffnungszeiten:** Montag bis Samstag 10.00 bis 14.00 und 15.00 bis 19.00 Uhr.

**Streckenbeschreibung:** Autobahn A 14, Abfahrt Ancona Süd, auf der SS 16 in Richtung Ancona. An der SS 16 liegt rechts ein riesiges, edles Fabrikgebäude mit Schriftzug Genny auf schwarzem Glashintergrund. Melden Sie sich an der Pforte und folgen dann dem Wegweiser Spaccio.

GIAMPAOLI

# Für Naschkatzen und Krümelmonster

*Das Land Italien ist nicht nur bekannt für Pasta, auch süße Leckerbissen zählen zu dessen Spezialitäten. Schon der Duft auf dem Fabrikgelände dieser „Zuckerbäckerei" bestätigt diese Kunst.*

**Warenangebot:** begrenzte Auswahl an typischen Kuchen, Keksen verschiedener Art und sonstigen Backwaren mittlerer Qualität.

**Ersparnis:** bis 50%. Preisbeispiele: 700-g-Packung Mandelkekse 3.500 Lit., 500-g-Packung Nußkekse 2.000 Lit.

**Einkaufssituation:** kleiner Verkaufsraum in der Keksfabrik. Öffnen erfolgt auf Klingeln. Ware in Regalen und Kartons. Bedienung ist gleichzeitig in der Fertigung beschäftigt. Parkplätze auf dem Werksgelände.

**Firma:** GIAMPAOLI, Industria Dolciaria S.P.A., SS 16, km 307, Zona P.I.P. - 60131 Ancona (AN), Telefon: 0 71/8 04 70 93.

**Öffnungszeiten:** Montag bis Freitag 8.30 bis 12.30 und 14.00 bis 18.30 Uhr.

**Streckenbeschreibung:** A 14, Ausfahrt Ancona-Süd, auf der SS 16 in Richtung Ancona. An der S.S. 16, bei km 307, liegt rechts, gleich nach GENNY, nicht zu übersehen, die Fabrik mit Verkauf.

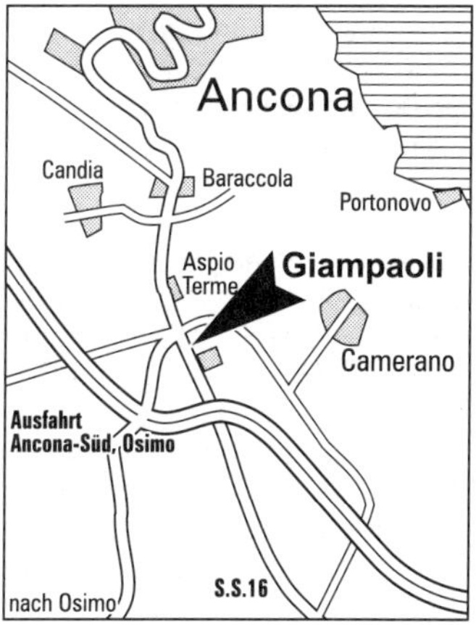

**BORGOFIORI** **LAURA PIU** **MARLBORO**

**ENRICO COVERI** **STUDIO 0001**

# Für Festangestellte, Feste, Ferien

*Ein Factory- Outlet der Marzotto/Lebole-Unternehmensgruppe mit weit mehr als den genannten Marken, dazwischen ist auch mal ein Kleid oder ein Kostüm von Laura Biagiotti. Doch nur, wenn Sie höchstens eine italienische Größe 40 tragen, sonst müssen Sie zu Laura Più greifen.*

**Warenangebot:** Sie können hier die ganze Familie von Kopf bis Fuß – allerdings ohne Schuhe – einkleiden.

**Ersparnis:** 30 bis 50%, bei Waren der Vorsaison mehr. Preisbeispiele: Borgofiori-Kostüm der Vorsaison mit zusätzlich 40% Skonto 253.000 Lit., Ricerche-di-Enrico-Coveri-Herrenhose 100.000 Lit., Studio-0001-Herrensakko 277.000 Lit.

**Einkaufssituation:** großer Lagerverkauf, der auch Ziel mancher Busreise ist.

**Firma:** Lebole/Marzotto S.P.A., Spaccio Via G. Ferraris, 20 - 52100 Arezzo (AR), Telefon: 05 75/30 85.

**Öffnungszeiten:** Montag 15.00 bis 18.30 Uhr, Dienstag bis Freitag 9.30 bis 14.00 und 15.00 bis 18.30 Uhr und Samstag 9.00 bis 13.00 und 14.30 bis 18.30 Uhr.

**Streckenbeschreibung:** A 1 Florenz–Rom, Autobahnabfahrt Arezzo – Raccordo Autostradale Richtung Centro, beim Übergang in die Viale Gaetano Salvemini liegt rechts am Anfang der Via G. Ferraris unübersehbar der Lagerverkauf.

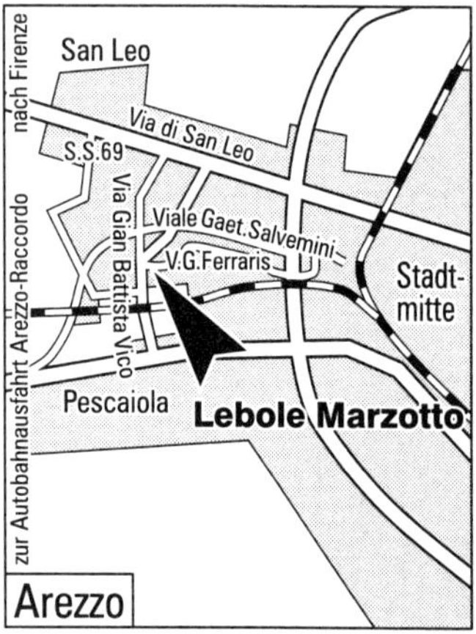

**CHICCO**

# Welche Mutter hat das schönste Kind?

*Man kommt ins Kinderparadies und findet alles fürs Baby bis zum Schulkind, verspielt, schlicht und zweckmäßig unter dem bekannten Namen CHICCO.*

**Warenangebot:** Riesenauswahl an T-Shirts, Kleidchen, Strampelanzügen, Schuhen, Jeans, Kinderwagen und Wippen, Spielzeug und Windeln.

**Ersparnis:** 10 bis 50%. Viele Sonderangebote. Preisbeispiele: Sweatjacke mit Kapuze 14.000 Lit., Sommerstrampelanzug Baumwolle 15.000 Lit., Jeansweste Größe 92 mit 5 Taschen 55.000 Lit., auf Bettchen gibt es 15% und auf Kinderwagen und Wippen 20%.

**Einkaufssituation:** fast unüberschaubarer, neuer, großer Verkaufsraum mit Wühltischen, Regalen und reihenweise Kleiderständern. Extra Ecke mit Sonderangeboten an Kinderbetten, Wagen und Spielzeug.

**Firma:** Crealis S.P.A. TUTTO CHICCO, Via Marconi Angolo Don Baj, 6 - 22060 Arosio (CO), Telefon: 0 31/75 82 22.

**Öffnungszeiten:** Montag 14.30 bis 19.30 Uhr, Dienstag bis Freitag 9.30 bis 12.30 und 14.30 bis 19.00 Uhr, Samstag 9.30 bis 19.00 Uhr.

**Streckenbeschreibung:** von Cantù Richtung Mariano Comense über Mirabello, am Kreisverkehr in Richtung Carugo abbiegen, nach ca. 3 km kommt Arosio. In Arosio nach der Tankstelle bei der ersten Ampel rechts, linker Hand liegt, nicht zu übersehen, CHICCO vor dem Ortsschild Carugo.

**PERFIL SELENE FACIENTA**

# Liebesbringer – keine Liebestöter

*Hier gibt es gute und billige Unterwäsche, für etwas mehr Geld gibt es dann schon sehr schöne Wäsche, die eigentlich keine Wünsche offen läßt.*

**Warenangebot:** Unterwäsche für Frauen und Männer, Strumpfhosen, Morgen- und Bademäntel, Pyjamas, Boxershorts.

**Ersparnis:** 50%. Preisbeispiele: drei einfache Slips für Männer oder Frauen 9.900 Lit., Frauenslip in besserer Ausführung mit BH zwischen 30.000 Lit. und 50.000 Lit., Morgen- und Bademäntel aus Frottee kosten um 100.000 Lit., gute Socken 10.000 Lit., modische Boxershorts 14.500 Lit.

**Einkaufssituation:** mittelgroßer Verkaufsraum mit sehr großer Auswahl. Der ganze Laden wird durch den Spruch: „Nur einfachste Warendarbietung macht unsere Preise möglich" gut umschrieben.

**Firma:** Intimo & Calze, Via B. Buozzi - 25021 Bagnolo Mella (BS), Telefon: 0 30/62 13 23.

**Öffnungszeiten:** Montag bis Donnerstag 9.00 bis 12.00 und 15.00 bis 19.00 Uhr, Freitag und Samstag 9.00 bis 19.00 Uhr.

**Streckenbeschreibung:** A 21 Brescia-Piacenza, Ausfahrt Manérbio, über Leno in Richtung Bagnolo Mella. Nach Überquerung der Autobahn, ist die Via B. Buozzi die dritte Straße auf der rechten Seite. Der Verkauf befindet sich ganz am Ende der Straße, auf der linken Seite und ist deutlich angeschrieben.

**GENTE & MODA** **LUCA PALAZZI** **FERRARI**

# Mode für Gentlemen

*In einer großen Auswahl bietet Gente & Moda dem Kunden alle Vorzüge der italienischen Mode. Beste Stoffe, geschmackvoll bis ins Detail und immer sehr stilvoll. Wenn sie in Mailand jemals gedacht haben, wo diese gut gekleideten Männer wohl einkaufen, es könnte bei Gente & Moda gewesen sein.*

**Warenangebot:** alles was Herrenmode ausmacht. Anzüge, Sakkos, Baumwollhosen, Jeans, Hemden, Krawatten.

**Ersparnis:** 30 bis 40%. Preisbeispiele: klassische Anzughemden in verschiedenen Farben 40.000 Lit., sonstige Hemden um 60.000 Lit., Baumwollhosen um 50.000 Lit., Krawatten 25.000 Lit., Sakkos um 300.000 Lit., Anzüge 400.000 bis 500.000 Lit., Jeans 20.000 Lit.

**Einkaufssituation:** vor allem im klassischen Bereich bleibt kein Auge trocken und kein Hemd ohne Anzug. Für italienisch sprechende Kunden bleibt noch die ausgezeichnete Beratung zu erwähnen.

**Firma:** Gente & Moda, Strada Statale, 11 - 24040 Barbata (BG), Telefon: 03 63/91 40 84.

**Öffnungszeiten:** Montag bis Freitag 15.00 bis 19.00 Uhr, Samstag 9.00 bis 12.30 und 15.00 bis 19.00 Uhr.

**Streckenbeschreibung:** Direkt an der S.S. 11 von Milano nach Brescia gelegen. Kurz nach Isso geht es rechts nach Barbata. Nicht abbiegen sondern auf das Hinweisschild „Gente & Moda“ am Ortseingang Artegnate warten. Dann rechts auf den Parkplatz. Nun ist der Verkauf, der sich in einer Fabrikhalle befindet, zu sehen.

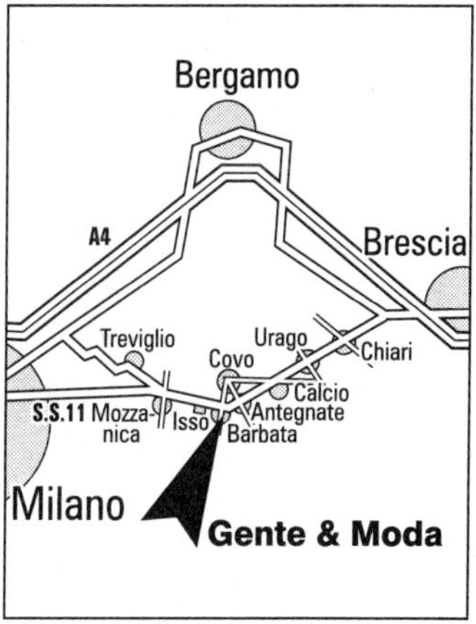

GHERILUCE

# Wo jedem ein Licht aufgehen kann

*Die beiden Schwestern Patricia und Monica Gheri managen eine kleine Produktion und einen Handel mit renommierten Marken, zum Beispiel der italienischen Edelfirmen Murano Due und Toso. Qualitativ und quantitativ hochstehende Programmpalette.*

**Warenangebot:** moderne Designerlampen (Steh-, Wand-, Decken-, und Tischlampen).

**Ersparnis:** 20% unter den italienischen Ladenpreisen, doch das Niveau der italienischen Ladenpreise liegt erheblich unter dem deutschen. Stehlampe von Murano Due 350.000 Lit., Wandleuchte von Toso 140.000 Lit., Wandleuchte Murano Due 250.000 Lit.

**Einkaufssituation:** fabrikähnlicher, karger Verkaufsraum, der aber von der freundlichen Art der Schwestern Gheri „überstrahlt“ wird. Parkmöglichkeit im Hof.

**Firma:** Gheriluce, Via Pisane 36, Loc. Ponte Spada - 50021 Barberino Val d‘Elsa (FI), Telefon: 0 55/8 07 83 28.

**Öffnungszeiten:** Montag 16.30 bis 19.30 Uhr, Dienstag bis Samstag: 10.00 bis 13.00 und 16.30 bis 19.30 Uhr, Sonntag 16.30 bis 19.30 Uhr. Man kann auch in der „Siesta-Zeit“ läuten, weil meist jemand da ist. Im Juli sind Betriebsferien.

**Streckenbeschreibung:** A 1 Bologna–Roma, Ausfahrt Firenze/Certosa, weiter auf der vierspurigen Superstrada Richtung Siena, Ausfahrt Poggibonsi, nicht Poggibonsi/Nord, Ausschilderung Certaldo/Empoli folgen, nach rund drei Kilometern rechts gegenüber Supermarkt „Superal“ ist Gheriluce.

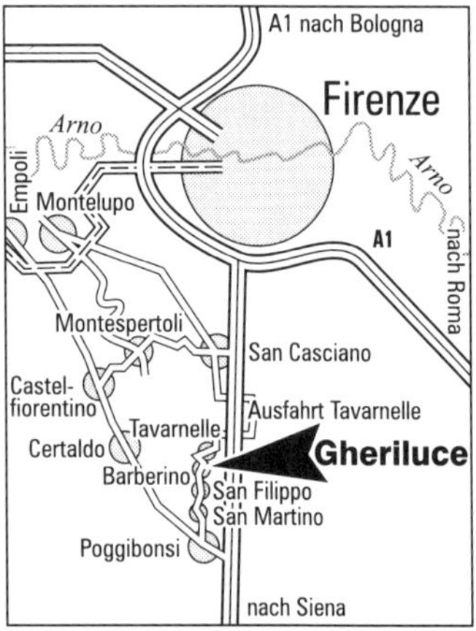

**A.B.C**

# So buchstabiert man Keramik

*Keramikhersteller mit großem Ausstellungsraum. Die Ware ist zurückhaltend, aber nicht ohne dekorative Schnörkel, deshalb auch die hohe Exportquote. Die Gegend um Bassano del Grappa, Marostica und Nove ist ein richtiges Keramikzentrum mit vielen Vergleichsmöglichkeiten und ungeheuer vielen Keramikproduzenten.*

**Warenangebot:** nicht die großen Säulen und Töpfe, sondern die kleinen Teile, Teller und Behälter sind hier zu finden.

**Ersparnis:** 30%. Preisbeispiele: Platten und Teller 15.000 bis 40.000 Lit., Behälter 20.000 bis 25.000 Lit.

**Einkaufssituation:** man klingelt an der Tür zum Büro, neben der Fabrikhalle. Der Showroom liegt im ersten Stock, dort kann man einkaufen.

**Firma:** A.B.C. Ceramiche, Vicolo Ca' Erizzo, 15 - 36061 Bassano del Grappa (VI), Telefon: 04 24/52 43 64.

**Öffnungszeiten:** Dienstag bis Freitag 9.00 bis 12.00 und 14.00 bis 18.00 Uhr.

**Streckenbeschreibung:** Hauptdurchgangsstraße durch Bassano Richtung Trento, auf der Via Brigata Basilcata, die dann zur Via S. Vito wird, rund 2 km nach der Stadtmitte links steil ein kleines Sträßchen hinunter. An der Abzweigung ist ein Hinweisschild.

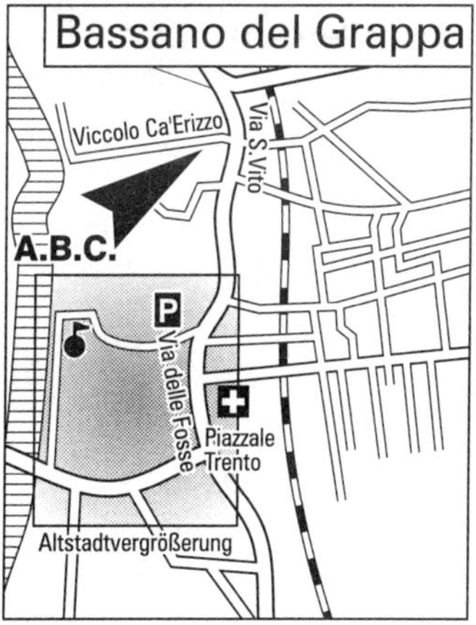

**GRANDI FIRME OCCASIONI D'ALTA MODA**

# Der Feine auf der Piazza

*Die Firma kauft Überproduktionen und Auslaufmodelle bekannter Hersteller und Designer auf.*

**Warenangebot:** feinste Herrenoberbekleidung, um die Ecke Damenoberbekleidung, außerdem noch der Laden „Mad Max"- Piazzotto Montevecchio für Sport und Lederbekleidung. Der Herrenladen heißt „Occasioni d'Alta Moda", für Damen „Grandi Firme".

**Ersparnis:** 40 bis 60%. beste Herrensakkos 120.000 Lit. bis 150.000 Lit., zum Teil sind die Etiketten herausgetrennt. Genny-Damencomplets 300.000 Lit., Ferré Damenjacke 180.000 Lit.

**Einkaufssituation:** Der Platz ist fein gewählt in der Provinz, und die Bekleidung ist feiner als der Laden.

**Firma:** Grandi Firme, Piazza Libertà - 36061 Bassano del Grappa (VI), Telefon: 0424/ 523393.

**Öffnungszeiten:** Dienstag bis Samstag 9.00 bis 12.00 und 14.00 bis 18.00 Uhr.

**Streckenbeschreibung:** Die Piazza Libertà ist der schöne Mittelpunkt des alten Bassano del Grappa. Falls die Hinweisschilder in Bassano zur „Grandi Firme" noch stehen, sie sind veraltet, in der Via Don Rizzi ist nur noch das Büro der Firma zu finden.

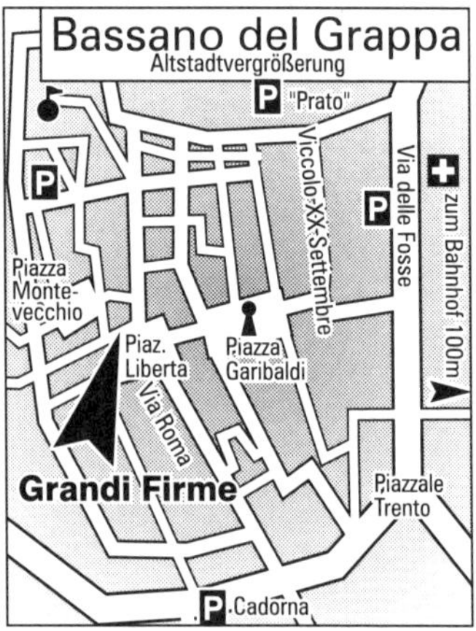

MARYVER

# Die Stricklady

*Maryver ist ein kleiner, aber feiner Hersteller von klassischen Damenstrickwaren.*

**Warenangebot:** Das modisch hoch angesiedelte Angebot für Damen ist umfassend, aber nicht üppig. Für Kenner von hoher Qualität.

**Ersparnis:** 40%. Preisbeispiele: Damenpullover 80.000 Lit., Hosenanzug 107.000 Lit.

**Einkaufssituation:** kleiner, feiner Laden in einer kleinen Seitenstraße.

**Firma:** Maryver, Via Piave, 20/a - 36061 Bassano del Grappa (VI), Telefon: 04 24/51 38 59.

**Öffnungszeiten:** Montag bis Samstag 9.00 bis 18.00 Uhr.

**Streckenbeschreibung:** Maryver ist in Bassano ausgeschildert. Die Via Piave liegt im Nordost-Teil von Bassano. Von Süden kommend, Richtung Trento, nach der Viale Venezia die nächste Straße rechts in die Via Torino, die dann nach der Bahnlinie in die Via Piave führt.

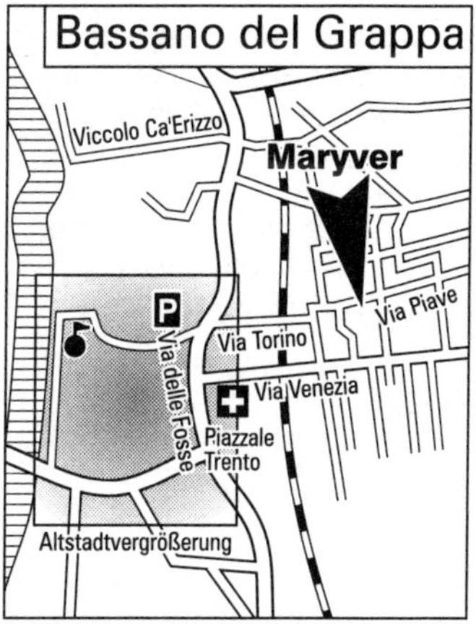

**LAIFEL**

# Prêt-à-Porter

*Prêt-à-Porter, so nennt Laifel seine Mode und sie ist wirklich Mode, die man gut in Paris tragen kann. Aber auch wenn man in nächster Zeit nur einen Besuch in der Stuttgarter Innenstadt plant, wird diese Mode ihre Besitzerin erfreuen.*

**Warenangebot:** Kostüme, Hemden und Röcke in großer Auswahl. Jacken und Mäntel in riesiger Auswahl.

**Ersparnis:** 40%. Sehr saisonabhängig, nach Auslieferung der jeweiligen Saisonware, gibt es im Verkauf die Reste noch viel billiger (Sconti!). Preisbeispiele: Sehr elegantes schwarzes Kostüm 440.000 Lit., Kostüme im Ausverkauf zwischen 200.000 Lit. und 350.000 Lit., Mäntel und Jacken um 400.000 Lit., Blusen ab 60.000 Lit.

**Einkaufssituation:** großer Verkaufsraum im Untergeschoß, alle gängigen Größen sind vorhanden.

**Firma:** Laifel S.R.L., Strada Trossi, 8 - 13030 Benna (BI), Telefon: 0 15/5 82 12 41.

**Öffnungszeiten:** Montag bis Freitag 15.00 bis 19.00 Uhr und Samstag 9.00 bis 12.00 und 15.00 bis 19.00 Uhr.

**Streckenbeschreibung:** S.S. 230, Strada Trossi, Vercelli–Biella, nicht Richtung Benna abzweigen, sondern geradeaus weiter Richtung Biella. Kurz nach dieser Abzweigung ist auf der rechten Straßenseite die Firma Laifel. Hinweisschild beachten.

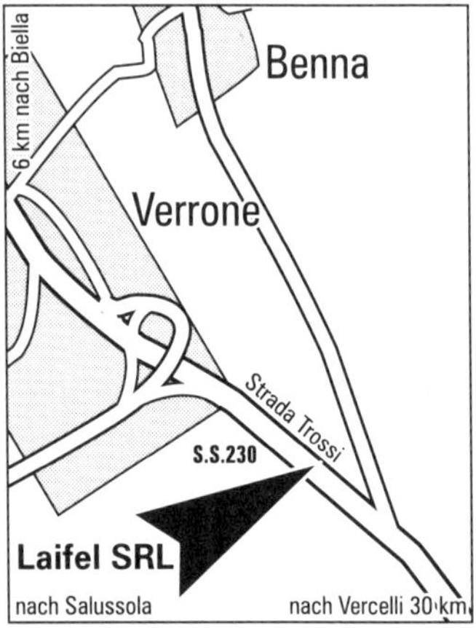

## MAGLIFICIO R. SCALIGIONE

# Freundlich und wertvoll

*Kundenfreundliche Abstufung: reines Chashmere, Wolle mit Cashmereanteill, Merino. Hier findet jeder Geldbeutel, das passende Kleidungsstück. Wahrscheinlich kann er sogar eine Stufe überspringen, da die Preise äußerst geldbeutelfreundlich sind.*

**Warenangebot:** Polos, Pullis in allen Variationen aber auch Hemden, Röcke und Blusen. Alles sehr gute Materialien in stilvollem Design. Vom Stil her vor allem Basics. Nur im Damenbereich ausgefallene Sachen.

**Ersparnis:** 30%. Preisbeispiele: Cashmerepullis um 270.000 Lit., Merinopullis um 120.000 Lit., Baumwollpullis um 80.000 Lit., Hemden um 80.000 Lit., Baumwollhosen um 70.000 Lit., Röcke um 70.000 Lit.

**Einkaufssituation:** kleiner, übersichtlich arrangierter Laden mit sehr freundlicher, teilweise auch englisch sprechender Beratung. So stilvoll-zurückhaltend und natürlich wie die Mode, sind auch die Verkäufer.

**Firma:** Maglificio R. Scaligione, Casa della Maglia, Via P. Ruggeri da Stabello, 86 - 24010 Bergamo (BG), Telefon: 0 35/ 57 58 00.

**Öffnungszeiten:** Montag bis Samstag 8.30 bis 12.00 und 15.00 bis 19.00 Uhr.

**Streckenbeschreibung:** Auf der A 4 Milano–Venezia an der Ausfahrt Bergamo-Zentrum ausfahren und im Kreisverkehr auf der S.S. 470 Richtung Valbrembo. Kurz vor Ortsende Bergamo, trifft diese Straße mit der Via P. Ruggeri da Stabello zusammen. Nach 200 Metern liegt linker Hand das Fabrikgebäude. Gehen Sie in den Hof und links zur Tür rein, durch die Produktion und dann die Treppe hoch.

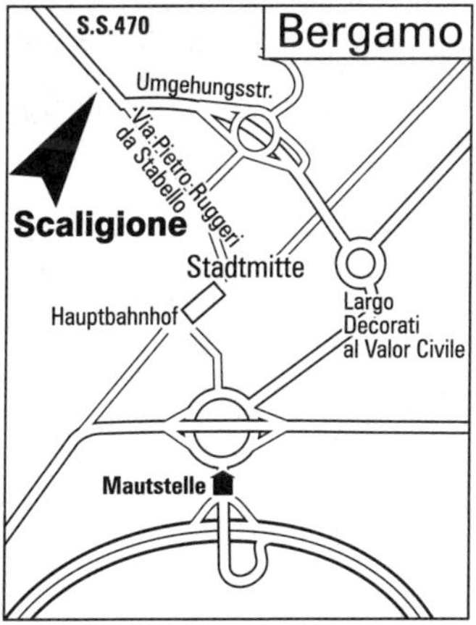

## CERRUTI 1881

# Styled by Cerruti

*Cerruti, einer der Namen, der in Nobelboutiquen wenig verheißungsvoll nach sehr teuren Kleidungsstücken klingt. Hier sind die Preise jedoch verführerisch günstig. Was bleibt, sind die hervorragenden Stoffe und das umwerfende Design.*

**Warenangebot:** klassische Herrenmode mit Anzügen, Sakkos, Hemden, Hosen und Krawatten. Damenmode mit Blazern, Blusen, Kostümen und Röcken. Junge Mode mit Jeans, Sweatshirts, Freizeithemden, Jacken, Polos und allerlei ausgefallenen Stücken.

**Ersparnis:** 40%. Preisbeispiele: Anzüge kosten um 450.000 Lit., 100% Cashmeresakko 600.000 Lit., Mäntel 400.000 Lit., topmodische, tiefschwarze Lackwinterjacke 300.000 Lit., Hemden in der jungen Modelinie um 50.000 Lit., Blazer für Frauen 100.000 Lit., Blusen um 70.000 Lit., Leinenrock 90.000 Lit.

**Einkaufssituation:** zweistökkiges Verkaufsgebäude; unten im Erdgeschoß Herrenmode in sehr großer Auswahl, oben junge Mode und Damenmode in ebenfalls großer Auswahl.

**Firma:** Lanifico Fratelli Cerruti – Cerruti 1881 Sport, Via Cernaia, 40 - 13051 Biella (BI), Telefon: 0 15/3 59 11.

**Öffnungszeiten:** Dienstag bis Samstag von 9.00 bis 12.30 und von 15.00 bis 19.00 Uhr.

**Streckenbeschreibung:** in Biella Richtung Cossato–Arona über die mit Pflastersteinen ausgelegte Via Cernaia hinunter ins Tal. An der Ampel, kurz vor der Brücke, rechts runter zur Firma. Im Firmengelände nach 100 m rechts in das Verkaufsgebäude.

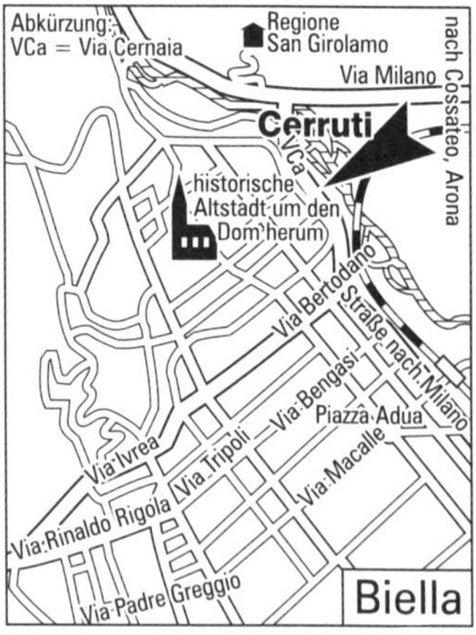

**LIABEL**

# Lovely Liabel

*Nicht nur Wäsche wird in diesem Verkauf angeboten, aber nur in dieser Sparte ist er wirklich lohnend, das andere ist zum großen Teil billig, aber nicht sehr gut. Die Wäsche ist aber sowohl gut als auch preiswert.*

**Warenangebot:** Unterwäsche, BHs, Polohemden, Jeans, Pyjamas, Kinderkleidung, Fleecepullis und -westen.

**Ersparnis:** 30%. Preisbeispiele: Männerunterhosen ab 3.000 Lit., Pyjamas ab 15.000 Lit., Pullis ab 30.000 Lit., Boxershorts 20.000 Lit., Fleecewesten 38.000 Lit., Frauenslips 5.000 Lit.

**Einkaufssituation:** großer Verkauf mit reichlich Auswahl, viel 2. Wahl in Wühltischen.

**Firma:** Liabel Maglificio Bellia S.P.A., Via Padre G. Greggio, 8 - 13051 Biella (BI), Telefon: 0 15/8 48 74 26.

**Öffnungszeiten:** Montag 14.00 bis 18.50 Uhr, Dienstag bis Samstag 9.00 bis 12.00 und 14.00 bis 18.50 Uhr.

**Streckenbeschreibung:** Von Gaglianico kommend auf der Piazza Adua links ab auf die Via Macallè. Am Ende der Via Macallè rechts auf die Via Fratelli Rosselli, nun die fünfte links auf die Via Rigola. Die dritte wieder links in die Via Salvo d'Acquisto und dann wieder rechts in die Via Padre G. Greggio. Die Firma befindet sich nun auf der rechten Seite, der Verkauf (Spaccio) ist angeschrieben.

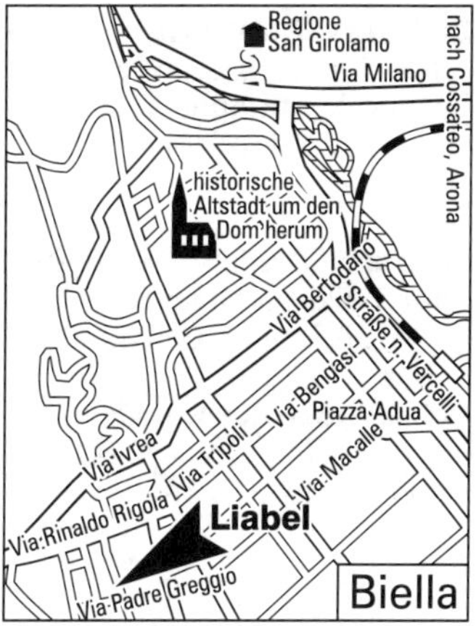

## ROCCO BAROCCO CICCONELLI CHIORINO

# Schöner kann Leder nicht sein

*Die Chiorino Pelletterie gehört zu den angesehensten Lederproduzenten Italiens. Hier ordern Designer wie Ungaro ihr Leder. Die Firma stellt aber auch selber Lederwaren her, die sie in ihrem Verkauf anbietet. Der andere Teil des Angebotes sind Zukäufe von Geschäftspartnern, denen Leder geliefert wird.*

**Warenangebot:** Lederhandtaschen, Aktentaschen, Pilotenkoffer, Geldbeutel, Koffer, Rucksäcke.

**Ersparnis:** 30% bei den Teilen aus eigener Produktion. Preisbeispiele: Aktentasche 200.000 Lit., Pilotenkoffer 300.000 Lit., Handtaschen ab 250.000 Lit., meistens aber um 300.000 Lit., Terminkalender 60.000 Lit., Geldbeutel um 80.000 Lit.

**Einkaufssituation:** kein typischer Fabrikverkauf, steht in Sachen Ausstattung oder Beratung einer Modeboutique in nichts nach.

**Firma:** Chiorino Pelletterie, Strada alla Fornace, 8 - 13051 Biella (BI), Telefon: 0 15/40 40 32.

**Öffnungszeiten:** Dienstag bis Samstag von 10.00 bis 12.00 und 15.00 bis 19.00 Uhr.

**Streckenbeschreibung:** Von Gaglianico kommend auf der Piazza Adua links ab auf die Via Macallè. Am Ende der Via Macallè rechts auf die Via Fratelli Carlo e Nello Rosselli, nun die fünfte links auf die Via Rigola, hier wieder die zweite rechts, der Verkauf ist nun auf der linken Seite.

**PHILIPPE STARCK CASA KIT** **STANDARD**

# Echt Starck

*Der Möbelvertrieb Kartell vertreibt Möbel der bekanntesten Designer. Der Name Philippe Starck ist dafür nur ein Beispiel. Wenn Sie Ihre Wohnung im Stil des nächsten Jahrtausends einrichten wollen, sind sie hier am richtigen Ort.*

**Warenangebot:** vor allem Stühle und kleinere Tische, aber auch Doppelbetten sowie Schränke, Regale und einige schicke Accessoires wie Aschenbecher oder Kleiderständer.

**Ersparnis:** 50% für Ausstellungsstücke, Reste oder für Fotoaufnahmen gebrauchte Möbel. Man kann beim Verkäufer aus dem Katalog alle Modelle bestellen, dann ist die Ersparnis aber viel geringer. Preisbeispiele: Stühle in Gelb mit mattem Silber 80.000 bis 150.000 Lit., Bistrotisch dazu in verschiedenen Farben 200.000 Lit., Holzstuhl 120.000 Lit., Mülleimer 15.000 Lit., großer Tisch 100× 250 cm 600.000 Lit., Holz-Doppelbett 800.000 Lit., Regal in Schwarz 300.000 Lit.

**Einkaufssituation:** riesiger Verkaufsraum. Man spricht englisch, was für fachliche Beratung oder Bestellungen sehr angenehm ist.

**Firma:** Kartell, Via del' Industrie, 3 - 20082 Binasco (MI), Telefon: 02/90 01 21.

**Öffnungszeiten:** Montag bis Samstag 8.30 bis 12.30 Uhr und 13.30 bis 17.30 Uhr.

**Streckenbeschreibung:** A 7 Genova–Milano, Ausfahrt Binasco. Dann Richtung Rosate. Direkt nach der Brücke rechts in das Industriegebiet, wieder rechts in die Via del Industrie. Am Ende der Straße ist das Kartellgebäude. Der Verkauf ist im Nebengebäude No. 3.

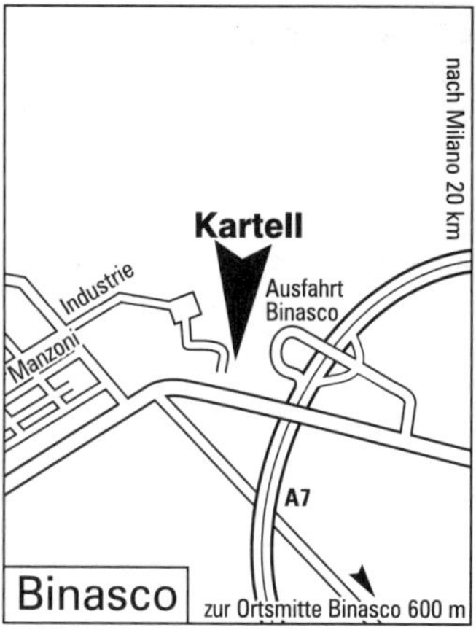

DER ANTIQUITÄTENMARKT

# Ist hier wirklich alles antik?

*Vermutlich ist Bollate nur für Antiquitäten-Liebhaber ein Begriff. Der Antiquitätenmarkt, der etwa 100 Stände umfaßt, bietet Ware in allen Preislagen aus drei Jahrhunderten in allen Ausführungen und Stilrichtungen an.*

**Warenangebot:** Möbel jeder Art, ob Sekretäre, Schreibtische mit Aufsatz, Schränke, Stühle, Kommoden, Tische, Glasvitrinen oder Kleinmöbel in Barock-, Biedermeier- und anderen Stilrichtungen. Außerdem finden Sie Mengen von Geschirr, Schmuck, Porzellan, Uhren, Musikinstrumenten, Bildern, Spiegeln und auch Metallwerbetafeln.

**Ersparnis:** in Prozenten nicht zu benennen, bleibt Ihrem Verhandlungsgeschick überlassen.

**Einkaufssituation:** Marktbeginn bei der Via G. Verdi, erstreckt sich über mehrere Straßen und Plätze. Bei gutem Wetter herrscht ein reges Treiben bei Ein- und Verkäufern. Auch wenn man nichts kaufen will, ist der Markt ein echtes Touristenerlebnis.

**Öffnungszeiten:** Sonntag 8.00 bis ca. 18.00 Uhr.

**Streckenbeschreibung:** S.S. 233 Varese–Milano, in Bollate links in die Via G. Verdi. Parkplätze sind Mangelware.

BRUNO MAGLI

# Schuhe aus erster Hand

*Bruno Magli, eine Marke, bei denen auch verwöhnte Füße Freudensprünge machen. Elegante, modische und klassische Schuhe in hervorragender Qualität und Form.*

**Warenangebot:** gute Auswahl an Damen- und Herrenschuhen, vereinzelt auch Lederkleidung.

**Ersparnis:** 30%. Preisbeispiele: klassische Herrenschuhe 160.000 Lit., Mokassins 98.000 Lit., Damenpumps um 120.000 Lit., Damen-Nappalederjacke 650.000 Lit. und passender Rock 300.000 Lit.

**Einkaufssituation:** kleiner Laden neben dem Firmengelände mit separatem Eingang.

**Firma:** Calzaturificio Bruno Magli S.P.A., Via Larga, 33 - 40138 Bologna (BO), Telefon: 0 51/6 01 58 79.

**Öffnungszeiten:** Montag bis Samstag 9.30 bis 14.00 und 15.00 bis 18.30 Uhr.

**Streckenbeschreibung:** A 14 Rimini–Bologna, Ausfahrt Bologna-S.Lazzaro über die Tangenziale zur Zona Industriale Roveri. Sie kommen dann über die Via Terrapieno beim zweiten Kreisverkehr rechts in die Via Larga und biegen nach ca. 500 m links ab zum ausgeschilderten Spaccio, der sich in einer kleinen Seitenstraße am Ende des Fabrikkomplexes befindet.

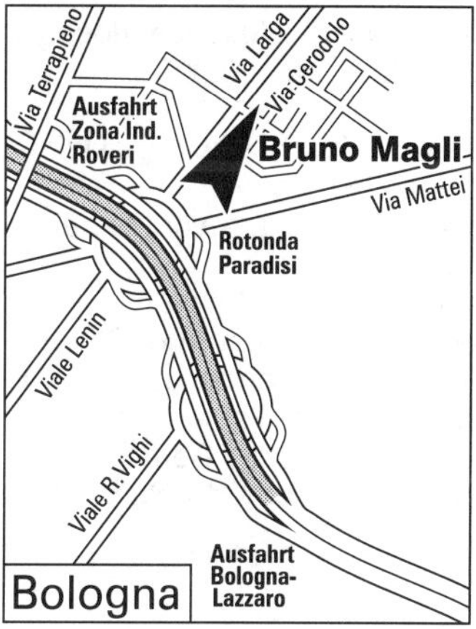

**COMAB** **POLARTEC**

# Es muß nicht immer Kaviar sein!

*Keine Edelmarken, jedoch gute Qualitäten, angenehm zu tragen, zum Teil sportiv, feminin und auch sexy.*

**Warenangebot:** begrenzte Auswahl an Thermo-Sportbekleidung, Trainingsanzügen (innen angerauht, außen 100% Polyester), Steppwesten von POLARTEC und Street-Ball-Anzügen von CONVERSE. Vereinzelt Damen-Hosenanzüge mit passenden Röcken, jugendliche Strickkombinationen, Mädchenblusen.

**Ersparnis:** 30 bis 40%. Preisbeispiele: Training 53.000 Lit., Steppweste 50.000 Lit., Mädchenbluse 70.000 Lit., Jungmädchen-Strickkombination 137.000 Lit., Hosenanzüge und Kostüme um 280.000 Lit.

**Einkaufssituation:** kleiner Verkaufsraum, vor Fabrikationstrakt. Parkplätze vor Verkaufsraum.

**Firma:** COMAB und POLARTEC, Abbigliamento, The Climate Control Fabric, Viale Kennedy, 27 - 28021 Borgomanero (NO), Telefon: 03 22/83 59 28.

**Öffnungszeiten:** Montag 15.30 bis 19.30 Uhr, Dienstag bis Samstag 9.30 bis 12.30 und 15.30 bis 19.30 Uhr.

**Streckenbeschreibung:** auf der S.S. 229 von Omegna/Ortasee in Richtung Novara, ca. 1,5 km vor Ortszentrum Borgomanero an einer Hauswand, rechts, großes Namensschild mit Pfeil zum Verkauf.

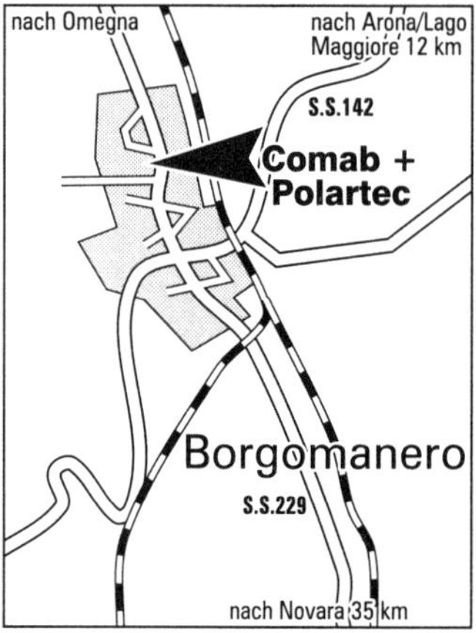

**M & G**

# Für Frauen, die sich trauen

*Jedenfalls ist es außergewöhnlich, wenn Sie Ihr Brautkleid direkt aus Italien beziehen, Sie können es in einem großen Show-room aussuchen und anprobieren, doch dann wird es direkt auf Sie zugeschnitten und hat eine Lieferzeit von drei bis vier Monaten.*

**Warenangebot:** große Auswahl an Brautkleidern von schlicht bis aufwendig, Brautschleier, Handschuhe, Hüte und Ausstattung für die Blumenmädchen.

**Ersparnis:** 25%.Preisbeispiel: ein sehr aufwendiges Taft-Brautkleid mit Stickerei und riesiger Schleppe kostet 3.200.000 Lit., ein schlichteres Satinkleid mit Spitze 2.600.000 Lit.

**Einkaufssituation:** großer Showroom, in dem Sie freundlich und zuvorkommend bedient und beraten werden.

**Firma:** Centro Spose M & G, Via Novara 302 - Borgomanero (NO), Telefon: 03 22/83 60 54.

**Öffnungszeiten:** Montag bis Freitag 9.00 bis 19.00 Uhr und Samstag 9.00 bis 12.30 und 14.30 bis 19.30 Uhr.

**Streckenbeschreibung:** An der S.S. 229 Omegna–Novara, liegt am Ortsende von Borgomanero überraschend auf der rechten Seite das Centro Spose.

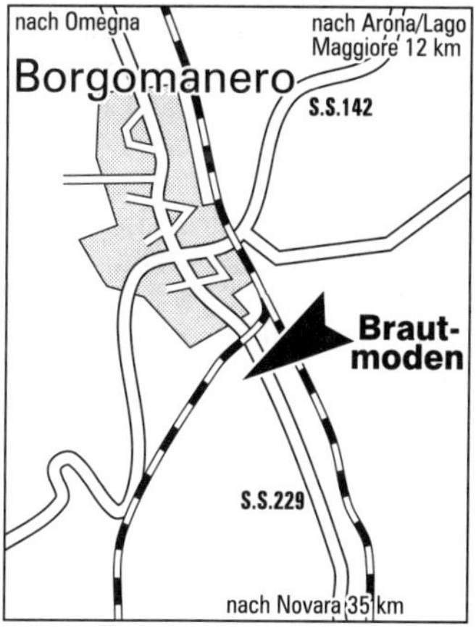

**AGNONA**

# Zieht an

*Namhafter Hersteller seit 1953 von Damen- und Herrenbekleidung, Strickwaren und Decken in edler Qualität und Form.*

**Warenangebot:** große, gut sortierte Auswahl an hochwertiger Damen- und Herrenbekleidung, seien es Blazer, Blusen, Pullis, Kostüme, Anzüge oder Polos, Sakkos oder auch Stoffe in den edelsten Materialien wie Seide, Leinen, Cashmere, Alpaka, Wolle und Baumwolle.

**Ersparnis:** 25 bis 50%, vereinzelt weitere 20% bis 30%. Preisbeispiele: Kostüm im Chanelstil aus Wolle und Seide 360.000 Lit., Damen-Seidenanzug ab 430.000 Lit., Seidenpullis 90.000 Lit. bis 250.000 Lit., Herrensakko aus Seide 300.000 Lit. – passende Hose 140.000 Lit., Seidenpolo für Herren ab 49.000 Lit., Herrenanzug 430.000 Lit., Decke, 70% Alpaka und 30% Wolle, 450.000 Lit.

**Einkaufssituation:** große, in zwei Räume aufgeteilte, Verkaufsstätte im Fabrikationsgelände, Eingang gegenüber der Pforte.

**Firma:** SPA LANERIE AGNONA, Via Casazza, 7 - 13011 Borgosesia/Agnona (VC), Telefon: 01 63/20 21 11.

**Öffnungszeiten:** Dienstag bis Samstag 9.00 bis 12.00 und 15.00 bis 18.00 Uhr. In der Sommer- und Weihnachtszeit auch sonntags 9.00 bis 12.00 und 15.00 bis 18.00 Uhr.

**Streckenbeschreibung:** auf der S.S. 299 von Novara in Richtung Varallo, vorbei an Borgosesia, ganz plötzlich links hoch ins Dorf Agnona zu Agnona, gut ausgeschildert, auf der Höhe links liegt das große Fabrikgebäude.

**COLOMBO BORGOSESIA**

# Entspannte Eleganz

*Stilvolle, bequeme, federleichte Klassiker, bestechend in Design, Farbe und Material.*

**Warenangebot:** Mäntel, Anzüge, Sakkos, Hosen und Strickwesten, Kostüme, Hosenanzüge, Blazer, Röcke, Ponchos, Westen und Schals in Cashmere, Wolle, Leinen oder Seide.

**Ersparnis:** 30 bis 40%, vereinzelt auch 50%. Preisbeispiele: Twinset in Leine-, Seide- und Cashmere-Gemisch um 300.000 Lit., Damenblazer Cashmere um 800.000 Lit. im Sonderangebot 440.000 Lit., Strickweste Cashmere 148.000 Lit., Baumwollanzüge 645.000 Lit., Herrenhosen um 165.000 Lit., Leinenkostüme um 590.000 Lit.

**Einkaufssituation:** edler, kleinerer Verkaufsraum, Ware an Kleiderständern und in Regalen. Parkplatz vor Verkaufsstätte. Man spricht englisch.

**Besonderheiten:** Weitere Verkaufsstätten sind in Romagnano Sesia, Novara, Asti, Bergamo und Brescia.

**Firma:** Lanificio Luigi COLOMBO S.P.A. „il Cashmere" Centro Vendita, Regione Torame, 13011 Borgosesia/Bornate (VC), Telefon: 01 63/45 80 03.

**Öffnungszeiten:** Montag bis Freitag 9.00 bis 13.00 und 14.00 bis 19.00 Uhr, Samstag 9.00 bis 18.00 Uhr.

**Streckenbeschreibung:** auf der Superstrada (S.S. 299) von Novara in Richtung Borgosesia/Varallo fahrend, in Bornate von der Hauptrichtung links in Richtung Crevacuore abbiegen. Am Ortsende von Bornate rechts abbiegen zum nicht zu übersehenden Verkaufshaus, mitten im Gelände.

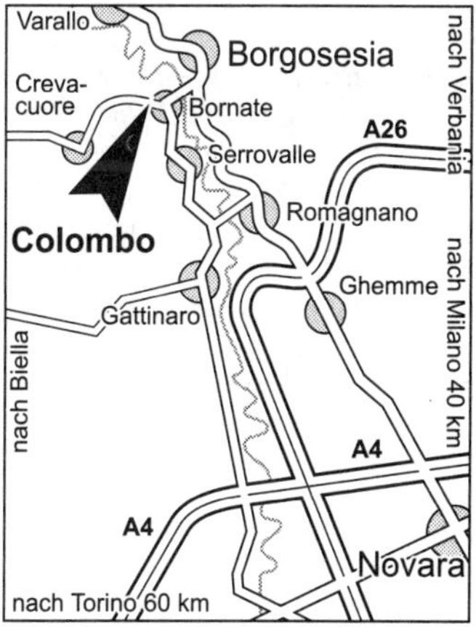

SOGNO

# Versilbert wird hier nichts

*Es glänzt und glitzert in den Vitrinen, und es ist alles aus echtem Silber vom kleinsten Tierchen bis zum großen Bilderrahmen. Aber die Gartentüre, die zum Verkaufsraum führt, ist nicht aus Silber, sie ist total verrostet.*

**Warenangebot:** nur Silber. Hochwertige, fast verspielte, altertümlich gehaltene Bonbonnieren, kleine und mittelgroße dekorative Dosen, Füllfederhalter, Drehbleistifte, Bilderrahmen, Pillendosen, Tierchen, 5armige Kerzenleuchter, Kannen mit Tablett, Tassen und Becher.

**Ersparnis:** 25%. Preisbeispiele: 5armiger Kerzenleuchter 743.000 Lit., Füllfederhalter 185.000 Lit., Kanne mit Tablett 943.000 Lit., Bonbonnieren ab 390.000 Lit., Tierchen ab 40.000 Lit.

**Einkaufssituation:** kleiner, altertümlicher Laden. Ware meist hinter Glas in Vitrinen, Familienbetrieb seit 1900, kleinere Produktionsstätte, mitten in einem kleinen, bergigen Dorf. Parkmöglichkeit beschränkt.

**Firma:** SOGNO & Comp., Fabbricca Argenteria, ohne Straßennamen - 13010 Borgosesia/Isolella (VC), Telefon: 01 63/2 54 04.

**Öffnungszeiten:** Dienstag bis Freitag 9.00 bis 12.00 und 14.30 bis 18.30 Uhr, Samstag 10.00 bis 18.30 Uhr.

**Streckenbeschreibung:** auf der S.S. 299 von Novara kommend Richtung Varallo, vorbei an Borgosesia und Agnona, ganz plötzlich links sehr steile und enge Straße hoch, fast Feldweg, linker Hand Fabrikschild mit Hinweis auf den nach 50 m kommenden Verkauf.

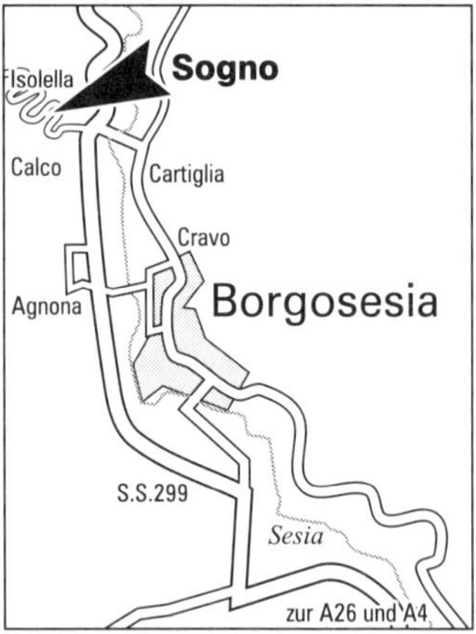

## INOXPRAN COLLEZIONE PRANDELLI

# Es ist allen gedient

*Die Haushaltswaren sollen nicht nur dem Hausmann oder der Hausfrau dienen, sondern auch der Ästhetik. Ein Einkauf in diesem Fabrikverkauf bringt dem Besucher die italienische Küche zunächst auf zweierlei Art näher, einmal mit ihrer stilvollen Ausstattung und dann anhand ausliegender Rezepte (leider auf italienisch) auch mit ihrer Kochkunst.*

**Warenangebot:** Bestecke, Topfsets in vielen verschiedenen Kollektionen, Ausstattungen und Qualitäten, mechanische und elektrische Espressomaschinen, Tabletts, Gewürzstreuer, Spaghettitöpfe, Schüsseln und Pfannen für Nudeln al forno.

**Ersparnis:** 30%. Edelstahlbestecke – alle in sehr edlem Design, teilweise mit Goldeinsatz –, 75teilig 300.000 Lit., 125teilig 500.000 Lit., Töpfe ab 40.000 Lit., aufwendiges 24teiliges Topfset (Collezione Prandelli) 1.300.000 Lit., Edelstahl-Espressokocher ab 60.000 Lit., Gewürzstreuer 20.000 Lit. Auch 2. Wahl mit kaum sichtbaren Fehlern ist reichlich vorhanden, die dann entscheidend billiger ist.

**Einkaufssituation:** großer Verkauf mit riesiger Auswahl und sehr freundlicher Beratung.

**Firma:** Inoxpran, Via Verdi, 25 - 25073 Bovezzo (BS), Telefon: 0 30/2 01 32 55.

**Öffnungszeiten:** Montag bis Samstag 9.00 bis 12.00 und 14.00 bis 19.00 Uhr.

**Streckenbeschreibung:** Bovezzo liegt am nördlichen Stadtrand von Brescia. Die Via Verdi ist eine der ersten Straßen links ab, von Brescia kommend. Der Verkauf von Inoxpran ist an der Durchgangsstraße angeschrieben. Parkmöglichkeiten sind auf dem großen Fabrikgelände.

GOLD KNIT

# Golden Girls und Men

*Golden Knit ist ein überregional bekannter Strickwarenhersteller mit hohem Exportanteil. Modisch für die eher nicht mehr ganz junge Generation.*

**Warenangbot:** Pullover in Merinowolle oder Cashmere für Damen und Herren, Sweater, Kleider, Complets, Damenhosenanzüge.

**Ersparnis:** 50 bis 60%. Preisbeispiele: leichter Herrenpullover 55.000 bis 69.000 Lit. Damenhosenanzug 320.000 Lit., Complet 170.000 Lit.

**Einkaufssituation:** richtige große Einkaufshalle direkt bei der Fabrik.

**Firma:** Gold Knit S.A.S., Via Roma, 13 - 36042 Breganze (VI), Telefon: 04 45/87 31 56.

**Öffnungszeiten:** Montag 15.30 bis 19.30 Uhr, Dienstag bis Samstag 9.00 bis 12.00 Uhr und 15.30 bis 19.30 Uhr. Im Winter nachmittags 15.00 bis 19.00 Uhr.

**Streckenbeschreibung:** auf der direkten Strecke zwischen Bassano del Grappa nach Thiene. Am Ende der Ortschaft Breganze liegt die Fabrik auf der rechten Seite, wenn man von Bassano kommt. Von hier aus ist es nicht mehr weit nach Thiene.

**LARIX**

# Flirt mit der Mode

*Schöne, tragbare Mode mit Trend zum Sportlichen. Für Damen vorwiegend die Kollektion Brenda Ashe und für Herren die Kollektionen Ciao und Millibar.*

**Warenangebot:** Stricksachen für Damen und Herren, Kleider, Kostüme, Jacken, Hosenanzüge, Röcke, Blusen, Damen- und Herrenhosen, Herrenanzüge, Sakkos, Hemden, Polos und T-Shirts. Alles in großer Auswahl.

**Ersparnis:** 30 bis 50%. Preisbeispiele: Millibar-Herrenanzug – dreiteilig – 315.000 Lit., modernes Herrenhemd 84.000 Lit., Herrenweste 79.000 Lit., Brenda-Ashe-Damen-Hosenanzug 356.000 Lit. , Seawind-Kostüm 250.000 Lit., Tupfenröckchen 67.000 Lit.

**Einkaufssituation:** gut sortierter, großer, fast einzelhandelsmäßiger Verkauf. Parkplätze im Fabrikareal.

**Firma:** Larix S.P.A., Via Einaudi, 5 - 36040 Brendola (VI), Telefon: 04 44/69 85 44.

**Öffnungszeiten:** Montag 15.00 bis 19.00 Uhr, Dienstag bis Freitag 9.15 bis 12.30 und 15.00 bis 19.00 Uhr, Samstag 10.00 bis 19.00 Uhr.

**Streckenbeschreibung:**
A 4, Autobahnausfahrt Montecchio Maggiore, nach links und nach wenigen Metern rechts, dann kommen Sie direkt darauf zu. Larix–Vendita diretti – ist übrigens, wenn Sie von Verona kommen, schon von der Autobahn aus gut zu sehen.

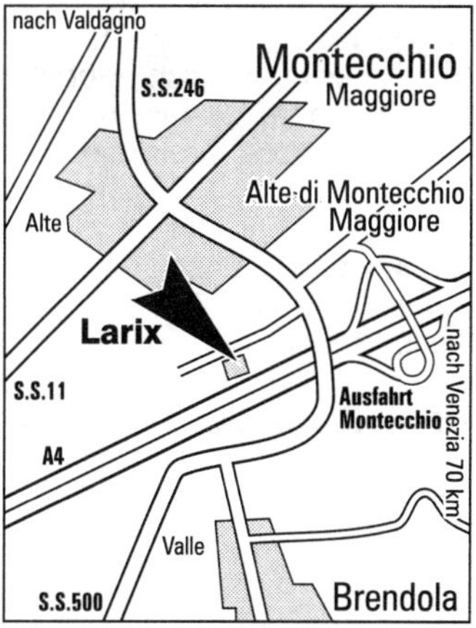

**VOLCAR** **FERRAMOSCA**

# Trend-Impulse

*Die Strickerei Volcar stellt sehr schöne, qualitativ hochwertige Stricksachen her, die in guten Boutiquen zu finden sind. Die Palette reicht von modisch bis klassisch und von beschwingt bis elegant.*

**Warenangebot:** großes Angebot an Damenstrickwaren: modische Kurzpullis, Twinsets, elegante Longpullis, beschwingte Kleider mit Strickoberteil. Für Herren: das übliche Angebot.

**Ersparnis:** 50%, bei Sonderangeboten und 2. Wahl mehr. Preisbeispiele: 2. Wahl – Viscose-Kurzpulli im Tennislook mit kurzem Arm 25.000 Lit., 1. Wahl – Visk. Pulli – lang mit V-Ausschnitt – 99.0000 Lit., Twinsets 100.000 Lit.

**Einkaufssituation:** kleiner Laden, der dem Fabrikgebäude angeschlossen ist. Aus der Fabrik werden auch Modelle geholt, die im Verkauf nicht in der passenden Größe vorhanden sind.

**Firma:** Volcar S.P.A., Via Cantarella, 6 - 36040 Brendola (VI), Telefon: 04 44/40 08 05.

**Öffnungszeiten:** Montag bis Freitag 15.00 bis 19.00 Uhr und Samstag 9.00 bis 12.00 Uhr.

**Streckenbeschreibung:** A 4 – Milano–Vicenza, Autobahnabfahrt Montecchio Maggiore, links Richtung Brendola und wieder links nach Brendola einbiegen. Kurz vor dem Ortszentrum, nach einer hohen Hecke vor der Fina-Tankstelle links in die Via Cantarella (ganz schmale Straße) einbiegen, nach ca. 50 m kommen Sie zum Fabriktor, dahinter können Sie parken und nach links zum hinteren Teil des Fabrikgebäudes zum Verkauf gehen. Wenn geschlossen ist, können Sie sich in der Fabrik melden.

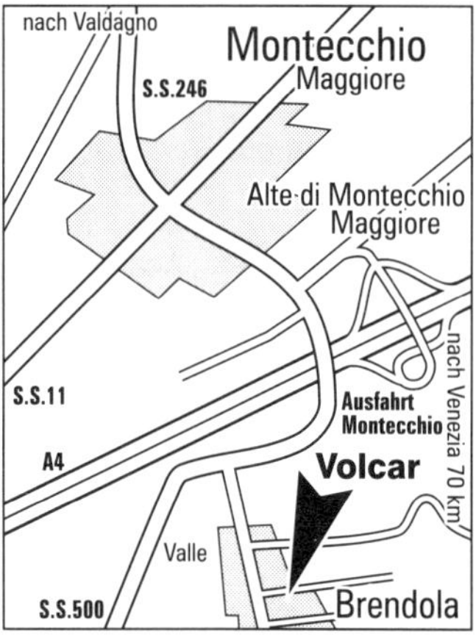

**BIEMME**

# Gut im Rennen

*Biemme ist Hersteller von Radsportbekleidung. Ob beim Straßenrennen oder im Gelände fahren Sie im richtigen Trikot immer voraus!*

**Warenangebot:** Radlerhosen, kurz und lang, Radlertrikots, Radleranzüge, Trainingsanzüge und Regenjacken, Handschuhe und einige Radhelme.

**Ersparnis:** 25% bis 50%. Regenjacken um 15.000 Lit. Radtrikot vom Wühlkorb 15.000 Lit, sonst um 60.000 Lit., einteiliger Radleranzug 90.000 Lit, Trainingsanzug – außen Polyester, innen saugfähig angerauht – 85.000 Lit.

**Einkaufssituation:** großer, gepflegter Fabrikverkauf.

**Firma:** Biemme SPORT S.R.L., Via Oltre Agno, 32 - 36070 Brogliano (VI), Telefon: 04 45/ 94 73 66.

**Öffnungszeiten:** Montag 15.00 bis 19.00 Uhr, Dienstag bis Samstag 9.00 bis 12.00 und 15.00 bis 19.00 Uhr.

**Streckenbeschreibung:** S.S. 246 Montecchio Maggiore–Valdagno, vor Cornedo liegt links ein großes Fabrikgebäude. Fahren Sie an dem nicht zu übersehenden Hinweisschild links in den Feldweg, parken vor dem Fabriktor und gehen an der Pforte vorbei zum Spaccio.

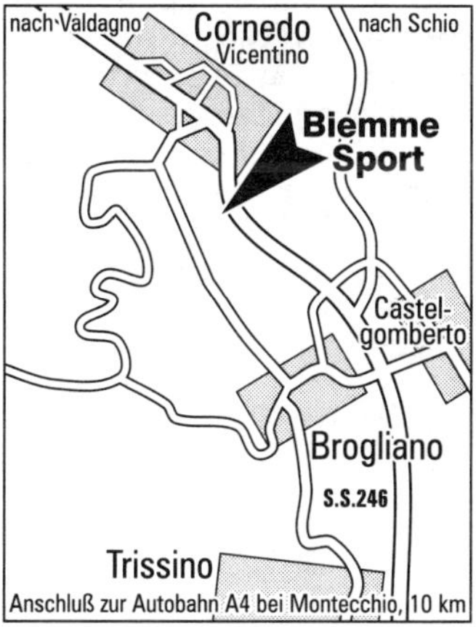

SPACCIO NR. 54

# Die Stecknadel … oder wie war das noch mal?

*Wer nichts Bestimmtes sucht, aber das, was er zufällig findet, immer brauchen kann, hat vielleicht an einem Regentag Spaß, in diesem Ramsch zu stöbern.*

**Warenangebot:** einfach alles an Bekleidung von drunter bis drüber.

**Ersparnis:** bestimmt bis 90%. Preisbeispiele: Belfe + Belfe oder Versace oder andere Designer-Jeans in 2. Wahl 20.000 Lit., Herrensakkos um 100.000 Lit, Leinenkostüm 137.000 Lit. Die Etiketten sind oftmals herausgetrennt.

**Einkaufssituation:** etwas chaotische Präsentation, wenn man überhaupt davon sprechen kann. Nichts destotrotz kann sich ein Besuch lohnen. Vergleichen Sie's einfach mit einem Bummel über den Flohmarkt.

**Firma:** Spaccio Nr. 54, S.S. 246, 36070 Brogliano (VI).

**Öffnungszeiten:** Montag 15.30 bis 19.30 Uhr, Dienstag bis Samstag 8.30 bis 12.30 und 15.30 bis 19.30 Uhr.

**Streckenbeschreibung:** an der S.S. 246 von Montecchio Maggiore nach Valdagno in Brogliano rechts, ein großer Laden mit Schaufenstern – nicht zu übersehen.

FRANZ

# Aus Urgroßmutters Mitgift-Truhe

*Seit neun Generationen bewahrt sich diese Kunstweberei die Webkunst aus reinsten Naturfasern wie Leinen, Baumwolle und Wolle und pflegt die alte Tiroler Kunst der Ornamente.*

**Warenangebot:** große, erlesene Auswahl an Bett- und Tischwäsche, Servietten und Handtüchern mit Spitzen, Hohlsaum, Fransen und Knoten für Küche und Bad sowie Vorhänge nach Maß und Meterware.

**Ersparnis:** 30%, auf Auslaufartikel 50%. Preisbeispiele: hochwertige Leinen-Bettwäsche nach Maß ab 300.000 Lit., Mitteldecke, 80 × 80 cm, mit Makramee, 139.000 Lit., mit einfacher Spitze 114.000 Lit.

**Einkaufssituation:** großer Verkaufsraum mit Schaufenstern, Ware übersichtlich in Regalen und auf Tischen.

**Besonderheiten:** Eine weitere Verkaufsstätte ist in Bruneck/Brunico, Graben 8/Via Bastioni, 8.

**Firma:** Kunstweberei/Tessitura Artistica FRANZ, M. Pacherstrasse 9/Via M. Pacherstrasse, 9 - 39031 Bruneck/Brunico (BZ), Telefon: 04 74/55 53 85.

**Öffnungszeiten:** Montag bis Freitag 8.30 bis 12.00 und 15.00 bis 19.00 Uhr, Samstag 8.30 bis 12.00 Uhr. In der Hauptsaison auch Samstag von 15.00 bis 19.00 Uhr.

**Streckenbeschreibung:** A 22 Ausfahrt Brixen/Bressanone (Pustertal), auf S.S. 49 nach Bruneck/Brunico. Am Ortsbeginn Bruneck/Brunico kommen Sie direkt in die Via M. Pacherstrasse.

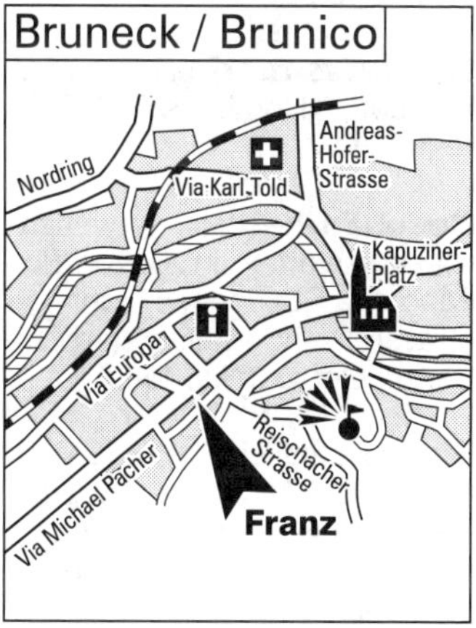

**MOESSMER**

# Mehr als Loden

*Schlicht-elegante Klassik kombiniert mit frischer Jugendlichkeit. Tradition und Moderne unter dem Motto: Qualität seit Generationen.*

**Warenangebot:** große Auswahl an Trachtenmode für Damen, Herren und Kinder, in Loden, Wolle/Cashmere, Alpaka, Doubleface und Tweed. Sie finden Walker-Janker, Montgomeries, Ponchos, Gilets, Mäntel, Kostüme, Anzüge, Blazer, Hemden und Hüte sowie Meterware.

**Ersparnis:** 30%, auf Vorjahreskollektionen nochmals 30%. Preisbeispiele: Herren-Lodenmantel ab 675.000 Lit., Kinder-Montgomery 220.000 Lit., Damen-Pellerinen-Mantel mit Nerzbesatz 3.690.000 Lit., klassischer Damen-Lodenmantel ab 680.000 Lit.

**Einkaufssituation:** großer Verkauf, Nobelgeschäft-Charakter.

**Besonderheiten:** weitere Verkaufsstätten in Bozen/Bolzano, Via Stazione, 5/Bahnhofstrasse 5 und in Cortina d'Ampezzo, Corso Italia, 160.

**Firma:** Lanificio MOESSMER S.P.A., Via Walther-von-der-Vogelweide-Strasse, 6 - 39031 Bruneck/Brunico (BZ), Telefon: 04 74/53 31 11.

**Öffnungszeiten:** Montag bis Freitag 8.30 bis 12.30 und 14.30 bis 19.00 Uhr, Samstag nur bis 18.30 Uhr.

**Streckenbeschreibung:** A 22 Ausfahrt Brixen/Bressanone (Pustertal), auf S.S. 49 nach Bruneck/Brunico, durch die Via Michael Pacherstrasse und den Graben zum Zentrum über die Brücke des Fiume Rienza, rechts in die Via Stuckstrasse, dann in Via Bruder-Willram-Strasse und geradeaus weiter in die Walther-von-der-Vogelweide-Strasse, 6.

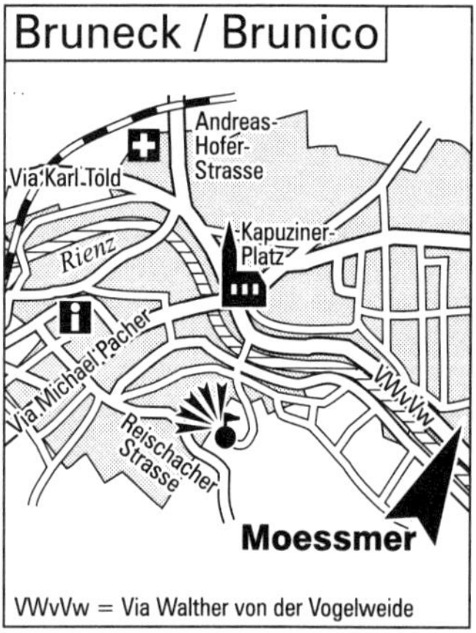

ULBRICH

# Wie aus vergangenen Zeiten

*Seit 1908 ist diese Kunstweberei spezialisiert auf die Herstellung hochwertiger Wäsche und pflegt altes Kunstgut, das mit modernen Möbeln gut in Einklang zu bringen ist.*

**Warenangebot:** große, erlesene Auswahl an Tischwäsche und Handtüchern mit Spitzen, Hohlsaum und Fransen in edlen und teueren Materialien, wie Leinen und Damast.

**Ersparnis:** 30%, auf Auslaufartikel 50%. Preisbeispiele: grobe Leinen-Tischdecke ab 35.000 Lit., Leinen-Handtuch mit Hohlsaum 46.000 Lit. und Spitzen 57.300 Lit., Leinen-Handtuch mit Fransen 83.800 Lit., Mitteldecke, 80 × 80 cm mit Spitze 56.000 Lit.

**Einkaufssituation:** kleiner Verkaufsraum mit Schaufenstern, Ware übersichtlich in Regalen. Parkplätze vor dem Haus.

**Besonderheiten:** Weitere Verkaufsstätten in Bruneck/Brunico, Graben 4/A/Via Bastioni, 4/A und in Toblach/Dobbiaco, St.-Johannes-Strasse 3/A/Viale S. Giovanni, 3/A.

**Firma:** Kunstweberei/Tessitura Artistica ULBRICH OHG, Tieltpromenade 17/A/Passeggiata Tielt, 17/A - 39031 Bruneck/Brunico (BZ), Telefon: 0474/55 59 00.

**Öffnungszeiten:** Montag bis Samstag 8.30 bis 12.30 und 15.00 bis 19.00 Uhr.

**Streckenbeschreibung:** A 22 Ausfahrt Brixen/Bressanone (Pustertal), auf S.S. 49 nach Bruneck/Brunico, durch die Via Michael Pacherstrasse und den Graben zum Zentrum über die Brücke des Fiume Rienza, rechts in die Via Stuckstrasse, dann in die Via Bruder-Willram-Strasse und die Via Walther-von-der-Vogelweide-Strasse. Sie sehen dann rechts über dem Fluß die Kunstweberei.

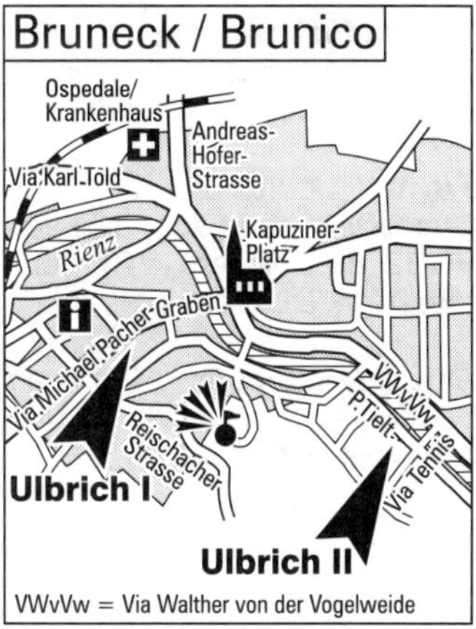

**BONSAI**

# Der große Hersteller mit dem kleinen Markennamen

*Touristen, die das Gebiet um den Gardasee bereisen, haben den Fabrikverkauf der Firma Martinelli vielleicht längst aufgrund der vielen Reklametafeln, die darauf hinweisen, gefunden. Es gibt dort nicht die teure Exklusivmode, sondern trendstarke, preiswerte Mode.*

**Warenangebot:** poppige, lustige Trendmode für die Jugend, moderne Klassik für reifere Jahrgänge. Von Strick bis Blusen, Hosen, Röcken, Kostümen, Kleidern – sogar Umstandsmode – ist alles im Angebot.

**Ersparnis:** 40%. Achselshirts 15.000 Lit., Kleider ab 50.000 Lit., Top 30.000 Lit., Hosenlatzrock 49.000 Lit.

**Einkaufssituation:** großer, neuer Laden mit reichlicher Auswahl in fast allen Größen.

**Firma:** Confezioni Martinelli, Strada Verona - Lago - Lazise - 37012 Bussolengo (VR), Telefon: 0 45/75 80 77.

**Öffnungszeiten:** Dienstag bis Freitag 9.00 bis 12.00 und 14.00 bis 18.00 Uhr.

**Streckenbeschreibung:** Auf der Mitte zwischen Lazise am Gardasee und Verona liegt Bussolengo. S.S. Affi–Castelnuovo, Ausfahrt Bussolengo, kurz nach der Ausfahrt liegt Bonsai fast zwei Kilometer vor Bussolengo auf der linken Seite mit einem großen Parkplatz.

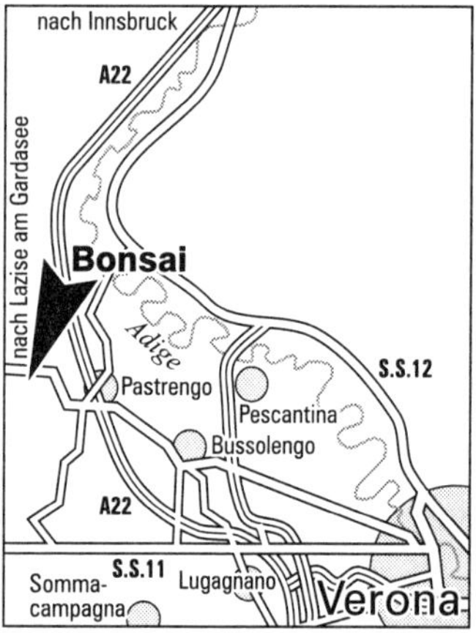

## LALFA LAMPADARI

# Ric's Cafè

*Eine schöne Gegend ist es nicht gerade, in der die Fabrikation und der Lampenverkauf liegen. Es herrscht viel „Verkehr" in jeder Richtung. Aber der Lampenverkauf mit der Außenanlage ist wie eine Oase.*

**Warenangebot:** großes Angebot an Steh-, Wand- und Deckenlampen, nicht die modernen Designerlampen, sondern vorwiegend Kronleuchter und Tiffanylampen und eine große Auswahl an Ventilatoren.

**Ersparnis:** 30%. Preisbeispiele: Tiffany-Stehlampe 770.000 Lit., goldfarbene Kronleuchter von 600.000 bis 3.000.000 Lit. u.m. – je nach Größe.

**Einkaufssituation:** fachgeschäftsmäßiger Verkauf über zwei Stockwerke.

**Firma:** Lalfa Lampadari Fabbrica Artigiana di Bertolo Mario & C. S.N.C. - 37012 Bussolengo (VR) Località Ca' di Capri 106/B, Telefon: 0 45/6 76 70 19.

**Öffnungszeiten:** Montag 15.00 bis 19.30 Uhr, Dienstag bis Samstag 8.30 bis 12.30 und 15.00 bis 19.30 Uhr.

**Streckenbeschreibung:** S.S. 11 an der Strecke Peschiera–Verona, direkt vor der Autobahnauffahrt Verona-Nord, rechts. Und wenn Sie nicht auf dem Parkplatz bleiben wollen, können Sie zusehen, wie Sie wieder raus kommen, nach links zurück in Richtung Peschiera jedenfalls ist es ungeheuer schwierig.

SWINGER ROCCO BAROCCO

# Der Dekorateur

*Vor 20 Jahren waren Swinger-Jeans die NUMBER ONE. Damals waren es klassische Jeans in Topform. Inzwischen geht der Stil von Swinger mehr zur dekorativen Jeans mit Goldnieten, Rüschen und Applikationen. Besonders Schmuckreiches gibt es von der Marke Rocco Barocco.*

**Warenangebot:** Vorwiegend dekorierte Jeans, Hemden, Westen und Jacken. Natürlich gibt es auch einfache Jeanskleidung ohne Stuck und Putz, jedoch ist hier die Auswahl eher klein. Satinjeans fehlen ebenfalls nicht im Angebot und außerdem gibt es im zweiten Stock des Fabrikverkaufes eine große Auswahl an Stoffresten.

**Ersparnis:** 40 bis 70%. Preisbeispiele: Jeans 35.000 Lit., Jeansjacken 129.000 Lit.

**Einkaufssituation:** typischer Jeansladen mit Beratung.

**Firma:** Swinger International, Via Industriale, 3 Z.I. - 37012 Bussolengo (VR), Telefon: 0 45/7 15 26 33.

**Öffnungszeiten:** Dienstag bis Samstag 9.30 bis 12.30 und 15.00 bis 19.00 Uhr.

**Streckenbeschreibung:** Strada Lago-Lazise–Verona, Industriegebiet Bussolengo. Von Bussolengo kommend in die Via Lavoro, wieder links in die Via Artigianato und nochmals links in die Via Industriale. Das Industriegebiet liegt hinter dem Ortsendeschild.

EMMEGITI

# Fein raus

*Mit diesen Hemden ist die Herrenwelt in jeder Beziehung fein raus. Hochwertige Stoffe, zu zeitloser, lässiger Mode verarbeitet, ideal zu eleganten Blazer-Kombinationen oder einfach zu Jeans.*

**Warenangebot:** Hemden und Krawatten, überwiegend aus Baumwolle und Seide in Uni-, Streifen- oder Fun-Mustern. Es gibt auch 2.-Wahl-Angebote, Musterkollektionen und vereinzelt Pullover.

**Ersparnis:** 20 bis 40%. Preisbeispiele: Hemden ab 55.000 Lit., Krawatten ab 20.000 Lit.

**Einkaufssituation:** große Auswahl im ebenerdigen Verkaufsraum. Die Ware ist übersichtlich und gut sortiert.

**Firma:** EMMEGITI, Via Ugo Foscolo, 13 - 21052 Busto Arsizio (VA), Telefon: 0331/632449.

**Öffnungszeiten:** Montag bis Freitag 10.00 bis 12.00 und 15.00 bis 19.00 Uhr, Samstag 9.00 bis 12.30 Uhr.

**Streckenbeschreibung:** A 8 Milano–Varese, Ausfahrt Castellanza–Busto Arsizio Richtung Stadtmitte über die Via Per Busto Arsizio und Via G. Borri. Vor der Bahnüberführung links in die Via Muratori. Von der Via Muratori in die Via Gaeta, nächste links und dann rechts in die Via Ugo Foscolo. Parkmöglichkeiten direkt vor dem Haus oder rechts um die Ecke, im Hof ist Parkverbot.

**MIRTILLO**

# Klein aber „oho“

*Er fertigt Mode mit Pfiff für Kinder von den ersten Tagen an bis ins Teenie-Alter. Mirtillo gehört zu den Großen im Kindermodenbereich.*

**Warenangebot:** alles an Bekleidung für Kinder und Jugendliche von 0 bis 15 Jahre von Jacken bis zu Hosen und Kleidern, selbst Schuhe, Gürtel und Hosenträger sind im Angebot. Neben der eigenen Produktpalette findet man die Marken wie LEVIS und Wrangler.

**Ersparnis:** 30% bei der eigenen Marke, 20% bei den zugekauften Marken. Preisbeispiele: T-Shirts ab 15.000 Lit., Sweatshirts ab 35.000 Lit.

**Einkaufssituation:** großer, in zwei Räume aufgeteilter, Verkaufsraum hinter der Mauer der Firma versteckt. Die Kleidung ist gut sortiert. In jedem Raum sind zwei Umkleiden mit jeweils zwei Kabinen. Der Fabrikverkauf ist sehr modern eingerichtet.

**Firma:** MIRTILLO, Via Lega Lombarda, 7 - 21052 Busto Arsizio (VA), Telefon: 0331/639007.

**Öffnungszeiten:** Montag 15.00 bis 19.30 Uhr, Dienstag bis Samstag 9.00 bis 12.30 und 15.30 bis 19.30 Uhr.

**Streckenbeschreibung:** A 8 Milano–Varese, Ausfahrt Castellanza–Busto Arsizio Richtung Stadtmitte über die Via Per Busto Arsizio und Via G. Borri. Vor der Bahnüberführung links in die Via Muratori und die 3. Querstraße wieder links in die Via Milazzo, am Ende dieser Straße rechts in die Via C. Ferrini und wieder rechts in die Via Lega Lombarda.

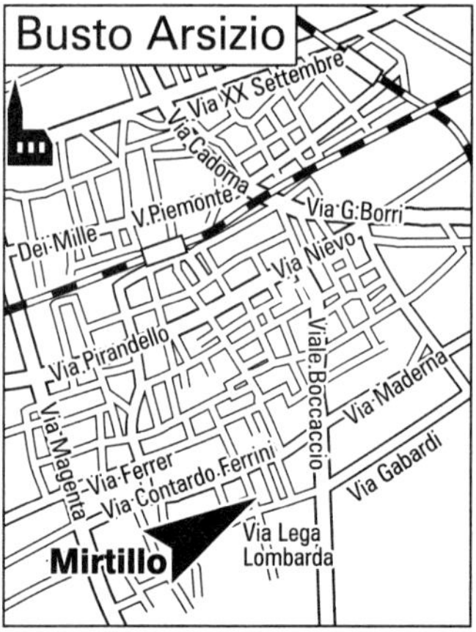

**PAPPA & CICCIA**

# Spritzig-frische Mode für unseren Nachwuchs

*Trendkleidung: jung, modern in Design und Farbe, gute Qualität. Fröhliche und lustige Kindermode von der Wiege bis etwa zum achten Lebensjahr.*

**Warenangebot:** Kinderbekleidung, überwiegend im Shirtbereich: T-Shirts, Sweat-Shirts, Hemden, Kleider, Hosen, Jeans und Röcke.

**Ersparnis:** 30% bei 1. Wahl, 50% bei 2. Wahl. Preisbeispiele: Jeansjacke 35.000 Lit., T-Shirts ab 15.000 Lit.

**Einkaufssituation:** kleiner Laden im Innenhof des Firmengeländes, unterteilt in 1.- und 2.-Wahl-Ware. Von der ausgezeichneten Ware werden die Prozente noch abgezogen. Um in das Firmengelände zu kommen, muß man an der Pforte klingeln.

**Firma:** Pappa & Ciccia, Via Ferrer, 13 - 21052 Busto Arsizio (VA), Telefon: 03 31/34 23 60.

**Öffnungszeiten:** Montag bis Freitag 8.30 bis 12.00 und 14.30 bis 19.30 Uhr, Samstag 8.30 bis 12.00 Uhr.

**Streckenbeschreibung:** A 8 Milano–Varese, Ausfahrt Castellanza–Busto Arsizio Richtung Stadtmitte über die Via Per Busto Arsizio und Via G. Borri. Vor der Bahnüberführung links in die Via Muratori und die dritte Querstraße wieder links in die Via Milazzo und von dort rechts in die Via Ferrer. Parkmöglichkeiten direkt vor der Firma.

**ANNY**

# Spaß am Anziehen – auch ohne Mannequin- und Dressman-Figur

*Hier erwartet Sie ein Angebot an gepflegter Damenbekleidung in guter Qualität, in den Größen, die in den meisten Boutiquen nicht zu finden sind.*

**Warenangebot:** reiche Auswahl an Damenkleidern, -blusen und -hosen in Übergrößen aus Seide und Wolle, Damenkostümen, -hosenanzügen und Blazern, Herrenhosen und Jakken aus Wolle und Cashmere in zeitlosen Farben und Formen.

**Ersparnis:** 30 bis 40%. Preisbeispiele: Damenkleider in Übergröße in 100% Wolle uni und bunt um 145.000 Lit., Karoblazer 80% Wolle und 20% Cashmere um 250.000 Lit., Damenkostüm in 100% Wolle um 350.000 Lit., bunte Seidenblusen um 80.000 Lit. und Herrenhosen in Wolle um 100.000 Lit.

**Einkaufssituation:** mittelgroßer, übersichtlicher Verkaufsraum, im Gang und Vorraum Sonderangebote.

**Firma:** Anny Confezioni, Abbigliamento, Haus Nr. 94 - 28072 Ca' Bianca, Telefon: 01 63/85 10 57.

**Öffnungszeiten:** Montag bis Samstag 9.00 bis 19.00 Uhr.

**Streckenbeschreibung:** von Novara nach Borgosesia S.S. 299 zwischen Prato Sesia und Ca' Bianca liegt rechts ein alleinstehendes Gebäude. Großes Hinweisschild, Einfahrt in Feldweg, nach ca. 300 m Verkauf und Produktion.

**SERGIO TACCHINI**

# Angemessen sportlich

*Sergio Tacchini ist in Deutschland bei alt und jung als Hersteller von Tenniskleidung bekannt. Das Angebot in Caltignaga geht jedoch weit über das hinaus, was bei uns dieser Marke zugeordnet wird. Oder haben Sie gewußt, daß der Golfer in Kleidung von Sergio Tacchini zum Golfplatz kommt?*

**Warenangebot:** Tenniskleidung, Tennisschuhe, Golfkleidung, Badekleidung, Skibekleidung, Pullis, Accessoires, Freizeitkleidung, Freizeitschuhe, für Damen, Herren und Kinder.

**Ersparnis:** 20 bis 50%, Preisbeispiele: Textil-Freizeitschuhe im Citylook 29.000 Lit., Woll-Sport-Pullis um 75.000 Lit. – vom Wühltisch um 39.000 Lit., Poloshirts 42.000 Lit., Tennis-Polo-Shirts, 2. Wahl, ab 39.000 Lit., sportliche Herrenhemden um 42.000 Lit., Travellors-Herren-Cordhosen 70.000 Lit.

**Einkaufssituation:** riesiger Verkauf in einer lagerähnlichen Halle, Umkleidekabinen sind vorhanden. Der Verkauf ist stark besucht, Parkplätze gibt es auf der anderen Straßenseite.

**Firma:** Sandys S.P.A. , S.S. 229 km 8 Caltignaga, Telefon: 0321/ 65 21 61.

**Öffnungszeiten:** Montag 15.00 bis 19.00 Uhr, Dienstag bis Samstag 10.00 bis 12.00 und 15.00 bis 19.00 Uhr.

**Streckenbeschreibung:** Bei Caltignaga an der S.S. 229 Omegna–Novara auf der rechten Straßenseite. Der Verkauf ist schon wegen des regen Publikumsverkehrs nicht zu übersehen.

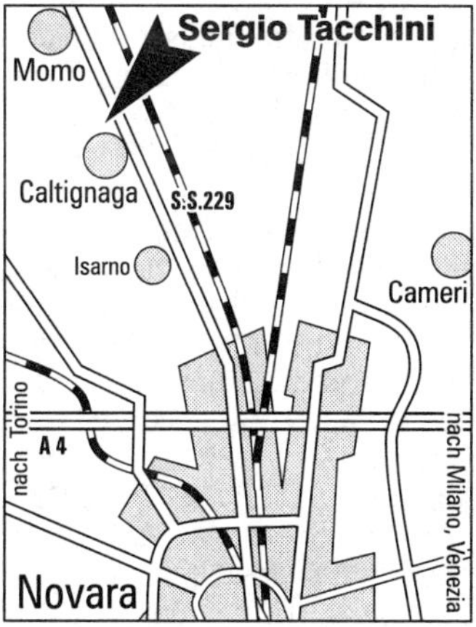

**BORGHI**

# Klein – aber immer mit dem besonderen italienischen Kick

*Klassisch modische Strickwaren für Damen und Teenies in besonders edler Qualität und zeitloser Form aus feinstem Material und in ausgeklügeltem Design.*

**Warenangebot:** kleine Auswahl an Kleidern, Röcken, Jakken, Westen, Pullis, Tops bis zum Body aus Materialien wie Leinen, Seide, Viskose und Baumwollgemisch. Keine Modegags, ausgesucht schöne Modelle.

**Ersparnis:** 25%, bei 2. Wahl mehr. Ware nicht ausgezeichnet, Preis auf Nachfrage. Gehobene Preisklasse. Preisbeispiele: zeitloses Sommerkleid aus Seidenstrick – ärmellos mit tiefem Rücken – 430.000 Lit., tailliertes modisches Kurzarmjäckchen mit durchgehender Knopfleiste, 70% Leinen und 30% Viskose 270.000 Lit.

**Einkaufssituation:** gepflegter und heller, nicht überladener Verkaufsraum vor Fertigungsstätte, extrem freundliche und hilfsbereite Bedienung. Parkplätze auf dem Werksgelände.

**Firma:** S. BORGHI S.R.L., Manifattura – Maglierie, Via Milano, 64 - 22063 Cantù (CO), Telefon: 0 31/71 44 03.

**Öffnungszeiten:** Montag bis Freitag 8.30 bis 12.00 und 14.00 bis 18.30 Uhr, Samstag 9.00 bis 12.00 Uhr.

**Streckenbeschreibung:** vom Zentrum Cantù von Richtung Mariano Comense kommend zur Via Milano, nach der Ampelkreuzung Via Torino noch ca. 50 m weiter, dann liegt rechter Hand, etwas zurückgesetzt, die Verkaufsstätte mit Fabrik bei einem Autohaus.

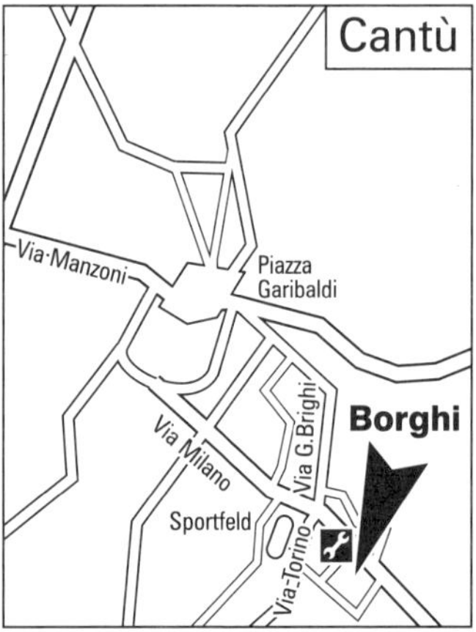

**LA PERMANENTE MOBILI CANTÙ DAL 1893**

# Jedes Stück ein Kleinod

*Durch den Zusammenschluß von 38 Möbelwerkstätten ist diese renommierte Adresse für außergewöhnliche Stil- und extravagante Designermöbel entstanden.*

**Warenangebot:** überwältigende Auswahl an Vitrinen, Konsolen, Sekretären, Beistelltischen, Eß-, Wohn- und Schlafzimmern, auch einzelnen Betten, Sofas und Sesseln sowie Chefbüros.

**Ersparnis:** Angabe nach Prozenten nicht möglich. Diese Möbel sind sonst kaum zu finden. Preisbeispiele: Sideboard in Palisander mit Intarsien 14.500.000 Lit., Intarsien-Kirschbaum-Beistelltisch 3.130.000 Lit., funktionelles Designer-Nußbaumregal mit Einlegböden aus mattiertem Glas 2.600.000 Lit.

**Einkaufssituation:** großes, 4stöckiges, altes Gebäude, auf allen Etagen luxuriöse und extrem dekorative Ausstellungsstücke, sehr freundliche und fachmännische Beratung, gebührenpflichtige Parkmöglichkeit auf der Piazza Garibaldi.

**Firma:** Consorzio La Permanente Mobili Cantù, Piazza Garibaldi, 9 - 22063 Cantù (CO), Telefon: 0 31/71 25 39.

**Öffnungszeiten:** Montag bis Freitag 9.00 bis 12.30 und 14.00 bis 19.00 Uhr, Samstag 9.00 bis 12.30 und 14.30 bis 19.00 Uhr, Sonntag 10.00 bis 12.30 und 14.30 bis 18.00 Uhr.

**Streckenbeschreibung:** A 9 Como–Milano, Ausfahrt Cantù, Richtung Zentrum von Cantù auf die Piazza Garibaldi. Gegenüber, am anderen Ende der Piazza Garibaldi, in der Via Ariberto, 14, ist etwas „schmaler“ die Esposizione Mobili d'arte Cozza.

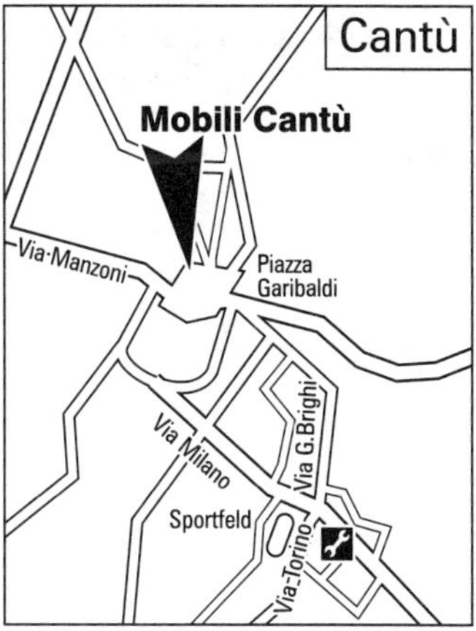

## CALZATURIFICIO STEPHY

# Gut in Form

*Calzaturificio Stephy ist auf „gut deutsch" ein riesiges Factory-Outlet, in dem es eine Vielzahl von Schuhen und Sportkleidung bekannter Marken wie Timberland, Lotto usw. zu kaufen gibt.*

**Warenangebot:** Schuhe in allen Ausführungen, Handtaschen, Koffer, Kleidung für alle erdenklichen Sportarten, Freizeitkleidung, Kinderbekleidung, vereinzelt auch Damenmode und Lederkleidung.

**Ersparnis:** 25 bis 50%. Preisbeispiele: Fila-Tennissocken 12.000 Lit., Fila-Textil-Schuhe 57.000 Lit., Champion-Sporthose (kurz) 35.500 Lit., Missoni-Sport-Mokassins 85.000 Lit., schwarze Lederweste 54.000 Lit., Handtaschen um 100.000 Lit.

**Einkaufssituation:** riesige Halle mit sehr großem Angebot.

**Firma:** Calzaturificio Stephy, Via Monte Baldo (Strada per Spiazzi) - 37013 Caprino Veronese (VR), Telefon: 045/7241251.

**Öffnungszeiten:** vom 15. Mai bis 15. September tägl. (auch an Sonn- und Feiertagen) von 9.00 bis 12.30 und 14.30 bis 20.00 Uhr, vom 16. September bis 14. Mai ebenfalls täglich von 9.00 bis 12.30 und 14.00 bis 19.30 Uhr.

**Streckenbeschreibung:** Sie fahren Richtung Centro und sehen gleich den Wegweiser Stephy, der nach rechts in die Via Gau-Algesheim führt. Sie folgen dieser Straße und fahren an deren Ende nach links und sehen dann letztmals den Wegweiser Stephy, der rechts steil den Berg hochweist. Oben fahren Sie wieder rechts und kommen nach ca. 2 km zum Ortsende Richtung Spiazzi und zu Stephy.

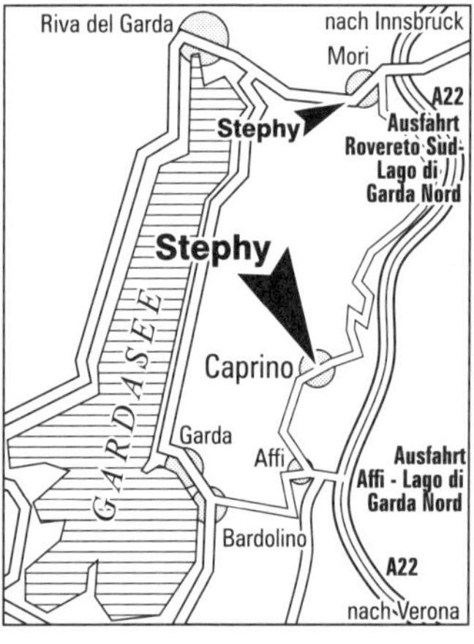

ANPAO BY SETTEBELLO

# Rein in den Sportdreß

*Im Factory Outlet ANPAO by Settebello finden Sie überwiegend Sportswear des Fabrikates Kappa, Trussardi, Uniform, Van Laack, LEVIS u.a. für Damen, Herren und Kinder.*

**Warenangebot:** große Auswahl an spezieller Sportbekleidung, Sportschuhen, Polos, Hemden, T-Shirts, Handtüchern und Bademänteln, begrenzte Auswahl an Jeans, sportlichen Hosen und Shorts. Viele Sonderangebote.

**Ersparnis:** 30%, Sonderangebote zusätzlich bis 30%. Preisbeispiele: Sportanzug ab 80.000 Lit., Van-Laack-Hemd ab 55.200 Lit., Trussardi-Herren-Hosen ab 111.000 Lit., LEVIS 501 109.000 Lit., Trussardi-T-Shirts ab 35.000 Lit.

**Einkaufssituation:** großer, überfüllter Verkauf auf 2 Ebenen. Großer Parkplatz vor der Verkaufsstätte.

**Firma:** ANPAO by Settebello S.N.C., Via Svoto Cattania, 2/4 - 41012 Carpi (MO), Telefon: 0 59/64 29 20.

**Öffnungszeiten:** Montag bis Mittwoch und Freitag bis Samstag 9.30 bis 12.30 und 15.00 bis 19.30 Uhr, Donnerstag 15.00 bis 19.30 Uhr.

**Streckenbeschreibung:** A 22 Verona–Modena, Ausfahrt Carpi Richtung Industriezone, über die Viale dell' Industria rechts in die Via Nuova Ponente, diese wird dann zur Via Lenin und später – kurz bevor sie nach rechts verläuft – zur Via Carlo Marx. Auf der Via Carlo Marx immer weiter, dann links in die Via Svoto Cattania, beim Einbiegen gut ausgeschildert. Verkauf gleich rechts.

**AVIREX**

# Globetrotter – Abenteurer – Camel-Typ

*Bei dem Überangebot an meist rustikalen und extrem preisgünstigen Freizeitklamotten denkt man beim Betreten dieser Verkaufshalle unwillkürlich an die weite Welt und an harte Typen.*

**Warenangebot:** große, gut sortierte Auswahl an Jeanskleidung, Abenteuerwesten, Jacken, Hemden, Gürteln und rustikalen Schuhen für Damen, Herren und Kinder.

**Ersparnis:** 50 bis 70%. Preisbeispiele: Jeans ab 35.000 Lit., Kinder-Jeansjacken 20.000 Lit., jugendliche Freizeitjacke 40.000 Lit. schöne AVIREX-Hemden ab 29.000 Lit.

**Einkaufssituation:** große, fast lieblose Wellblechhalle, funktionell eingerichtet. Stark besuchter Verkauf, wenig Personal. Parkplätze vor der Verkaufshalle.

**Firma:** ATECA S.R.L., AMERICANINO, Contemporary Jeans, Via Carlo Marx, 140 - 41012 Carpi (MO), Telefon: 0 59/ 63 92 53.

**Öffnungszeiten:** Montag bis Freitag 16.00 bis 19.30 Uhr, Samstag 9.00 bis 13.00 und 16.00 bis 19.30 Uhr.

**Streckenbeschreibung:** A 22 Verona–Modena, Ausfahrt Carpi Richtung Industriezone, über die Viale dell' Industria rechts in die Via Nuova Ponente, diese wird zur Via Lenin und später – kurz bevor sie nach rechts verläuft – zur Via Carlo Marx. Auf der Via Carlo Marx immer weiter, links vor Querstraße Via Svoto Cattania, nicht zu übersehen, großes Fabrikgebäude mit der Aufschrift AVIREX und daneben liegt der Verkauf ATECA.

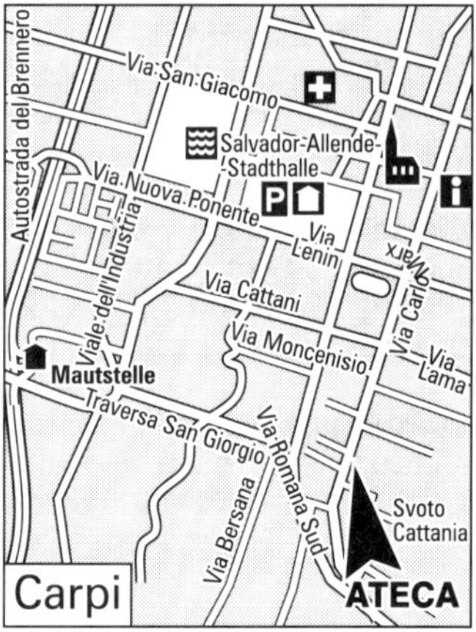

**HAPPY SPORT**

# Wohlfühl-Tip für drinnen und draußen

*HAPPY SPORT ist ein junges Unternehmen und hat sich auf lockere Freizeitkleidung aus Fleece, Sweat und Trikot spezialisiert.*

**Warenangebot:** kleines Sortiment an Sweat-Shirts, Fleece-Jacken und T-Shirts mit und ohne Motive, jeweils mit den passenden Hosen in Sommer- und Winterqualität. – Gute Passformen. –

**Ersparnis:** 30%, auf Vorsaisonartikel mehr. Preisbeispiele: leichte T-Shirts mit Hosen 52.000 Lit., warme Sweatshirts mit Hosen 60.000 Lit.

**Einkaufssituation:** durch Rolltor in die Fabrikhalle, in der Sie Näherei, Packerei und Verkauf finden. Ware in Gitterpaletten, Regalen und auf großen Packtischen. Freundliche Mitarbeiterinnen nähen, packen, sortieren und bedienen. Parkplätze vor der Halle.

**Firma:** HAPPY SPORT, Galerie Blanche S.R.L., Via Nuova Ponente, 25 - 41012 Carpi (MO), Telefon: 0 59/64 41 72.

**Öffnungszeiten:** Montag bis Freitag 8.30 bis 12.30 und 15.30 bis 19.00 Uhr.

**Streckenbeschreibung:** A 22 Verona–Modena, Ausfahrt Carpi Richtung Industriezone, über die Viale dell' Industria links in die Via Nuova Ponente. Dort sehen Sie links großes Hinweisschild HAPPY SPORT und fahren in das Firmengelände bis zum großen Rolltor.

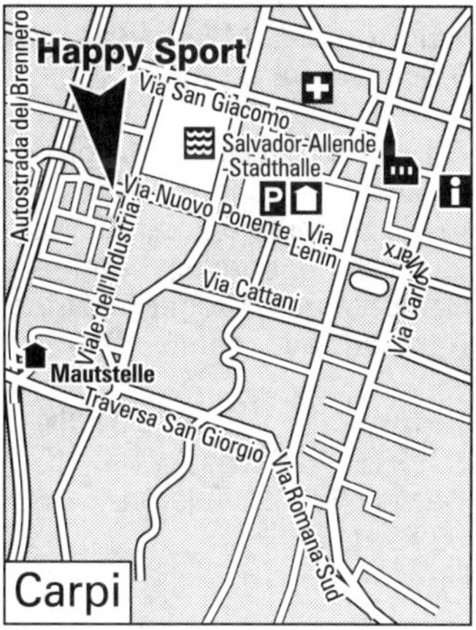

**INTERNATIONAL STORE**

# Tummelplatz von vielen Modeproduzenten

*Hier finden Sie ein breites Spektrum an Bekleidung aller Art in mittlerer Qualität zu sehr günstigen Konditionen.*

**Warenangebot:** mittlere Auswahl an Blazern, Kostümen, Hosen, Röcken, T-Shirts, Blusen, Bodies, Kinderpolos, Kinderhosen, Herrenjackets, Hemden und Freizeitkleidung. Anfang September war der Sommer-Schlußverkauf noch in vollem Gange, neue Kollektionen fehlten fast ganz.

**Ersparnis:** bis 50%, auf Schlußverkaufsartikel mehr. Preisbeispiele: Hemd ab 10.000 Lit., Kinderpolo ab 11.900 Lit., Damen-Pepitahose ab 29.000 Lit., Body ab 10.000 Lit. und in Wühlkörben Markenteile ab 9.500 Lit.

**Einkaufssituation:** große, kaufhausähnliche Verkaufsstätte mit Schaufenstern, mit Ware ziemlich überladen, mehrere Bedienungen, reger Betrieb. Parkplätze vor dem Verkauf.

**Firma:** INTERNATIONAL STORE, Via Nobel, 1 - 41012 Carpi (MO), Telefon: 0 59/ 63 73 11.

**Öffnungszeiten:** Dienstag bis Freitag 10.00 bis 12.00 und 15.00 bis 19.00 Uhr, Samstag 10.00 bis 12.00 Uhr.

**Streckenbeschreibung:** A 22 Verona–Modena, Ausfahrt Carpi Richtung Industriezone, über die Viale dell' Industria links in die Via Nuova Ponente, dann links in die Via Nobel. Gleich rechter Hand liegt der Verkauf.

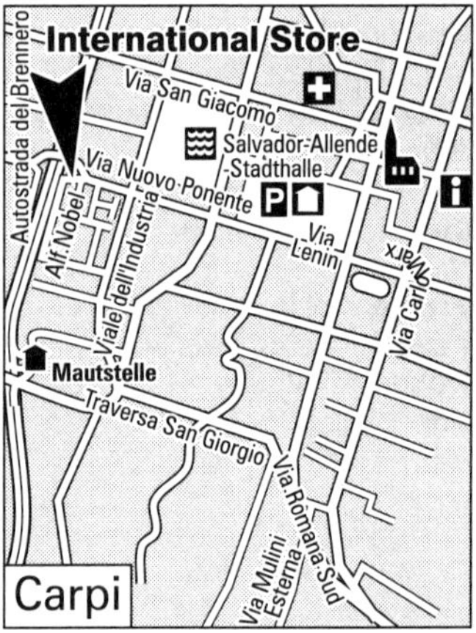

PROFONDO BLU

# Hausfrauen-Nobellook

*Für eine ansprechende Mode muß nicht immer der Name eines großen Modemachers stehen. PROFONDO BLU bietet damenhafte, zeitlose Bekleidung zu günstigen Preisen.*

**Warenangebot:** begrenzte Auswahl an Kostümen, Pullis, Röcken, Blazern, T-Shirts und Hosen, meist klassisch, in zweckmäßigem Material und bequemer Paßform.

**Ersparnis:** 30 bis 50%, bei Auslaufmodellen mehr. Preisbeispiele: klassischer Damenrock ab 35.000 Lit., Hose ab 70 000 Lit., Pulli im Collegestil (70% Wolle, 30% Polyamid) 60.000 Lit., Twinset – Schurwolle – 140.000 Lit., Kostüm 270.000 Lit., Viskose-T-Shirt 10.000 Lit. (Sonderangebot).

**Einkaufssituation:** kleiner, gepflegter Verkaufsraum auf dem Werksgelände, Ware in Regalen und auf Kleiderständern, freundliche Bedienungen. Parkplätze vor dem Verkaufsraum.

**Firma:** PROFONDO BLU S.R.L., Pronto Moda, Via Carlo Marx, 140 - 41012 Carpi (MO), Telefon: 0 59/69 98 08.

**Öffnungszeiten:** Montag bis Freitag 10.00 bis 12.00 und 16.00 bis 19.00 Uhr, Samstag 9.30 bis 12.30 und 15.30 bis 19.00 Uhr.

**Streckenbeschreibung:** A 22 Verona–Modena, Ausfahrt Carpi Richtung Industriezone, über die Viale dell' Industria rechts in die Via Nuova Ponente, diese wird dann zur Via Lenin und später – kurz bevor sie nach rechts verläuft, zur Via Carlo Marx. Auf der Höhe der Via Moncenisio liegt rechts hinter weißem Fabrikzaun die Verkaufsstätte.

**OBLO' RICAMI**

# Zu schön für den täglichen Gebrauch

*Die zauberhaft romantische Tischwäsche von Oblo' Ricami läßt Frauenherzen höher schlagen und ist ein wahre Augenweide.*

**Warenangebot:** bestickte Tischwäsche und Servietten für besondere Anlässe in weißer Baumwolle oder feinem Leinen, oder – etwas unempfindlicher – für den, der das Besondere auch im Alltag bevorzugt.

**Ersparnis:** ca. 40%. Preisbeispiele: weiße Baumwolltischdecke – bestickt mit Maiglöckchen – 125 × 195 cm 240.000 Lit., in hochwertigem feinem Leinen 135 × 230 cm 295.000 Lit. – jeweils mit 6 Servietten, zwei bildschöne Servietten mit bestickten Serviettenringen 23.000 Lit.

**Einkaufssituation:** Ausstellungsraum bei der Näherei. Sie klingeln, werden eingelassen und sehr freundlich bedient.

**Firma:** Oblo' Ricami S.R.L., Via Rostoncello, 14 - 36010 Carré (VI), Telefon: 04 45/ 31 48 44.

**Öffnungszeiten:** Montag bis Freitag 9.00 bis 12.00 und 14.00 bis 18.00 Uhr, Samstag 8.00 bis 12.00 Uhr.

**Streckenbeschreibung:** Von Thiene über Zanè Richtung Asiago. 100 m nach dem Ortsende Zanè rechts ins Industriegebiet Carré-West – Via Brenta, nach 100 m wieder rechts dem Wegweiser Spaccio Oblo' Ricami folgen.

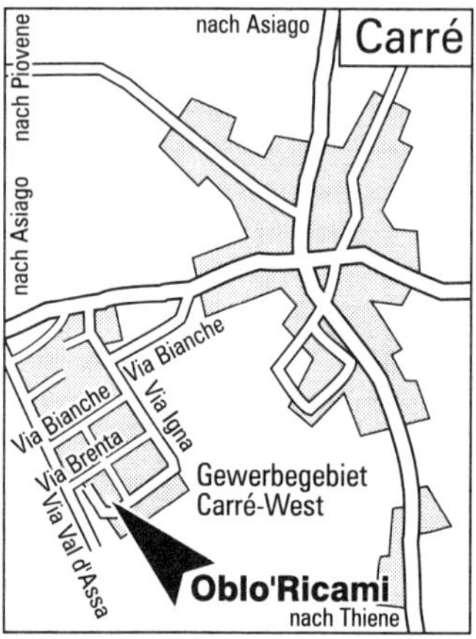

**CESARE BRUNO**

# Des Kaisers neue Kleider

*Cesare Bruno fertigt Herrenmode, die zur obersten Kategorie gehört. Hier gibt es das neuste, was auf dem Herrenmodemarkt zu finden ist. Auch im Fabrikverkauf fehlt die neuste Kollektion nicht. Viel besser geht es nicht, weder in puncto stofflicher Qualität noch in Schnitt und Mode.*

**Warenangebot:** Anzüge, Sakkos, Hemden, Baumwollhosen, Jeans, Krawatten, Jakken.

**Ersparnis:** 30 bis 40%, Preisbeispiele: Anzüge alle um 300.000 Lit., Hemden zwischen 50.000 und 80.000 Lit., Sakkos um 200.000 Lit., Hosen 50.000 Lit., Jeans 39.000 Lit., Krawatten 25.000 Lit.

**Einkaufssituation:** Fabrikverkauf mittlerer Größe. Die Auswahl an Anzügen, Hosen und Sakkos ist sehr groß. Etwas weniger Hemden und Jeans. Die Beratung ist auf Wunsch sehr eingehend und kompetent. Kleine Enttäuschung für die „langen und breiten" Männer. Für die ist diese italienische Topmode einfach nicht gemacht.

**Firma:** Cesare Bruno, Viale del Lavoro, 47 - 25045 Castegnato (BS).

**Öffnungszeiten:** Montag 15.00 bis 19.00 Uhr, Dienstag bis Samstag 9.00 bis 12.00 und 15.00 bis 19.00 Uhr.

**Streckenbeschreibung:** Auf der S.S. 11 durch Castegnato. Im Industriegebiet in der großen Rechtskurve links abbiegen, dem Schild folgen. Dies ist die Viale del Lavoro, der Straße nun folgen. Nach einer Linkskurve liegt links Cesare Bruno. Der Verkauf im Untergeschoß ist angeschrieben.

**LA SEDIA**

# Sitzen wie auf dem Markusplatz

*Mit Hilfe dieses Verkaufs kann man sich sein Café ins Wohnzimmer zaubern. Da die Tische und Stühle nicht besonders groß sind, lassen sie sich auch problemlos im Auto transportieren.*

**Warenangebot:** Barhocker, Bistrostühle und Bistrotische in allen denkbaren Varianten. Auch Stühle, die zu klassischen Eßtischen passen. Stühle sind in riesiger Auswahl vorhanden.

**Ersparnis:** 30%. Preisbeispiele: Stühle kosten alle zwischen 40.000 und 60.000 Lit., Tische je nach Modell zwischen 100.000 und 200.000 Lit., Barhocker ab 80.000 Lit. Eine Kombination aus kleinem Tisch und zwei Stühlen aus reinem Alu, ganz in Silber für 340.000 Lit.

**Einkaufssituation:** Die Tische und Stühle stehen ohne große Ordnung in einem Raum. Die freundliche Beratung gibt gern und bereitwillig Auskunft.

**Firma:** Franchi Giuseppe „La Sedia" e C.S.N.C., Via Barco, 13 - 25045 Castegnato (BS), Telefon: 0 30/2 14 07 03.

**Öffnungszeiten:** Montag bis Samstag 8.00 bis 12.00 und 15.00 bis 19.00 Uhr.

**Streckenbeschreibung:** an der S.S. 11 Milano–Brescia. Die S.S. 11 geht direkt durch das Industriegebiet von Castegnato. In diesem Industriegebiet geht es nach einer langgezogenen Rechtskurve rechts zu dem Verkauf, ein großes Schild weist darauf hin. Das Fabrikgebäude ist ein mehrstöckiges Gebäude, das nicht zu übersehen ist. Am Empfang fragen.

SPRINT TOPBIKE

# Warum nicht Fahrräder ab Fabrik

*Auch Fahrräder kann man ab Fabrik kaufen. Warum nicht ? Fragt der Slogan der Firma Sprint. Allerdings will dies wegen Garantie und möglichen Verständigungsproblemen wohl überlegt sein. Für Kenner ist der Kauf eines Fahrrades im Land dieser großen Radfahrernation jedoch eine Alternative.*

**Warenangebot:** Mountainbikes, Rennräder, Kinderfahrräder, Trekking-Räder und Fahrradzubehör. Die Räder sind allerdings nicht durchweg mit Shimanotechnik ausgestattet, meistens ist aber zumindest die Schaltung von Shimano.

**Einkaufssituation:** kleiner Verkaufsraum, mit Fahrrädern vollgepackt, aber sehr gute Beratung.

**Ersparnis:** 20 bis 30%. Preisbeispiele: Mountainbike durchgehend mit Shimano SIS ausgestattet, Rahmen Columbus-Rohre 1.000.000 Lit., Mountainbike mit Alivio-Ausstattung (nur Schaltung) 500.000 Lit., Kinderfahrräder um 100.000 Lit.

**Firma:** Sprint, Via Padana Superiore, 93 - 25045 Castegnato (BS), Telefon: 0 30/2 72 16 64.

**Öffnungszeiten:** Montag bis Samstag 8.00 bis 12.00 und 16.00 bis 19.00 Uhr.

**Streckenbeschreibung:** Castegnato liegt direkt an der S.S. 11 von Milano nach Brescia, kurz nach der Ortschaft Rovato. Die Via Padana Superiore ist der Teil der S.S. 11, der direkt durch das Industriegebiet von Castegnato verläuft. Der Sprintverkauf befindet sich, wenn man von Rovato kommt, rechts direkt an der Straße und ist groß angeschrieben.

**ELISA**

# Unkomplizierte Trends

*Carolina Pedrjoni – tita in produzione Moda, nicht in hochwertigen Materialen, aber modisch. Bei Herrenbekleidung überwiegt die Marke New Collection, bei Damen Carolina Pedrjoni Gabriele Bellini und bei jugendlicher Mode – nur kleine Größen – fatto per me.*

**Warenangebot:** große Auswahl an Herrenanzügen, Sakkos, Hemden, Hosen, Jeans, Damenkostümen, Hosenanzügen, Röcken, Blusen, Kleidern und Kinderkleidung.

**Ersparnis:** 25 bis 50%. Preisbeispiele: Levis 501 99.000 Lit., jugendl. Leinenkleid (lang) 115.000 Lit., Leinenbluse mit Hose 168.000 Lit., Hosenanzug 100% Wolle 247.000 Lit., Herrenanzug in Pol./Wolle/Visk., 3teilig mit Weste 280.000 Lit.

**Einkaufssituation:** einzelhandelsmäßiger Verkauf über zwei Stockwerke, im OG sind die Sonderangebote. Parkplätze sind vorhanden.

**Firma:** Tita in S.P.A., Via Milano - 37014 Castelnuovo (VR), Telefon: 0 45/6 45 00 02.

**Öffnungszeiten:** Montag 15.00 bis 19.30 Uhr, Dienstag bis Samstag 9.00 bis 12.30 und 15.00 bis 19.30 Uhr.

**Streckenbeschreibung:** S.S. 11 Peschiera–Verona vom Kreisverkehr Castelnuovo Richtung Verona nach ca. 500 m rechts, liegt groß und gut zu sehen Elisa.

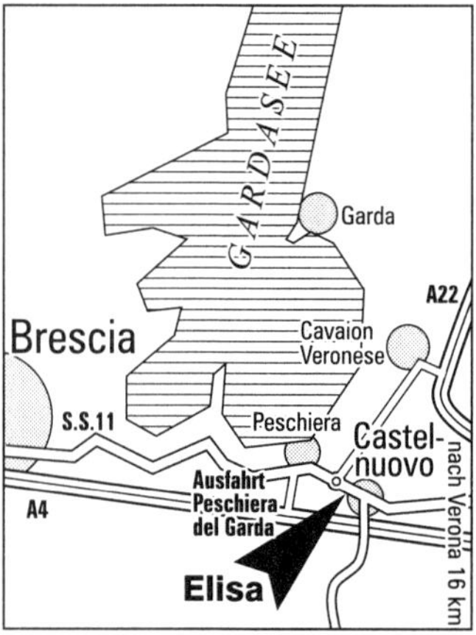

NAIANO

# Italiens beste Seiten unter einem Dach

*Wo die Strada del Olio und die Strada del Vini zusammentreffen, liegt das malerische Weingut Naiano. Hier werden seit 1939 Produkte aus eigenem Anbau zu Vini classici, spumante, olio extravergine e Grappe verarbeitet.*

**Warenangebot:** Vini classici, spumante, Grappe und Olio extravergine.

**Ersparnis:** 20%. Es gibt natürlich billigere Weine im Supermarkt. Diese sind jedoch sauber ausgebaute, gut verträgliche Tischweine. Im 12-Flaschen-Karton kostet die 0,75-l-Flasche Bardolino Classico (rot) 4.800 Lit., Bardolino Classico Superiore 5.000 Lit., Chardonnay (weiß) 5.700 Lit. Ein guter, einfacher Grappa kostet 13.000 Lit.

**Einkaufssituation:** Verkaufsraum mit allen Produkten des Weingutes.

**Firma:** Naiano, Az. Agr.die Bellora G. & G., Loc. Naiano - 37010 Cavaion V.se (VR), Telefon: 0 45/7 23 50 11.

**Öffnungszeiten:** Montag bis Freitag 8.30 bis 12.00 und 14.30 bis 18.30 Uhr.

**Streckenbeschreibung:** Das Weingut liegt als einzelner Viereckhof gut erkennbar im Tal. Es gehört zu der Ortschaft Cavaion, gleich neben der Autobahnauffahrt Affi. Wenn Sie an der Auffahrt, aus Richtung Bardolino kommend, vorbeifahren, ist gleich links nach 500 m das Weingut. Großes Portal mit Eisentor und Hinweisschild für den Weinverkauf.

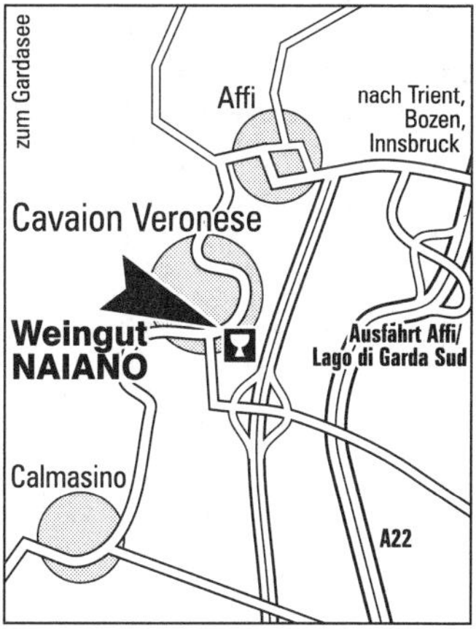

**DUELLE SPORT**

# Hohe Sprünge

*Duelle Confezione Sport stellt preiswerte, tragbare Sportkleidung her. Praktisch von Schnitt und Qualität, jedoch nicht im oberen Bereich anzusiedeln. Wer nicht unbedingt auf die Marke Wert legt, kann damit hohe Sprünge machen.*

**Warenangebot:** Sommer- und Winteranoraks, Jeans, Trainingsanzüge, Sporthosen, Pullis, Sweatshirts, T-Shirts, Badebekleidung – für Damen, Herren und Kinder –, außerdem einige Damen- und Kinderkleider.

**Ersparnis:** 25 bis 50%. Damenjeans 42.000 Lit., Kinder-T-Shirts 15.000 Lit., Badehosen ab 9.500 Lit., kurze Herren-Trikot-Sporthose 23.000 Lit., Kinder-Jeansjacke 56.000 Lit., Kinder-Jeansrock 32.000 Lit., Herrenweste im Abenteuerlook 75.000 Lit.

**Einkaufssituation:** große, helle Lagerhalle mit reichhaltigem Warenangebot.

**Firma:** Duelle Confezione Sport, Via Burlinetto, 37014 Cavalcaselle (VR), Telefon: 045/ 7 55 27 55.

**Öffnungszeiten:** Montag 15.00 bis 19.30 Uhr und Dienstag bis Samstag 9.00 bis 12.00 und 15.00 bis 19.30 Uhr.

**Streckenbeschreibung:** S.S. 11 Peschiera–Verona in Cavalcaselle am Ortsende rechts.

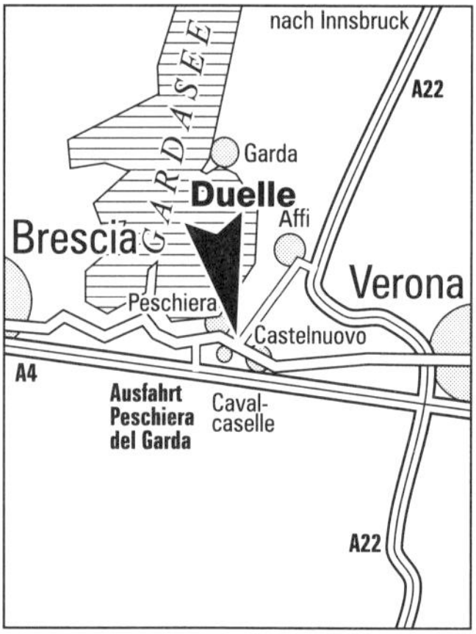

LOUIS ALEMAN

# Nicht billig, sondern preiswert

*In einer kleinen Fabrik stellt Louis Aleman Herrenhemden der ersten Kategorie her. Die kleine Fabrik verwendet nur Stoffe allererster Qualität und verbindet sie mit einem typischen italienischen Design. Hier kann sich jeder Mann ein Hemd kaufen, das keine Wünsche seiner Frau offen läßt.*

**Warenangebot:** nur Herrenhemden sehr guter Qualität, vom Anzughemd bis zum Freizeithemd in allen Variationen.

**Ersparnis:** 50%. Jedes Hemd kostet 40.000 Lit. Mehr braucht man nicht dazu zu sagen. Bringen sie ihren Freunden und Bekannten auch eines mit, sie haben es sicher verdient.

**Einkaufssituation:** kleiner Shop im Keller des Firmengebäudes, die Hemden türmen sich in Kartons verpackt bis unter die Decke. Alle Größen sind vorhanden. Die Auswahl ist sehr groß. Bringen sie vielleicht ihre Krawatte mit, und suchen sie sich ihr Traumhemd, passend zur Krawatte aus.

**Firma:** Camiceria Louis Aleman, Via A. Meucci, 24 - 25046 Cazzago S. Martino (BS), Telefon: 0 30/7 25 55 66.

**Öffnungszeiten:** Montag bis Samstag 8.00 bis 12.00 und 14.00 bis 18.00 Uhr.

**Streckenbeschreibung:** A 4 Milano–Venezia, Ausfahrt Rovato. Vor Rovato im Kreisverkehr am Schwimmbad links Richtung Brescia, bis diese Straße auf die S.S. 11 trifft. Dann links und die nächste Straße wieder links und nochmals links dem Wegweiser Camiceria Louis Aleman folgen (braunes Schild mit gelber Schrift) und bei Nr. 65 klingeln.

FOOTLOCKER

# Just buy it!

*Eigentlich darf man diese Schuhe nicht mehr Turnschuhe nennen, es sind die Kultschuhe der jungen Generation. Cool sind hier alle, nicht nur die Schuhe, sondern auch die Preise. Taschengeldschonung ist angesagt. Aber auch die ältere Generation, die vielleicht nur einen guten Sportschuh sucht, ist hier richtig.*

**Warenangebot:** Schuhe der obengenannten Fabrikate in allen Größen (18–48). Vom Basketball- über den Hallenschuh bis zum Tennisschuh ist alles da. Zusätzlich noch einige Trainingsanzüge, Baseballcaps und sonstige Accessoires.

**Ersparnis:** 50%. Alle Basketballschuhe zwischen 80.000 und 100.000 Lit., durchaus aktuelle Modelle. Teuerstes Modell überhaupt ist ein Nike Air Basketballschuh für 129.000 Lit., Hallenschuhe um 50.000 Lit., Baseballcaps 9.000 Lit.

**Einkaufssituation:** lange, schmale Fabrikhalle mit sehr übersichtlicher, aber liebloser Warendarbietung. Beratung gibt es so gut wie keine, aber hier kommt es auf die Preise an – und daß die gut sind, sieht man schon an der Schlange, die sich vor Geschäftsöffnung bildet.

**Firma:** Footlocker Discount Outlet, Viale Fulvio Testi, 172 - 20092 Cinisello Balsamo (MI), Telefon: 02/22 47 18 96.

**Öffnungszeiten:** Dienstag bis Freitag 9.30 bis 12.15 und 15.30 bis 19.15 Uhr, Samstag 9.30 bis 12.45 und 15.00 bis 19.15 Uhr.

**Streckenbeschreibung:** Die Viale Fulvio Testi ist eine große vierspurige Straße durch Cinisello Balsamo. Von Mailand kommend, ist der Discount an der rechten Straßenseite und von der Straße aus zu sehen.

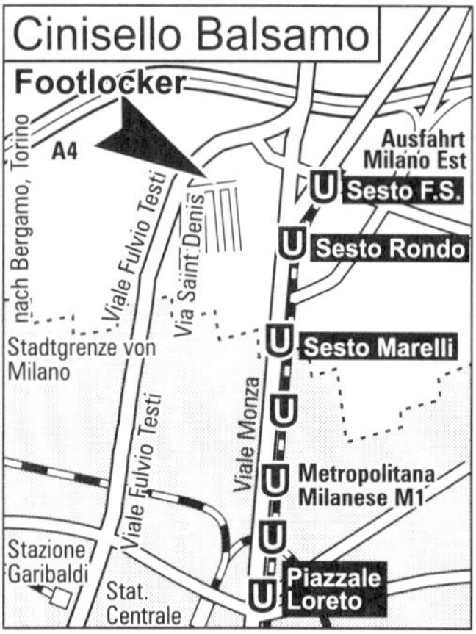

**LARIO EMPORIO**

# Damit läuft sich keiner Blasen

*Führender Hersteller und Qualitätsbegriff seit 1898. Fertigt Schuhe für Jil Sander, Wrangler u.a. Qualität und Design erfüllen gehobene Ansprüche.*

**Warenangebot:** gut sortierte Auswahl an sportlichen, klassischen und modischen Damen-, Herren- und Kinderschuhen. Vereinzelt Handtaschen und Börsen, reduzierte Kleider und Röcke von Esprit und junge Mode direkt aus St-Tropez. Es werden auch Herrenhemden angeboten und Ledergürtel.

**Ersparnis:** bis 50%, bei Sonderangeboten mehr. Preisbeispiele: topmodischer Herrenschnürschuh (Leder/Leinen) verschiedene Farben 175.000 Lit., Damen-Mokassins (Gummizug an Ferse) 89.000 Lit., klassische Jil-Sander-Pumps 119.000 Lit., Jil-Sander-Tennisschuhe ab 19.000 Lit., Kinder-Sportschuhe ab 57.000 Lit., topmodischer kurzer Jungmädchen-Wickelrock (aus St-Tropez) 31.000 Lit.

**Einkaufssituation:** großer, heller Verkaufsraum, Schuhe übersichtlich in Regalen, freundliche und hilfsbereite Bedienungen, Verkaufsraum liegt im Fabrikgelände, großer Parkplatz links der Verkaufsstätte.

**Firma:** LARIO EMPORIO, Calzaturificio Lario 1898 S.P.A., Via V. Veneto, 52 - 22070 Cirimido (CO), Telefon: 031/935861.

**Öffnungszeiten:** Montag bis Freitag 9.30 bis 12.30 und 14.30 bis 19.30 Uhr, Samstag 9.30 bis 19.30 Uhr durchgehend.

**Streckenbeschreibung:** A 9 Milano–Como, Ausfahrt Lomazzo, rechts und an der Ampel wieder rechts, Richtung Cirimido – Lurago Marinone. Am Ortsende von Cirimido, ca. 1 km nach Brunate, liegt LARIO.

**BOBA** **FACON BLEU**

# Eine Jacke macht noch keinen Sommer

*Vor allem Jacken werden in diesem Fabrikverkauf angeboten, sehr modisch, manchmal sogar gewagt. So gibt es zum Beispiel auch Jacken, die eine besondere Ähnlichkeit zu Bauarbeiterjacken haben. Aber auch Liebhaber eher klassischer Mode kommen auf ihre Kosten, der Trend geht jedoch zum jugendlichen Stil.*

**Warenangebot:** Jacken für Frauen und Männer, Herrenhemden, Poloshirts.

**Ersparnis:** 40%. Preisbeispiele: alle Jacken, ob Wachsjacken oder Stoffjacken kosten zwischen 75.000 Lit. und 115.000 Lit., Herrenhemden kosten 37.000 Lit., Polohemden kosten 45.000 Lit.

**Einkaufssituation:** kleiner Laden neben dem Empfang. Die Auswahl an Jacken und Herrenhemden ist relativ groß, andere Artikel sind nur Sonderposten. Die Ware wird einfach auf Ständern präsentiert, dies geht allerdings nicht auf Kosten der Übersichtlichkeit.

**Firma:** Boba Abbigliamento, Via Palazzolo 111 - 25030 Coccaglio (BS), Telefon: 0 30/ 7 70 23 01.

**Öffnungszeiten:** Montag bis Samstag 9.00 bis 12.00 und 15.30 bis 18.30 Uhr.

**Streckenbeschreibung:** A 4 Milano–Venezia Ausfahrt Rovato. Von Rovato nach Coccaglio auf der S.S. 11. In Coccaglio Richtung Palazzolo sull' Oglio. Der Fabrikverkauf befindet sich kurz nach Coccaglio auf der rechten Seite. In das Fabrikgelände einfahren, Parkplätze sind reichlich vorhanden, am Empfang klingeln, dann wird Ihnen der Verkauf geöffnet.

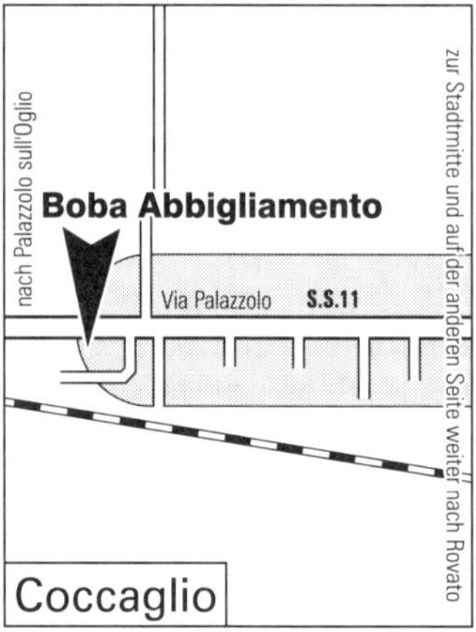

**RONDINE FAEMA** **BIALETTI**

# Tutto per la mama!

*Hier gibt es alles, was die italienische Mama (oder der weniger bekannte italienische Papa) in der Küche braucht. Das meiste davon braucht man genauso in anderen Haushalten, und das, was man vielleicht nicht so kennt, bereichert um so mehr. Die Haushaltswaren sind durchweg schön anzusehen und von guter Qualität, allerdings keine absoluten Topdesignerprodukte.*

**Warenangebot:** Kochtöpfe, Pfannen, Edelstahlbestecke, Espresso- und Cappuchinomaschinen, Tee- und Kaffeservices, Espressotassen.

**Ersparnis:** 30%. Preisbeispiele: Spaghettitopf 20.000 Lit., 36teiliges Service 216.000 Lit., 15teiliges Teeservice 185.000 Lit., mechanische Espressokannen ab 9.000 Lit., 24teiliges Edelstahlbesteck ab 80.000 Lit., Pfannen ab 5.000 Lit., Kochtöpfe ab 20.000 Lit.

**Einkaufssituation:** riesiger Laden in einer Fabrikhalle, sehr übersichtliche und geordnete Warenpräsentation. Kein großer Andrang. Beratungsmöglichkeiten sind eher eingeschränkt.

**Firma:** Gruppo Rondine, Via Padana Superiore KM 212, S.S. 11 - 25030 Coccaglio (BS), Telefon: 0 30/7 70 36 00.

**Öffnungszeiten:** Montag bis Samstag 8.30 bis 12.30 und 14.30 bis 18.30 Uhr.

**Streckenbeschreibung:** Der Fabrikverkauf liegt an der S.S. 11 von Milano nach Brescia, kurz vor Coccaglio am Rande eines Industriegebietes auf der rechten Seite von Mailand kommend. Das Gelände der Gruppo Rondine ist relativ groß, der Verkauf befindet sich im ersten Gebäude und nicht in dem eingezäunten Komplex. Man hilft Ihnen aber seitens der Mitarbeiter sehr zuvorkommend weiter.

**OLIP**

# Andiamo a piedi

*Die Schuhfabrik Olip bietet in Ihrem Factory-Outlet nicht nur Schuhe aus eigener Herstellung an, sondern auch Schuhe von Superga, Timberland, Lumberjack und vielen anderen. Die Qualität und Form liegt durchweg im mittleren bis guten Bereich.*

**Warenangebot:** Schuhe für Damen, Herren und Kinder von modisch bis sportlich, von fein bis rustikal. Es gibt Sportschuhe, Pumps, Wanderschuhe, Sommerschuhe, Winterschuhe, kurz es gibt eine große Auswahl an allen erdenklichen Schuhen, und es gibt Handtaschen.

**Ersparnis:** 25 bis 50%. Preisbeispiele: Superga-Textilschuhe 77.000 bis 84.000 Lit., Timberland-Herrenstiefel 149.000 Lit., Halbschuhe 149.000 Lit., Lumberjack-Herrenstiefel 79.000 Lit., Damenstiefel 69.000 Lit., Damenschuhe mit Holzplateausohle ab 39.000 Lit., modische Damenpumps mit Blockabsatz und Riemchen ab 69.000 Lit. und Handtaschen ab 89.000 Lit.

**Einkaufssituation:** Verkauf in einer großen Lagerhalle. Es gibt Personal, das Ihnen bei Bedarf behilflich ist.

**Firma:** Olip Calzaturificio S.P.A., Via Palù, 6 - 37010 Colà di Lazise (VR), Telefon: 0 45/ 6 46 31 33.

**Öffnungszeiten:** täglich – auch an Sonn- und Feiertagen – 9.00 bis 12.30 und 15.00 bis 19.30 Uhr.

**Streckenbeschreibung:** S.S. 11 Peschiera–Verona vom Kreisverkehr bei Castelnuovo aus zunächst dem Wegweiser Gardaland, dann dem Wegweiser Colà folgen. Vor Colà liegt rechts der nicht zu übersehende Fabrikkomplex.

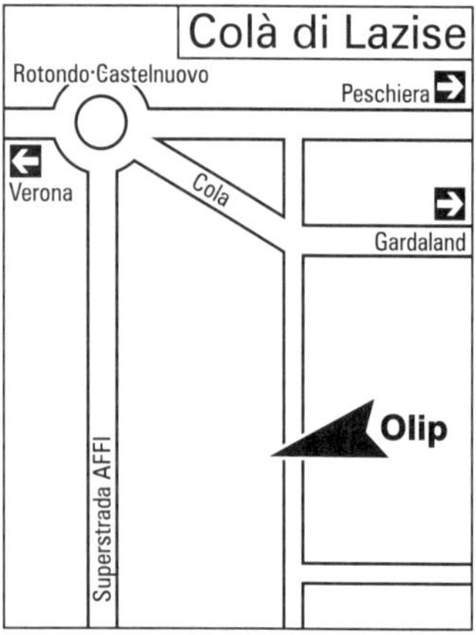

**LORENO GRASSINI**

# Feinschliff aus der „Città del Cristallo“

*Der Meister schleift seit Ende der fünfziger Jahre überaus sauber und eindrucksvoll alle Arten von Kristallartikeln aus eigener Produktion und aus der großen Fabrik CAP vor den Toren der Stadt, wo Markenartikel wie RCR hergestellt werden und Muranomotive, die hier wesentlich billiger sind als vor Ort.*

**Warenangebot:** Gläser, Schalen, Karaffen, Vasen, Aschenbecher, Bonbonnieren, sogar Kristall-Ferraris aus handgeschliffenem Kristall, zum Teil aus venezianischem Muranoglas.

**Ersparnis:** 10 bis 20%. Muranoglaswaren sind 20 bis 25% billiger als in der Muranometropole Venedig. Preisbeispiele: Kristallweinglas 5.550 Lit., Weinkaraffe 26.000 Lit., Vase (30 cm hoch) 55.000 Lit., Obstschale (35 cm Durchmesser) 175.000 Lit.

**Einkaufssituation:** heller, stilvoller Ladenraum. Dahinter die Werkstatt des Maestros. Seine nette Frau bedient im Laden. Wenig Parkplätze.

**Firma:** Cristallerie Loreno Grassini, Via di Spugna - 53034 Colle Val d'Elsa (SI), Telefon: 05 77/92 27 39.

**Öffnungszeiten:** Montag bis Freitag 8.00 bis 13.00 und 15.00 bis 20.00 Uhr.

**Streckenbeschreibung:** A1 Bologna–Roma, Ausfahrt Firenze/Certosa, weiter auf der vierspurigen Superstrada Richtung Siena, Ausfahrt Colle Val d'Elsa/Nord, Richtung Grosseto/Centro. Bei der Straßenteilung Grosseto/Centro links.

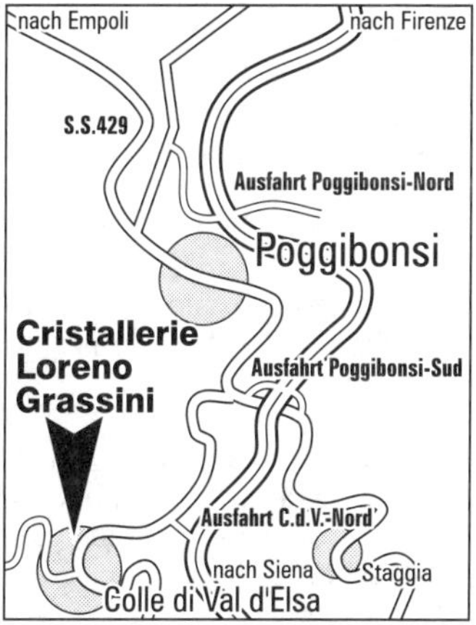

MARIO BARTALINI

# Vom Maestro persönlich Heim-leuchten lassen

*Meister Mario arbeitet unter anderem für die Nobelmarke Terzani, kopiert und imitiert etliche Stile und Modelle und fertigt vorwiegend Einzelstücke und Kleinstserien.*

**Warenangebot:** moderne Steh-, Decken-, Wand- und Tischlampen, z. T. Terzani-inspiriert, Lampen im venezianischen Stil, auch Terzani-Originale.

**Ersparnis:** Die Preispolitik von Meister Mario ist etwas rätselhaft. Er gewährt immer 50% Rabatt – aber bei einem überhöhten Preis. Dennoch kann es günstig sein. Der Terzani-Knüller „Mistigri", eine wunderschöne Designerhängelampe für große Räume, kommt bei Marios Mondpreispolitik auf „nur" 1.300.000 Lit.

**Einkaufssituation:** großes, übersichtlich geordnetes Ladengeschäft. Der Maestro demonstriert mit großer Begeisterung seine Lampen. Die Parkmöglichkeiten hinter dem Haus sind begrenzt.

**Firma:** Mario Bartalini Lampadari, Via Martiri della Libertà - 53034 Colle Val d'Elsa (SI), Telefon: 05 77/92 05 41.

**Öffnungszeiten:** Montag bis Freitag 8.00 bis 12.00 und 14.30 bis 19.45 Uhr. Samstag 8.30 bis 12.30 und 15.30 bis 19.30 Uhr.

**Streckenbeschreibung:** Autobahn A 1 Bologna–Roma, Ausfahrt Firenze/Certosa, weiter auf der vierspurigen Superstrada Richtung Siena, Ausfahrt Colle Val d'Elsa-Nord, Richtung Centro/Grosseto, direkt bei der Straßenteilung (Brücke) Grosseto Centro links.

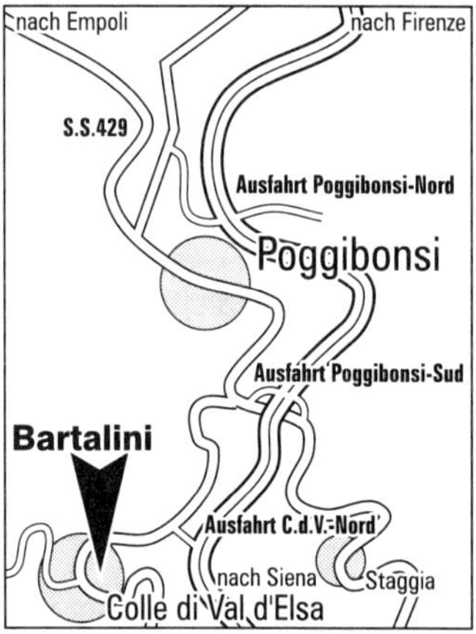

**MONTORFANO**

# Steckt alles in die Tasche

*Italienische Handtaschen und Lederwaren, wie man sie sich schöner nicht wünschen kann. Doch alles Hervorragende hat seinen Preis, aber diese Taschen sind sowohl vom Design als auch qualitativ auf Spitzenniveau.*

**Warenangebot:** vor allem Damenhandtaschen, aber auch Geldbeutel, Aktentaschen, Gürtel, Rucksäcke und eine begrenzte Auswahl an schönen Schuhen.

**Ersparnis:** 20%. Preisbeispiele: Lederhandtaschen zwischen 120.000 Lit. und 230.000 Lit., Geldbeutel 40.000–100.000 Lit., Reisetaschen um 180.000 Lit., Aktentaschen um 180.000 Lit., Gürtel um 30.000 Lit., Schuhe um 80.000 Lit., kleiner Rucksack in Silber, der zur Zeit als Handtaschenersatz – vor allem bei jungen Mädchen – sehr beliebt ist, 80.000 Lit.

**Einkaufssituation:** großer Ausstellungsraum im Fabrikgebäude.

**Firma:** Montorfano, Pelletterie Penelope, Via Brescia 55/57 - 25033 Cologne Bresciano (BS), Telefon: 0 30/7 15 62 21.

**Öffnungszeiten:** Dienstag bis Freitag 9.00 bis 12.00 und 15.00 bis 18.30 Uhr, Samstag 9.00 bis 12.00 Uhr.

**Streckenbeschreibung:** Cologne Bresciano liegt an der Straße von Coccaglio nach Palazzolo sull'Oglio. Cologne Bresciano ist nach Coccaglio der nächste Ort. Der Verkauf liegt direkt an der Durchgangsstraße auf der linken Seite, von Coccaglio kommend. Großes graues Gebäude, umzäunt von einer Mauer. Am Tor klingeln und nach Verkauf fragen, sofort wird Ihnen aufgetan.

**MANTERO**

# Wie „Frühstück bei Tiffany" – aber eben in Seide

*Die Region um den Comer See ist berühmt für ihre Tücher und Stoffe aus reiner, edler Seide in den herrlichsten Mustern und Farben.*

**Warenangebot:** prachtvolle Seidenträume. Blusen, Tücher, Krawatten Patchworkdecken, Taschen und edle Stoffe bestickt mit Perlen und Pailletten für festliche Mode.

**Ersparnis:** in Prozenten nicht anzugeben, Ware nicht ausgezeichnet, „Preise sind kein Thema". Preisbeispiele: Krawatten Venturi und Ferré ab 65.000 Lit., Seidentücher Nina Ricci ab 250.000 Lit.

**Einkaufssituation:** kleiner, in antikem Stil gehaltener Verkaufsraum, kunstvoll dekoriert. Lager im Nebenraum. Fachmännische Beratung, keine Selbstbedienung. Parkmöglichkeit in der Via Volta oder in der Viale Varese.

**Firma:** MANTERO, Via Volta, 68 - 22100 Como (CO), Telefon: 0 31/27 98 61.

**Öffnungszeiten:** Montag bis Freitag 9.30 bis 12.30 und 14.00 bis 18.00 Uhr.

**Streckenbeschreibung:** Como ist mit seinem Netz von Einbahnstraßen am besten zu Fuß zu bewältigen. A 9 Lugano–Como–Milano, Ausfahrt Como-Nord über Via Borgovico und Viale Innocenzo in die Viale Varese. Parkmöglichkeit an der Stadtmauer, zu Fuß links in die Viale Carlo Cattaneo und gleich wieder links in die Via Volta. Nach ca. 50 m links liegt Mantero, durch einen alten Toreingang kommen Sie zum Laden.

TOSCANO

# Nicht unbedingt für Designermode-Fans

*TOSCANO bietet Damen- und Mädchenkonfektion aus eigener Produktion für nicht ganz gehobene Ansprüche an.*

**Warenangebot:** kleines Angebot in 1. und 2. Wahl, auch Modelle aus Vorsaison, seien es Kleider, Kostüme, Mäntel oder Strickmoden in solider Qualität und Form, auch für nicht ganz Schlanke, auf Wunsch nach Maß.

**Ersparnis:** 40%, Auslaufmodelle bis 60%. Preisbeispiele: Leinen- und Seidenkleider um 180.000 Lit., jugendliches Sommerkleid mit Spaghettiträgern 79.000 Lit., modische Rippenstrickjacke – Größe 50 – 105.000 Lit.

**Einkaufssituation:** kleine, helle Verkaufsstätte, keine Parkmöglichkeit.

**Firma:** TOSCANO Como Moda, Confezioni Abbigliamento, Via Benzi, 5/A - 22100 Como (CO), Telefon: 0 31/26 44 28.

**Öffnungszeiten:** Montag 15.00 bis 19.00 Uhr, Dienstag bis Samstag 9.00 bis 12.00 und 15.00 bis 19.00 Uhr.

**Streckenbeschreibung:** Como ist eine alte befestigte Stadt mit einem Netz von Einbahnstraßen und am besten zu Fuß zu bewältigen. A 9 Lugano–Milano, Ausfahrt Como-Nord über Via Borgovico und Viale Innocenzo in die Viale Varese. Parkmöglichkeit an der Stadtmauer (Natursteinfestung). Gegenüber der Stadtmauer liegt eine Kirche, nach der Kirche zu Fuß links in eine schmale Straße, und bevor Sie auf die Via Torriani stoßen, liegt links die Verkaufsstätte.

**DALMA** **EVA RINALDI** **VALENTINO ROMANI**

# Hemdenparade

*Die Hemdenfabrik Dalma liegt mit ihrem Angebot sowohl vom Modischen als auch von der Qualität im guten Mittel.*

**Warenangebot:** Hemden, Blusen, Strickwaren, Röcke, Damen- und Herrenhosen sowie Sakkos.

**Ersparnis:** 25 bis 50%. Preisbeispiele: Röcke ab 35.000 Lit., Blusen ab 20.000 Lit., mod. Seidenblusen um 100.000 Lit., Damenpulli Baumwolle/Modal 89.000 Lit, karierte Herren-Kurzarmhemden ab 15.000 Lit., Polos ab 19.000 Lit., Sakkos Wolle/Seide 179.000 Lit., Herrenhosen 65.000 Lit.

**Einkaufssituation:** schöner, großer Verkaufsraum mit Umkleidekabinen und hilfsbereiter Bedienung.

**Besonderheiten:** weitere Verkäufe in der Via Btg. Val Leogra, 53 - 36015 Schio (VI), Telefon: 04 45/52 12 94 – von der Kirche im Zentrum über die Piazza IV Nov. – und Caldogno (VI), S.S. 349 Richtung Thiene. Die Öffnungszeiten bei diesen beiden Verkäufen: Montag 16.00 bis 19.30 Uhr und Dienstag bis Samstag 9.00 bis 12.30 und 16.00 bis 19.30 Uhr.

**Firma:** Spaccio Dalma Camiceria, Via Verga, 39 - 36073 Spagnago di Cornedo (VI), Telefon: 04 45/95 22 12.

**Öffnungszeiten:** Montag 15.00 bis 19.00 Uhr, Dienstag bis Samstag 9.00 bis 12.00 und 15.00 bis 19.00 Uhr.

**Streckenbeschreibung:** S.S. 246 Montecchio Maggiore-Valdagno, in Cornedo am Ortsende links.

**PROTAGONIST** **CERRUTI**

# Klassische Ausstrahlung

*Hochwertige Qualität, perfekte Schnitte und viele Kombi-Möglichkeiten, das ist die Mode, die bei Hitman hergestellt wird. Das Angebot der Marke Protagonist überwiegt deutlich und ist wesentlich günstiger, als die Designermode Cerruti.*

**Warenangebot:** große Auswahl an Herrenanzügen, Hosen, Sakkos, Herrenhemden, Mänteln, Jacken und Strickwaren, letztere gibt es auch für Damen, ebenso Röcke, Blusen, Kleider, Hosen, Hosenanzüge und Kostüme.

**Ersparnis:** 50%. Preisbeispiele: Cerruti-Herrenanzug um 600.000 Lit., Protagonist-Herrenanzug um 400.000 Lit., Damenhosen um 98.000 Lit., Rock 119.000 Lit., Kurzarm-Blazer 250.000 Lit., Herrenweste G. Guaglianone 219.000 Lit.

**Einkaufssituation:** großer Verkauf im UG des Betriebs. Es ist ein richtiger Lagerverkauf in gepflegter Atmosphäre.

**Firma:** Hitman S.P.A., Via G. Di Vittorio, 8 - 20094 Corsico (MI), Telefon: 02/4 88 56-2 14.

**Öffnungszeiten:** Dienstag bis Freitag 10.00 bis 19.00 Uhr und Samstag 9.00 bis 13.00 und 15.00 bis 19.00 Uhr.

**Streckenbeschreibung:** Autobahn um Milano, Abfahrt Lorenteggio/Corsico in Richtung Mailand. Sie kommen in die Nuova Strada Vigevanese und biegen rechts parallel dann in die Via G. di Vittorio ein. Die Fa. Hitman befindet sich in einem hohen, dunklen Gebäude vor dem Gebäude mit der Aufschrift Nokia und ist nur durch ein kleines Schild gekennzeichnet. Der Verkauf ist gar nicht angeschrieben. Auskunft erhalten Sie an der Pforte.

LOISON DOLCERIA

# Süßer geht nicht

*Der süße Duft verrät es: Hier werden Windbeutel und Waffeln mit verschiedenen Füllungen und Kuchen gebacken.*

**Warenangebot:** Windbeutel, Waffeln, Kuchen – kein Frischgebäck, sondern zum Transport geeignete Dauerbackwaren.

**Ersparnis:** 30%. Preisbeispiele: 2 Packungen Mini-Windbeutel und ein Mandelkuchen kosten zusammen 7.300 Lit. Mehr können Sie davon sowieso nicht essen, weil es Ihnen schlecht ist.

**Einkaufssituation:** kleiner Verkaufsraum bei der Produktionsstätte. Sie klingeln am Haupteingang, dann kommt jemand aus dem Büro, um Sie zu bedienen.

**Firma:** Loison Dolceria, Costabissara (VI), S.S. Pasubio 6 - Telefon: 03 90/4 44 55 78 44.

**Öffnungszeiten:** Montag bis Freitag 9.00 bis 12.00 und 14.00 bis 18.00 Uhr.

**Streckenbeschreibung:** S.S. 46 Vicenca–Schio in Costabissara rechts.

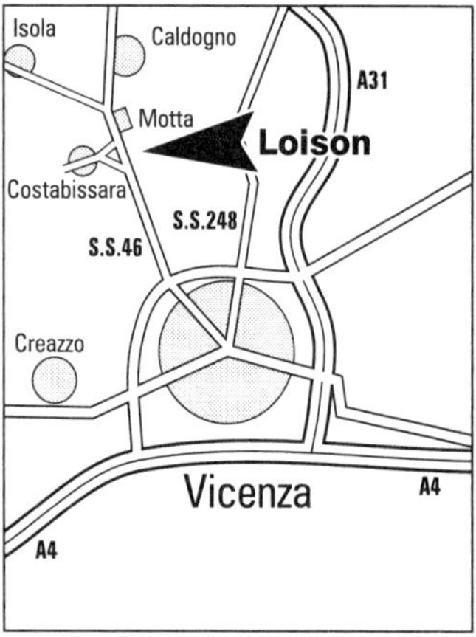

**ALESSI**

# Die unerhörte Leichtigkeit des Designs

*Über den Dächern von Omegna liegt die Produktionsstätte Alessi. Hier werden der berühmte Kessel mit der Vogelflöte, der von dem amerikanischen Stardesigner Michael Graves entworfen wurde, und viele andere Designerstücke gefertigt.*

**Warenangebot:** Kannen, Kessel, Espressokocher, Bestecke, Platzteller, Tabletts, Schüsseln, Schalen, Porzellanservices, Salz- und Pfefferstreuer, Kaffeemaschinen, Toaster u.v.a.

**Ersparnis:** 30%, bei 2. Wahl und Auslaufmodellen 50% und mehr. Preisbeispiele: 1. Wahl: Gebäckdose „Kalisto“ 85.000 Lit. 2. Wahl: Espressokocher „La Cuppola“ 54.400 Lit., Kessel mit Vogelflöte, pulverbeschichtet oder Edelstahl, 92.800 Lit.

**Einkaufssituation:** Verkaufsraum entspricht einem noblen Fachgeschäft.

**Firma:** Alessi S.P.A., Via Privata Alessi Nr. 6, 28023 Crusinallo di Omegna (NO), Telefon: 03 23/86 86 11.

**Öffnungszeiten:** Montag 15.00 bis 19.00 Uhr, Dienstag bis Samstag 8.00 bis 12.00 und 15.00 bis 19.00 Uhr.

**Streckenbeschreibung:** Von Verbania/Intra über Gravellona Richtung Omegna (S.S. 229). Kurz vor Omegna (ca. 3 km) liegt Crusinallo. Ca. 500 m nach dem Ortsschild Crusinallo sehen Sie den Wegweiser Alessi. Es geht im spitzen Winkel die Via Casale rechts hoch und nach weiteren 500 m rechts in die Via Privata Alessi. Dort liegt gegenüber der Pforte der Verkauf. Sie können im Fabrikgelände parken.

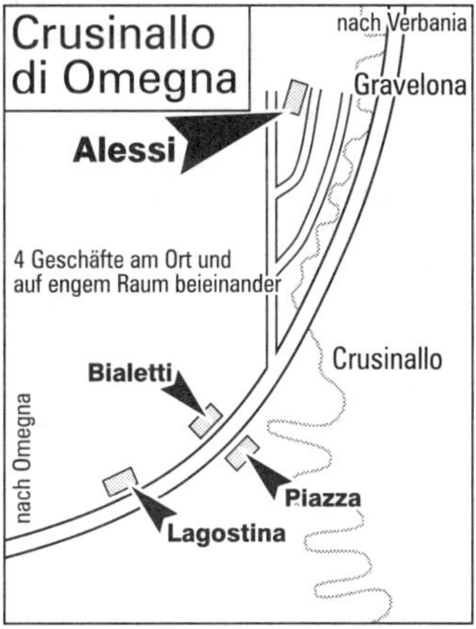

**BIALETTI RONDINE FAEMA**

# Darf's Espresso, Cappuccino oder ein Süppchen sein?

*Die Kunst Espresso und Cappuccino zuzubereiten, kommt aus dem Süden, längst entdeckten wir den Genuß.*

**Warenangebot:** Espressokocher herkömmlicher Art oder in ansprechenderem Edelstahl in allen Größen, elektrische Espresso- und Cappuccino-Maschinen in verschiedenen Leistungen, Stärken und Farben, kombinierbar mit Dosier- und Mahlvorrichtungen, pulverbeschichtete Töpfe und in Edelstahl in allen Größen.

**Ersparnis:** 20 bis 50%. Preisbeispiele: herkömmlicher Espressokocher von 16.700 Lit bis 56.700 Lit., Espressokocher aus Edelstahl (4 Tassen) 35.600 Lit., Espressomaschinen für 3 und mehr Tassen, 800 bis 900 Watt, Preislage ab 89.000 Lit. bis 385.000 Lit., kupferbeschichtete Töpfe von 29.700 Lit. bis 52.000 Lit.

**Einkaufssituation:** relativ kleine Auswahl in engem Verkaufsraum, Ware in Regalen, auf Tischen und teilweise auf Fußboden gestapelt. Parken auf der Durchgangsstraße möglich.

**Firma:** S.P.A. Alfonso BIALETTI & C., Via IV Novembre, 106 - 28023 Crusinallo di Omegna (NO), Telefon: 03 23/65 31.

**Öffnungszeiten:** Montag 15.30 bis 19.00 Uhr und Dienstag bis Samstag 9.45 bis 12.30 und 15.30 bis 19.00 Uhr.

**Streckenbeschreibung:** Crusinallo liegt an der S.S. 229 Gravellona/Toce–Novara. Bialetti liegt direkt an der Durchfahrtsstraße, rechts, und ist gut zu erkennen.

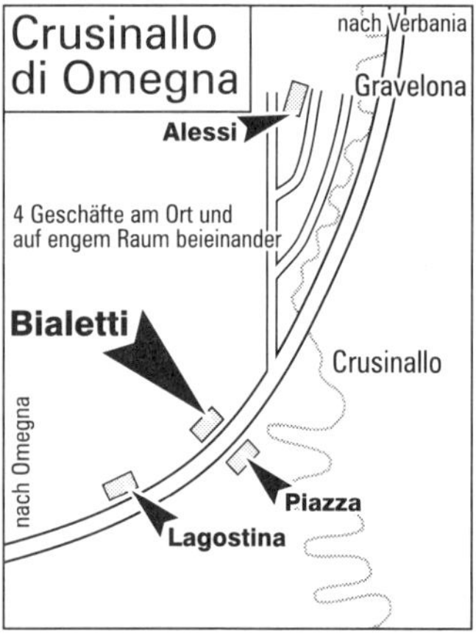

**LAGOSTINA**

# Töpfe wie Sand am Meer

*Das wahre Topfparadies lädt alle zum Kochen und Bruzzeln ein.*

**Warenangebot:** hochwertige Edelstahltöpfe und Pfannen in allen Größen, Spezialtöpfe für Spargel und Spaghetti, Schnellkochtöpfe, Fonduesets, Espressokocher, Bestecke und spezielle Diät-Topfsets.

**Ersparnis:** 20 bis 30%, 2. Wahl bis 70%. Preisbeispiele: Schnellkochtopf (2. Wahl) mittlere Größe 54.000 Lit., Chromteekanne 101.000 Lit., Chrombesteck (75 Teile) 280.000 Lit., poppiger, pulverbeschichteter Espressokocher 78.000 Lit., mit passender Zuckerdose und Milchkanne 66.000 Lit. mit buntem Holztablett 86.000 Lit., 8-teiliges Diät-Kochtopfset mit Thermoboden 590.000 Lit.

**Einkaufssituation:** extrem großer Verkaufsraum, Ware in Regalen gestapelt, 2. Wahl gesondert gelagert, im Vorraum werden dekorativ neue Produkte angeboten. Parken auf der Straße möglich.

**Firma:** LAGOSTINA S.P.A., Via IV Novembre, 45 - 28023 Crusinallo di Omegna (NO), Telefon: 03 23/65 21.

**Öffnungszeiten:** Montag 15.30 bis 19.30 Uhr, Dienstag bis Samstag 9.00 bis 12.30 und 15.30 bis 19.30 Uhr. Juli, August und Dezember auch sonntags.

**Streckenbeschreibung:** Crusinallo liegt an der S.S. 229 Gravellona/Toce–Novara. LAGOSTINA finden Sie direkt an der Durchfahrtsstraße, rechts, es ist gut zu erkennen.

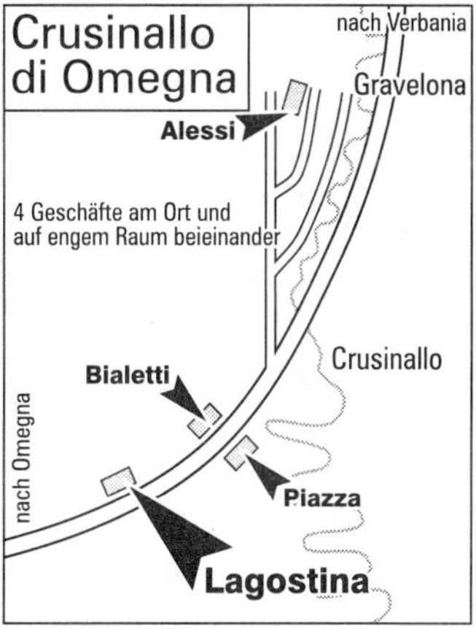

**PIAZZA**

# Zaubert aus Küchenmuffeln Meisterköche

*Hochwertiges, funktionelles und dekoratives Edelstahlgeschirr mit maximalem Gebrauchswert.*

**Warenangebot:** Töpfe, Pfannen, Schüsseln, Platten, Suppenterrinen, Schnellkochtöpfe in allen Größen und Formen, Küchengarnituren, Bestecke, Butterdosen, Aschenbecher, Kerzenhalter u.a.. Alles aus Chrom und Edelstahl.

**Ersparnis:** 20 bis 30%, 2. Wahl bis 70%. Preisbeispiele: Schüssel, 37 cm Durchmesser, 20.000 Lit., ovale Platte, 50 × 30 cm, um 32.000 Lit., Butterdose 10.000 Lit., verschiebbares pulverbeschichtetes Backblech 29.400 Lit., Suppenterrine 47.200 Lit., Topf mit Thermoboden ab 30.000 Lit.

**Einkaufssituation:** wirkt wie ein Haushaltswarenladen, große Auswahl, Ware übersichtlich in Regalen und Holzpodien. Parken auf der Durchgangsstraße möglich.

**Firma:** PIAZZA, Forme d'acciaio firmate, Via IV Novembre, 242 - 28023 Crusinallo di Omegna (NO), Telefon: 03 23/ 64 35 95.

**Öffnungszeiten:** Montag bis Samstag 9.00 bis 12.30 und 15.00 bis 18.30 Uhr.

**Streckenbeschreibung:** Die Verkaufsstätte liegt in Crusinallo an der S.S. 229 Gravellona/ Toce–Novara, direkt an der Durchfahrtsstraße.

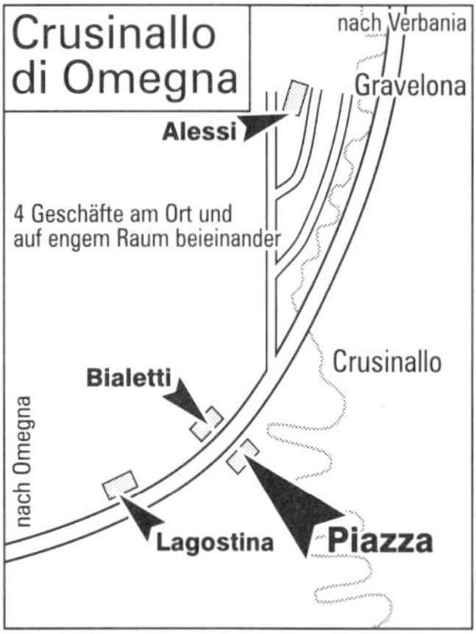

**ESTE C. E.**

# Junges Gemüse

*auf italienischen Keramikschüsseln, Platten und Tellern – weiß glasiert oder in fröhlichen Farben und in modernem Design, als Geschirr für den ersten eigenen Haushalt.*

**Warenangebot:** Tassen, Teller, Schüsseln, Platten in allen Größen, von zierlich bis riesig und von oval bis rund, Platzteller und Vasen. Das Geschirr gibt es sowohl mit eingearbeiteten Motiven als auch in glatten Formen in 1. und 2. Wahl.

**Ersparnis:** 30 bis 50%. Preisbeispiele: große, weiß glasierte Schüssel mit Gemüsemotiven 10.000 Lit., 6 formschöne, glatt gearbeitete Tassen mit Untertassen auf einer großen, ovalen Platte 60.000 Lit.

**Einkaufssituation:** Sie kommen durch den Fabrikraum, in dem das Zeichen ESTE C.E. eingeschliffen wird, über eine Treppe in den Verkaufsraum.

**Firma:** Ceramiche Estensi S.P.A., Via A. Volta, 26 - 35042 Este (PD), Telefon: 0429/4848.

**Öffnungszeiten:** Montag bis Freitag 8.00 bis 12.00 und 13.30 bis 17.30 Uhr und Samstag 8.00 bis 12.00 Uhr.

**Streckenbeschreibung:** S.S. 16 Padova–Monsélice/S.S. 10 Monsélice–Mantova am Ortsanfang Este rechts von der S.S. 10 in die Viale Industria und links in die Via A. Volta. Die Keramikfabrik ist gut sichtbar links am Ende der Straße. Zu dem Verkauf, der nirgends angeschrieben ist, müssen Sie um das ganze Gebäude herum. Der Eingang ist auf der Rückseite.

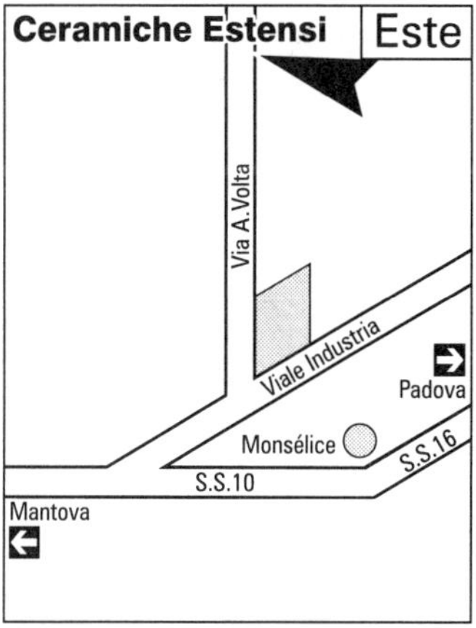

EUGANEA

# Auch Oma wäre darauf stolz gewesen

*Keramik in feinem Landhausstil mit einem Hauch Romantik – oder ganz italienisch.*

**Warenangebot:** fein bemalte Keramikservices, Keramiklampen, Vasen, Platten, Dosen und sonstige Tüddelchen.

**Ersparnis:** 20%. Preisbeispiele: große Vase mit Blumen- und Goldverzierung 75.000 Lit., Keramik-Tischlampe 120.000 Lit., Platte mit romantischem Blümchendekor 52.000 Lit.

**Einkaufssituation:** schöner, heller Verkaufsraum mit gepflegtem Ambiente und schöner Auswahl.

**Firma:** Ceramica Euganea, Viale Industria, 13 - 35042 Este (PD), Telefon: 04 29/5 03 52.

**Öffnungszeiten:** Montag bis Samstag 8.00 bis 12.00 und 14.00 bis 18.00 Uhr.

**Streckenbeschreibung:** S.S. 16 Padova–Monsélice/S.S. 10 Monsélice–Mantova am Ortsanfang Este rechts von der S.S. 10 in die Viale Industria. Euganea ist bereits von der S.S. 10 aus gut zu sehen.

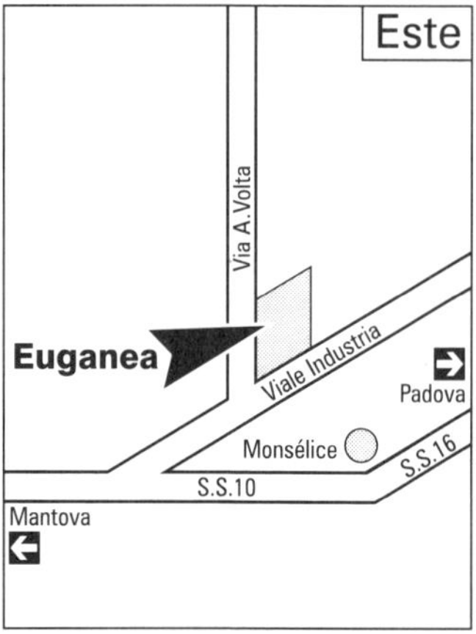

**LI PUMA**

# Handgeschmiedet

*LI PUMA schmiedet seit 1962 hochwertige, kunsthandwerkliche Objekte und Gebrauchsgegenstände aller Art und beliefert damit ganz Europa. Die Artikel sind bei der „Mostra Internazionale dell' Artigiano" vertreten und belasten mehr den Kofferraum als den Geldbeutel.*

**Warenangebot:** Kronleuchter, Decken-, Tisch- und Wandleuchten, Kleiderständer, Stühle, Tisch- und Bettgestelle aus Schmiedeeisen, naturbelassen oder vergoldet, zum Teil auch koloriert.

**Ersparnis:** bis 50%. Preisbeispiele: Kronleuchter, vergoldet, 320.000 Lit., Kleiderständer, vergoldet, 450.000 Lit., Wandlampe 200.000 Lit.

**Einkaufssituation:** enger, schmaler Ladenraum. Jeder Zentimeter ist genützt. In der Werkstatt im Hintergrund wird gehämmert. Die Waren sind nur zum Teil ausgezeichnet, aber der Maestro ist bei Nachfragen gleich zur Stelle.

**Besonderheiten:** weitere Verkaufsstätte in der Via Romana, 70 - 50127 Firenze (FI), Telefon: 0 55/2 33 65 61.

**Firma:** LI PUMA, Via Baracca, 33 - 50127 Firenze (FI), Telefon: 0 55/41 97 58.

**Öffnungszeiten:** Montag bis Freitag 8.30 bis 12.30 und 14.00 bis 19.00 Uhr, Samstag 8.30 bis 12.30 Uhr.

**Streckenbeschreibung:** A 1 Bologna–Roma, Ausfahrt Firenze-Nord, Richtung Firenze Zentrum über die Viale Gori, dann links in die Via Baracca, eine verkehrsreiche Zubringerstraße.

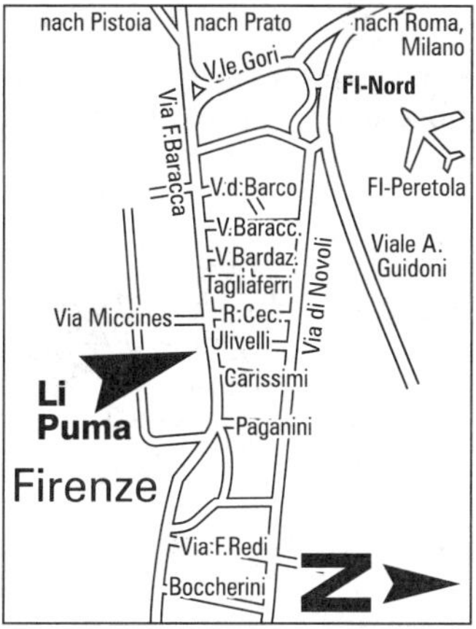

LORI, CLARA

# Ein super Markt für Edelmarken

*Feinste Florentiner Damen- und Herrenmoden – Stockist der Topklasse. Nahezu alle Edelmarken sind hier zu finden.*

**Warenangebot:** Musterkollektionen und Restbestände der klassisch-eleganten bis sportlichen Topmode. Marken: Pierre Cardin, Luciano Visconti, Valentino, Xarina Rinaldi, Corneliani, Allegri, Marella, Charactere. Auch Handtaschen, Gürtel, Krawatten, Tücher, wenig Schuhe.

**Ersparnis:** 35%. Herrenmantel aus Babylama von Pierre Cardin 616.000 Lit., Herrenanzug von Visconti 650.000 Lit., Damenmantel Max Mara 700.000 Lit., Herrenhosen 139.000 bis 169.000 Lit.

**Einkaufssituation:** grandhotelartige Verkaufsräume mit komfortablen Umkleidekabinen. Zurückhaltendes aber beratendes Personal.

**Besonderheiten:** Verkaufsstelle von Lori, Clara e Lorenzo: Strade in Casentino - 52100 Arezzo (AR), Telefon: 05 75/ 50 01 90.

**Firma:** Lori, Clara, Lungarno de Nicola, 15 - 50136 Firenze, Telefon: 0 55/6 50 32 04.

**Öffnungszeiten:** Montag 15.00 bis 20.00 Uhr, Dienstag bis Samstag 9.00 bis 13.00 und 15.00 bis 20.00 Uhr. Gelegentlich, hauptsächlich vor Weihnachten, auch Sonntag 9.00 bis 13.00 Uhr.

**Streckenbeschreibung:** Von Firenze/Centro am Fluß Arno entlang (auf der Domseite) Richtung Autostrada Bologna–Roma–Siena und Arezzo. Direkt vor dem Autobahnzubringer Firenze-Süd liegt Lori, Clara.

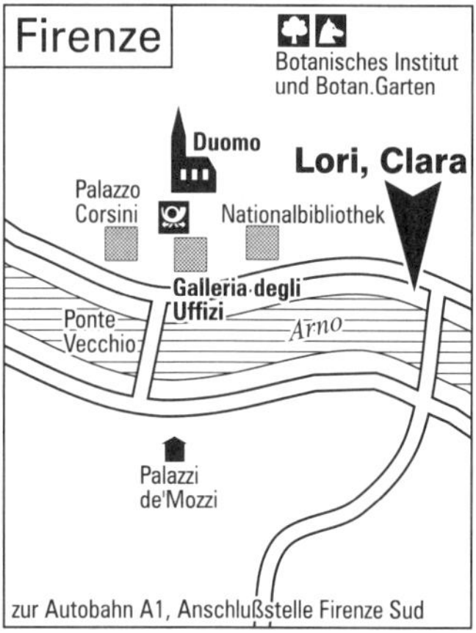

**CALIGARIS**

# So muß der Tag gelingen

*Alles für die Ausstattung, aus eigener Produktion, in hochwertigen Materialien und ansprechenden Farben. Outfits für Bett und Tisch, Streicheleinheiten für den Body.*

**Warenangebot:** reiche Auswahl an Bett- und Tischwäsche in Leinen, Damast- und Baumwollqualität, uni und geblümt, auf Wunsch auch nach Maß, an Frottee-Bade- und Handtüchern sowie Bademänteln (United Colors of Benetton), Plaids, Stepp- und Daunendecken und vereinzelt Damenblusen, Pullis und Shorts.

**Ersparnis:** bis 40%. Auslaufmodelle und 2. Wahl bis 70%. Preisbeispiele: Frottee-Bademantel 78.000 Lit., Frottee-Handtuch (Benetton) 8.500 Lit., Plaids 180 × 250 cm in Wolle 170.000 Lit., Leinen- und Damastdecken mit Servietten ab 71.000 Lit.

**Einkaufssituation:** großer, ladenähnlicher Verkaufsraum mit dekorierten Schaufenstern. Ware dekorativ gestapelt in Regalen und auf Verkaufstischen. Parkplatz vor Verkaufsraum.

**Firma:** Tessitura Giulio Caligaris, Via Cavour, 68 - 13052 Gaglianico-Biella (BI), Telefon: 0 15/2 54 43 38.

**Öffnungszeiten:** Montag bis Freitag 9.00 bis 12.30 und 15.00 bis 19.00 Uhr.

**Streckenbeschreibung:** auf der S.S. 230 von Vercelli Richtung Biella liegt nach Massazza-Verrone ca. 1 km nach FILA in Gaglianico die Verkaufsstätte von Tessitura Giulio Caligaris.

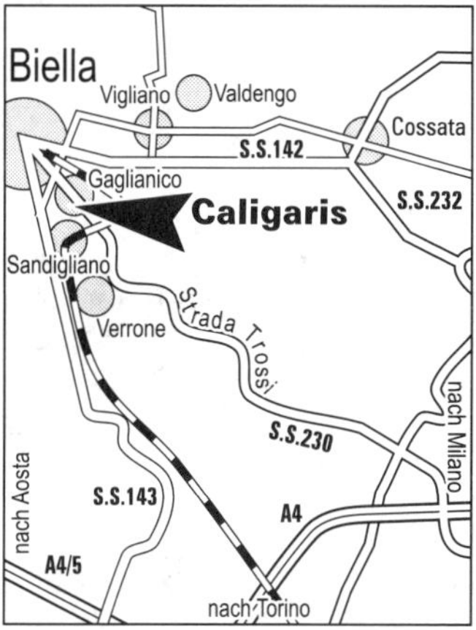

ESCADA LAURÈL

# Glanzstücke Ihrer Garderobe

*Escada und Laurèl sind bekannt für höchste Ansprüche in Qualität und Form – nicht nur für eine Saison – bei Damenoberbekleidung und Accessoires. Diese Markenfabrikate finden Sie auch in den Heften „Madame“, „Elle“ und „Vogue“.*

**Warenangebot:** begrenzte, jedoch gut sortierte Auswahl an Kostümen, Kleidern für jeden Anlaß, Blusen, Pullis, Röcken, Bermudas und Hosen. Vereinzelt Schuhe, Modeschmuck, Taschen und Gürtel. Herren können sich aus einer großen Regalwand Hemden aussuchen.

**Ersparnis:** bis ca. 50%, manche Artikel zusätzlich 20%. Preisbeispiele: Seidenblazer 800.000 Lit., Kurzarm-Kostüm 60%, Rayon und 40% Leinen 270.000 Lit., außergewöhnliches, jugendliches Sommerkleid in Leinen mit Stufenrock 400.000 Lit.

**Einkaufssituation:** heller, mittelgroßer Verkaufsraum, sehr gepflegtes Ambiente. Aus dem großen Lager schaffen die sehr freundlichen Bedienungen weitere Modelle heran. Kreditkarten oder Bargeld.

**Firma:** Escada Italia S.R.L., Via Cavour, 118 - 13052 Gaglianico (BI), Telefon: 0 15/2 49 31 62.

**Öffnungszeiten:** Dienstag bis Samstag 9.00 bis 12.00 und 15.00 bis 19.00 Uhr.

**Streckenbeschreibung:** an der Superstrada (S.S. 230), Strada Trossi, von Vercelli Richtung Biella, gleich nach Massazza und Verrone liegt Gaglianico, ca. 500 m nach FILA linker Hand ist ESCADA.

## BELLETTI MOBILI

# My home is my castle

*Wohnen soll Spaß machen, weniger-Kreationen sind im Trend. Der Kunde sucht aufregende und ansprechende Einzelstücke. Beletti mobili führt Möbel von Arflex, Misura Emme, RB Rossana, Turri, Lipparini, Giorgetti, Alivar, Brunati, Del Tongo, Busnelli u. a.*

**Warenangebot:** Riesenauswahl an allem, was Wohnen zum Vergnügen macht. Moderne Möbel, aber auch auf antik (sogar mit Wurmlöchern) gemachte Teile. In den Ausstellungsräumen findet man viele Einzelstücke, die im Auto gut zu transportieren sind, aber auch komplette Küchen, Schlaf-, Eß- und Wohnzimmer. Der größte Teil der Möbel ist aus Massivholz.

**Ersparnis:** 10 bis 20%, in Prozenten nicht genau zu benennen, Preise meist auf Nachfrage.

**Einkaufssituation:** zwei sehr große Ausstellungsräume, in denen das Möbel-Sortiment geschmackvoll mit vielfältigen Wohnideen gezeigt wird. Das fachkundige Personal ist sehr freundlich und spricht auch englisch.

**Firma:** belletti mobili S.R.L., Viale Leonardo da Vinci, 35 - 28066 Galliate (NO), Telefon: 0321/861442 und 0321/861798.

**Öffnungszeiten:** Montag 14.30 bis 19. 30 Uhr, Dienstag bis Samstag 8.30 bis 12.00 und 14.30 bis 19.30 Uhr.

**Streckenbeschreibung:** die S.S. 341 Turbigo–Galliate–Novara führt auf die Via Ticino zur Piazza S. Giuseppe, von dort in den Kreisverkehr und gleich wieder rechts in die Viale Leonardo da Vinci. Auf der linken Seite sieht man das große Gebäude von belletti. Parkmöglichkeiten vorhanden.

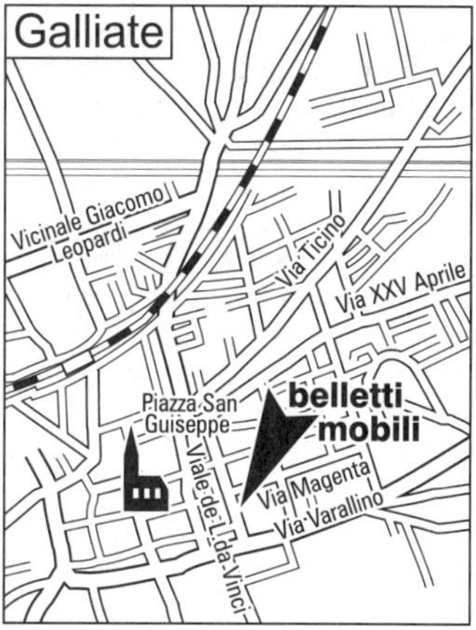

BERTOLINI

# Ganz in Weiß

*Der Firmenchef wünscht den Bräuten, daß ein Hochzeitskleid im Leben genügen möge. Aber auch Wiederholungstäterinnen werden gern bedient.*

**Warenangebot:** etwa 20 Brautkleider sind zur Auswahl immer auf der Stange. Darunter auch vereinzelt Festtags- und Abendkleider. Die weißen Träume werden z. B. aus Polyester, Viskose, Seide und Mischgeweben hergestellt und sind teilweise mit Spitzen und Pailletten verziert.

**Ersparnis:** 60%. Preisbeispiel: solides Brautkleid ohne Schleppe ab 900.000 Lit., Preisklasse nach oben keine Grenzen.

**Einkaufssituation:** zwei kleine Räume. Es herrscht eine gepflegte Vorzimmeratmosphäre. Maßanfertigung ist selbstverständlich, Sonderwünsche werden gerne berücksichtigt. Wenn das Modell und die Stoffart ausgewählt sind, können die genauen Maße auch schriftlich eingeschickt werden. Unbedingt wichtig ist eine telefonische Anmeldung zur Anprobe.

**Firma:** Confezioni Bertolini, Via Ticino, 120/F - 28066 Galliate (NO), Telefon: 0321/864912.

**Öffnungszeiten:** Montag bis Freitag 8.00 bis 12.00 und 14.00 bis 19.30 Uhr, Samstag nach Vereinbarung.

**Streckenbeschreibung:** die S.S. 341 Turbigo–Galliate–Novara führt auf die Via Ticino, hier die erste Straße links in einen Feldweg einbiegen. Nach einer Linkskurve steht links das Fabrikgebäude. Direkt am Eingang befindet sich der Fabrikverkauf. und dort gibt es auch Parkmöglichkeiten.

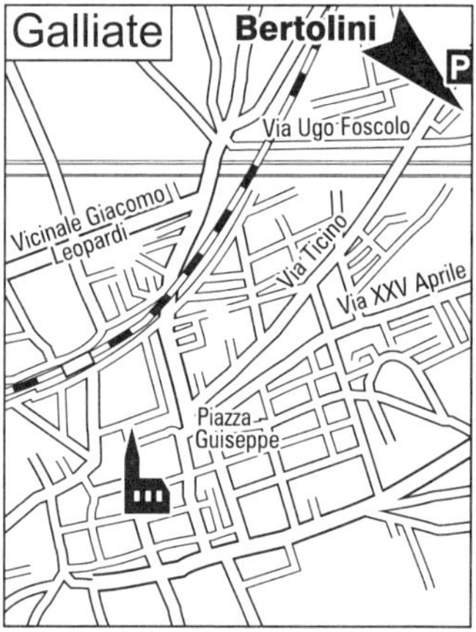

**GB**

# Der Hut bringt's – auch am Strand

*Hüte und Kopfbedeckungen in allen Variationen aus eigener Produktion für jeden Anlaß, jedes Wetter und jeden Kopf. GB ist auch führender Bademodenhersteller.*

**Warenangebot:** klassische Hüte der Marke Borsulino, Lederhüte, Filzhüte, Basthüte, Baseball-Kappen und Zylinder, Badeanzüge und Bikinis sowie Accessoires. Führende Marken wie Albatros, Pierre Balmain, Yves Saint Laurent und Cristel.

**Ersparnis:** 30%. Preisbeispiele: Badeanzüge ab 15.100 Lit., Bikini ab 20.000 Lit., Hüte ab 30.000 Lit.

**Einkaufssituation:** kleiner, zweigeteilter Laden mit 3 Umkleidekabinen, nette Bedienung, gemütliche Atmosphäre.

**Firma:** GB – tanto di cappello, Via P. Custodi, 58 - 28066 Galliate (NO), Telefon: 03 21/ 86 23 05.

**Öffnungszeiten:** Montag 15.00 bis 19.30 Uhr, Dienstag bis Samstag 9.00 bis 12.30 und 15.00 bis 19.30 Uhr.

**Streckenbeschreibung:** die S.S. 341 Turbigo–Galliate–Novara führt auf die Via Ticino bis zur Piazza S. Giuseppe, dort in den Kreisverkehr, dann rechts und gleich wieder rechts in die Viale Leonardo da Vinci. Von dort in die Viale B. Quagliotti. Hier parken und zu Fuß weiter in die Querstraße Via P. Custodi, Laden auf der linken Seite.

MANIFATTURA DI GALLIATE

# Sommer, Sonne, Palmen, Meer

*Die angebotene Bademode reicht vom Bikini bis zum Strandkleid. Gute Materialien, flotte Formen und witzige Details überraschen angenehm.*

**Warenangebot:** überwiegend Damen-Bademoden, vereinzelt auch Badehosen, Boxershorts, T-Shirts, Hemden und Sommerkleider. Die bunte Palette reicht von flippig bis klassisch und ist auch größenmäßig gut sortiert.

**Ersparnis:** 30%. Preisbeispiele: T-Shirts ab 10.000 Lit.; Sommerkleider ab 20.000 Lit.; Badeanzüge ab 20.000 Lit., Boxershorts ab 20.000 Lit.

**Einkaufssituation:** großer, übersichtlicher Laden, der poppig eingerichtet ist. Der Verkaufsraum hat zwei Umkleidekabinen. Die Kleidungsstücke sind übersichtlich geordnet. Falls der Fabrikverkauf geschlossen hat, kann man klingeln.

**Firma:** Manifattura di Galliate, Via A. Grandi, 9 - 28066 Galliate (NO), Telefon: 0321/865329, 0321/862717 und 0321/806265.

**Öffnungszeiten:** Montag bis Freitag 9.00 bis 12.00 und 14.00 bis 18.30 Uhr, Samstag 15.00 bis 18.00 Uhr.

**Streckenbeschreibung:** die S.S. 341 Turbigo–Galliate–Novara führt auf die Via Ticino, dort rechts in die Via G. di Vittorio, dann links in die Via A. Grandi. Fabrikverkauf ist ausgeschildert, dem großen Hinweisschild „Spaccio“ folgen.

**TE MAR**

# Schwimmen wie ein Fisch

*Ob zum Schwimmen oder Sonnenbaden, am Meer oder in kleineren Gewässern, die richtige Beachwear finden Sie bei Te Mar.*

**Warenangebot:** gute Auswahl an durchweg flotter Damen-Bademode jeglicher Art, auch größenmäßig.

**Ersparnis:** 40%. Preisbeispiele: Bikini ab 25.000 Lit., Badeanzüge ab 20.000 Lit., Shorts ab 20.000 Lit.

**Einkaufssituation:** kleiner Verkaufsraum mit zwei Umkleidekabinen, Ware wird übersichtlich angeboten.

**Firma:** Te Mar, Vicolo Ederi, 3 - 28066 Galliate (NO), Telefon: 03 21/86 45 04.

**Öffnungszeiten:** Montag 14.30 bis 19.30 Uhr, Dienstag bis Samstag 9.00 bis 12.00 und 14.30 bis 19.00 Uhr.

**Streckenbeschreibung:** die S.S. 341 Turbigo–Galliate–Novara führt in die Via Ticino zur Piazza S. Giuseppe, von dort in den Kreisverkehr und gleich wieder rechts über die Viale Leonardo da Vinci, weiter auf dieser Ringstraße (mit verschiedenen Namen) um das Zentrum. An der Piazza Gaudenzio links in die Via Achille Varzi, die zur Via Monte Grappa wird. Nach einem zu überquerenden Bahnübergang in die 3. Querstraße rechts in eine Art Feldweg (Sackgasse) einbiegen. Am Ende links liegt der Verkauf und das Fabrikgelände.

FACTORY STORE 92

# Renommierte Modemacher

*Exquisite, zeitlose Designer-Modelle von Max Mara, Sport Max, Harold & Palmer, New York, Portofino, Husky und andere. Zum Teil aus der Vorsaison, in anspruchsvoller Qualität für Damen und Herren.*

**Warenangebot:** begrenzte Auswahl, jedoch durchweg edel. Ob für die Dame Blazer, Kostüm, Hosenanzug, Kleid für jeden Anlaß, Pulli, Rock und Schuh oder für den Herrn Hose, Hemd, Trenchcoat und Anzug. Die Fabrikate wechseln und können nicht komplett genannt werden.

**Ersparnis:** 50%, vereinzelt weitere 20%. Preisbeispiele: Hosenanzug 330.000 Lit., Blazer 280 000 Lit., Herrenanzug 430.000 Lit., Damenhose 130.000 Lit.

**Einkaufssituation:** kleiner, boutiqueähnlicher Verkaufsraum mit 2 Schaufenstern, Eckhaus, gepflegtes Ambiente, Ware auf Stangen und in Regalen, im Nebenraum gut sortiertes Lager. Aufmerksame, freundliche und hilfsbereite Bedienung, spricht gut englisch. Parken auf der Straße.

**Firma:** Factory Store 92, Freeport Main, Corso Valsesia, 51/53 - 13045 Gattinara (VC), Telefon: 01 63/83 28 11.

**Öffnungszeiten:** Montag bis Samstag 16.00 bis 19.30 Uhr.

**Streckenbeschreibung:** auf der S.S. 594 von Novara kommend, in Gattinara immer geradeaus zum Corso Valsesia. Verkaufsraum Corso Valsesia/ Ecke Via Francesca Patriarca.

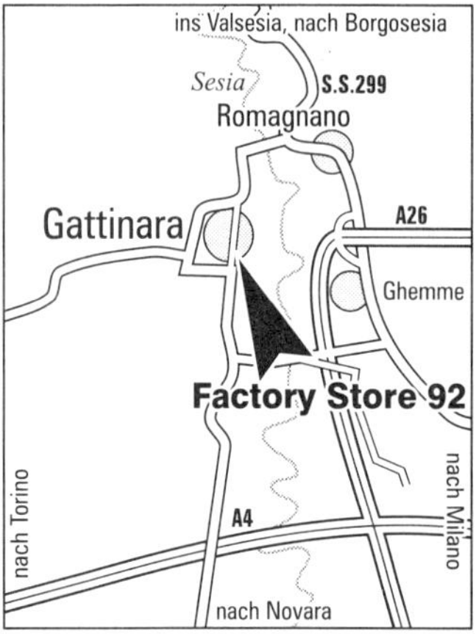

**FRANCOLI**

# Für Genußkünstler

*FRANCOLI è la Grappa. Für Kenner, die einen guten Grappa zu schätzen wissen, lohnt sich der Weg.*

**Warenangebot:** Riesenauswahl an Grappe in jeder Geschmacksrichtung und in allen Preislagen. Großes Angebot an Likören, Weinen und Schaumweinen. Ausgesuchte Geschenkkartons, Gläsersets und Zierflaschen.

**Ersparnis:** bis 30%. Preisbeispiele: Grappa ab 11.000 Lit., nach oben keine Grenzen, Prosecco ab 7.400 Lit., Grappa-Probiersortiment 11.000 Lit., Weine ab 3.950 Lit.

**Einkaufssituation:** ansprechendes, sehr gepflegtes Top-Haus aus Natursteinen, großes Warenangebot dekorativ gelagert, freundliches und gut beratendes, englischsprechendes Personal. Großer Parkplatz vor Verkaufsstätte.

**Besonderheiten:** gleich vorne im Verkaufsraum steht die Probiertheke, dort wird vor dem Einkauf gratis die Geschmacksrichtung gewählt.

**Firma:** Fratelli FRANCOLI S.P.A., Corso Romagnano, 69 - 28074 Ghemme (NO), Telefon: 01 63/84 15 01.

**Öffnungszeiten:** Montag und Mittwoch bis Sonntag und an Festtagen 9.00 bis 12.30 und 14.30 bis 19.30 Uhr.

**Streckenbeschreibung:** an der S.S. 299 von Varallo–Borgosesia in Richtung Novara liegt nach Romagnano-Sesia Ghemme, die Stadt des Weines. Gleich am Ortsanfang rechts finden Sie das Verkaufshaus und links die Destillerie. Beides ist nicht zu übersehen.

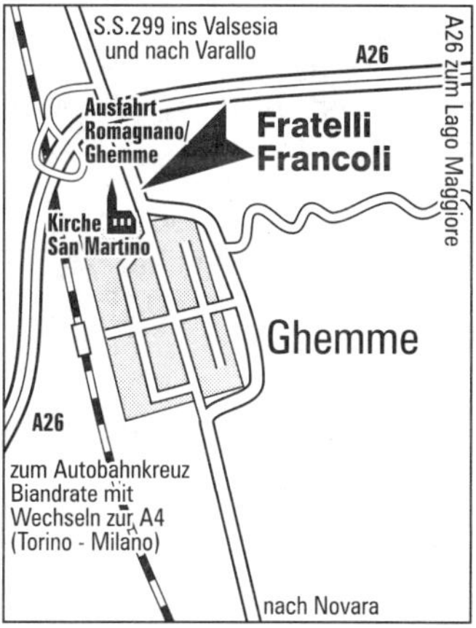

**MASSIMO GIUSTRETTI**

# Dieser Knoten sitzt immer

*Wer sich ganz auf Krawatten spezialisiert hat, muß sein Handwerk verstehen. Das durchgehende Futter garantiert stets einen optimalen Knoten.*

**Warenangebot:** gut sortierte Auswahl an Seiden-Krawatten, vereinzelt Fliegen, Einstecktücher und Hosenträger.

**Ersparnis:** um 50%. Preisbeispiele: klassische oder modisch fetzige, ganz gefütterte Seidenkrawatte um 30.000 Lit., Seidenfliege um 20.000 Lit.

**Einkaufssituation:** kleiner Betrieb, gepflegt und funktionell. Räumlichkeiten über eine außenliegende Treppe zu erreichen. Im Vorraum der speziell für Krawatten ausgelegten Produktion mit ca. 5 Näherinnen liegt der kleine Verkaufsraum mit Büro des Chefs, der auch selbst bedient, wenn er nicht gerade telefoniert.

**Firma:** CASAM DI OTTINO PIERO, Via Romagnano, 6 A - 28074 Ghemme (NO), Telefon: 01 63/84 02 20.

**Öffnungszeiten:** Montag bis Freitag 8.30 bis 12.30 und 14.00 bis 19.00 Uhr, Samstag 8.30 bis 12.00 Uhr.

**Streckenbeschreibung:** auf der S.S. 299 von Varallo–Borgosesia in Richtung Novara fahrend, liegt Ghemme. Linker Hand der Via Romagnano vor dem Ortszentrum finden Sie die Casam-Verkaufsstätte, gut gekennzeichnet.

BORGOMASTRO

# Keiner soll frieren

*Auch in südlichen Regionen denkt man an kalte Winter und fertigt kuschelige und modische Pelzmäntel und Mäntel mit Pelzbesatz aus den unterschiedlichsten Fellen.*

**Warenangebot:** modische Kurzmäntel, klassische Mäntel und Jacken aus Wolf, Nerz und Fuchs, aber auch aus der sehr beliebten Microfaser mit echten Pelzbesätzen. Jedes Teil ist ein Unikat. Auf Wunsch wird maßgekürschnert.

**Ersparnis:** 30%. Preisbeispiel: Wolf- oder Nerz-Kurzmantel 6.000.000 Lit.

**Einkaufssituation:** In der 2. Etage liegt der mittelgroße Verkaufsraum vor der Kürschnerei.

**Firma:** Pelliceria BORGOMASTRO & C., Laboratorio Artigianale, Via Nuova Valassina/Ekke Via de Gasperi - 20034 Giussano (MI).

**Öffnungszeiten:** Montag bis Samstag 9.00 bis 12.30 und 16.00 bis 18.00 Uhr.

**Streckenbeschreibung:** hohes Gebäude mit der Aufschrift „Medlars" – von Arosio kommend, von weitem zu sehen, geradeaus nach Robbiano auf der Via Gasperi. Dort ist im hinteren Teil im Erdgeschoß ein Schaufenster der Firma Borgomastro. Öffnen erfolgt nach Klingelzeichen, oder gleich links die steile Wendeltreppe hoch zur 2. Etage, es muß ebenfalls geklingelt werden.

**L'UNO E L'ALTRO**

# Darunter und darüber

*Kein Edelfabrikat, aber tragbar bei Tag und Nacht und dekorativ für Tisch, Bett und Fenster.*

**Warenangebot:** begrenzte Auswahl an Damenoberbekleidung wie Blazer, Röcke, Hosen, Pullis, Unterwäsche, Nachtwäsche, Morgenmäntel, Tisch- und Bettwäsche und Vorhänge aus Baumwolle, Damast und anderen Materialien mit nostalgischen Spitzen und Stickereien in Hand- und Maschinenarbeit. Auf Wunsch nach Maß.

**Ersparnis:** 20 bis 30%. Preisbeispiele: BH- und Slip-Set mit Spitzen 35.000 Lit., Pepita-Damenhose 70.000 Lit., Blazer 240.000 Lit., Tischdecke – 80 × 80 cm Baumwolle – 14.000 Lit., kurzer Wickelrock 70.000 Lit.

**Einkaufssituation:** kleiner, überladener Verkaufsraum mit Schaufenstern. Näherei im hinteren Trakt. Parkplatz neben und vor der Verkaufsstätte.

**Firma:** L'uno e l'altro, Abbigliamento Produzione, Corsa Roma, 163 - 28025 Gravellona/Toce (NO), Telefon: 03 23/84 01 25.

**Öffnungszeiten:** Montag 15.00 bis 19.30 Uhr, Dienstag bis Samstag 9.00 bis 12.30 und 15.00 bis 19.30 Uhr.

**Streckenbeschreibung:** Gravellona/Toce liegt an der S.S. 229 in Richtung Ortasee. Ca. 100 m nach der Kreuzung Stresa/Ortasee ist linker Hand die Verkaufsstätte.

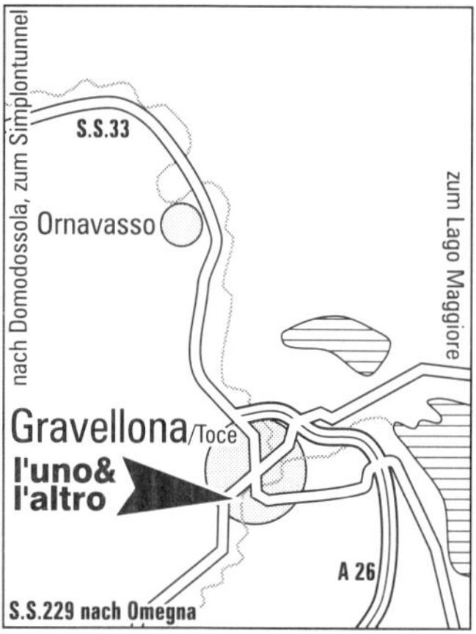

**SERGIO TACCHINI**

# Ein Wort für Sport

*Sergio Tacchini ist ein bei alt und jung bekannter Hersteller von Tennis-, Ski-, Golf-, Bade- und anderer Sportbekleidung in ausgezeichneter Qualität und modischem Anspruch.*

**Warenangebot:** Tenniskleidung, Golfkleidung, Badekleidung, Skibekleidung, Pullis, Accessoires, Freizeitkleidung, Jeans, Tennisschuhe, Freizeitschuhe, und dies alles für Damen, Herren und Kinder. Außerdem gibt es sportliche Herrenhemden.

**Ersparnis:** 30 bis 50% – bei Artikeln, die außerhalb der Saison sind, mehr. Preisbeispiele: Tennis-Polo-Shirts, 2. Wahl, ab 39.000 Lit., 1. Wahl 42.000 Lit., 48.000 Lit. u. m., gestreiftes Herrenhemd 42.000 Lit., Freizeit-Mokassins 52.000 Lit., Skianzüge statt 280.000 Lit. 120.000 Lit.

**Einkaufssituation:** großer, lagerähnlicher Verkauf, der aber von dem Verkauf in Caltignaga (s. dort) noch überboten wird. Schon vor 15.00 Uhr gibt es vor dem Tor einen Stau. Punkt 15.00 Uhr öffnen sich die Pforten, und Sie können im Hof parken.

**Firma:** Sandys S.P.A., C. Marconi, 40 - 28025 Gravellona/Toce (NO), Telefon: 0323/864373.

**Öffnungszeiten:** Montag bis Freitag 15.00 bis 19.00 Uhr und Samstag 10.00 bis 12.30 und 15.00 bis 19.00 Uhr.

**Streckenbeschreibung:** Von Verbania/Intra (S.S. 229) kommend, gleich links am Ortsanfang von Gravellona, prangt in nicht zu übersehendem Schriftzug der Name Sergio Tacchini auf einem Gebäude, das entfernt einer Tennishalle gleicht. Dort ist der Fabrikverkauf.

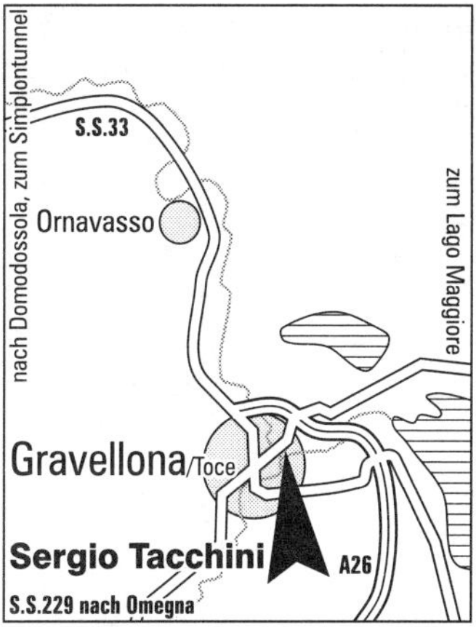

FILATURA DI GRIGNASCO

# Für kreative lange Winterabende

*Wolle und Garne in allen erdenklichen Materialien, vorwiegend in Naturfasern, für Handarbeiten aller Art.*

**Warenangebot:** reichhaltige Auswahl an aktueller Baumwolle, Wolle, Mohair, Bouclé, Beistrickgarnen, Stickgarnen mit Stickvorlagen, Bändchengarnen und Kurzwaren. Vereinzelt Pullis.

**Ersparnis:** 30 bis 50%. Preisbeispiele: 1 kg Baumwollgarn ab 30.000 Lit., 1 kg Baumwollgarn, mercerisiert, um 47.000 Lit., 1 kg Bouclèwolle um 48.000 Lit., Pullis aus 50% Seide und 50% Wolle und aus reiner Wolle ab 40.000 Lit.

**Einkaufssituation:** kleiner Verkaufsraum gegenüber der Pforte zur Fabrikation. Ware in großer Vielfalt in Regalen und auf Fußboden gestapelt. Selbstbedienung aus Körben mit Restposten.

**Firma:** Filatura di Grignasco S.P.A., D. Alighieri, 2 - 28075 Grignasco (NO), Telefon: 01 63/ 41 01.

**Öffnungszeiten:** Dienstag bis Samstag 9.00 bis 12.00 und 15.00 bis 19.00 Uhr.

**Streckenbeschreibung:** auf der S.S. 299 von Varallo–Borgosesia in Richtung Novara, links über Fluß Sesia in Richtung Grignasco, am Ortsanfang links über die Bahnschiene. Gute Ausschilderung.

MG

# Mutter, Vater und Kind mit Wäsche von MG zufrieden sind

*Tag- und Nachtwäsche für die ganze Familie in Kaufhausqualität.*

**Warenangebot:** mittlere Auswahl an Damen-, Herren- und Kinderunterwäsche, Schlafanzügen, Kleinkindausstattung, Herrenhemden, T-Shirts, Strumpfhosen und Socken, schöne Angebote an Kinderstrampelanzügen, Kinder-Baumwollanzügen und Kinder-Strickjäckchen im Blazerstil.

**Ersparnis:** 30 bis 50%. Viele Sonderangebote zu Schleuderpreisen. Preisbeispiele: Strickblazer für Kinder im Marinelook ab 28.900 Lit., bunte Kinder-Baumwollanzüge ab 32.000 Lit., Herrenhemden ab 35.000 Lit. und Damenschlüpfer aus Baumwolle ab 3.900 Lit.

**Einkaufssituation:** großer, übersichtlicher Verkaufsraum mit eigenem Parkplatz. Vielfältiges Angebot aus eigener und fremder Produktion.

**Firma:** Maglificio di Grignasco, MG, Via peretti, 63/B, Zona industriale D4 - 28075 Grignasco (NO). Telefon: 01 63/41 72 06.

**Öffnungszeiten:** Montag 15.00 bis 18.30 Uhr, Dienstag bis Samstag 9.00 bis 12.00 und 15.00 bis 18.30 Uhr.

**Streckenbeschreibung:** Von Varallo–Borgosesia nach Novara fahrend, links über Fluß Sesia in Richtung Grignasco. Am Ortsanfang rechts liegt nicht zu übersehen MG.

**J + S**

# Hemden machen Männer

*Die bekannte Hemdenmarke hält, was sie verspricht. Auffallend viele Herren horten hier stapelweise ihre Hemden.*

**Warenangebot:** gute Auswahl an klassischen und sportlichen Herrenhemden, Herrenschlafanzügen und Kinderhemden, vereinzelt klassische Damenblusen, Krawatten, Seideneinstecktücher, Boxershorts, Strickwaren und Hemdenstoffe in gehobener Qualität. Auch Hemden nach Maß.

**Ersparnis:** 25 bis 50%, bei Sonderangeboten mehr. Der Normalpreis für ein Hemd der neuen Kollektion liegt bei 60.000 Lit.

**Einkaufssituation:** kleinerer Verkaufsraum im Fabrikgelände, Ware nach Größen übersichtlich sortiert in Regalen, fachmännische Beratung. Parkplätze vor dem Fabrikgelände.

**Besonderheiten:** Weitere Verkäufe in Milano (MI), Corso Garibaldi, 24/A, und Corso P.ta Romana, 55, und in Vertemate con Minoprio (CO), S.S. dei Giovi, 31.

**Firma:** J + S Camicie, Via XXV Aprile, 71 - 22070 Guanzate (CO), Telefon: 0 31/89 93 77.

**Öffnungszeiten:** Montag 15.00 bis 19.00 Uhr, Dienstag bis Freitag 9.30 bis 12.30 und 15.00 bis 19.00 Uhr, Samstag 9.30 bis 19.00 Uhr. Im August reduzierte Öffnungszeiten.

**Streckenbeschreibung:** A 9 Milano–Como, Ausfahrt Lomazzo in Richtung Appiano Gentile. Am Ortseingang von Guanzate gleich rechter Hand ist die gut gekennzeichnete Fabrik mit Verkaufsstätte.

RATTI

# Letzter Kick fürs Outfit

*Bei RATTI gibt es Seide, Seide und nochmals Seide – und etwas Baumwolle.*

**Warenangebot:** farbenfrohe Seidentücher, die für Valentino, Givenchy, Ferré, Dior, Daniel La Forêt und andere hergestellt werden, Krawatten und Einstecktücher. Vereinzelt Damenblusen und -westen, Herrenhausmäntel und beschichtete Regenbekleidung aus Seide oder Cotton, Seidenstoffe.

**Ersparnis:** 25 bis 50%, bei Sonderangeboten mehr. Preisbeispiele: Valentino-Seidentücher ab 75.000 Lit., Seidenkrawatten ab 20.000 Lit., Seidenhausmäntel um 190.000 Lit., Regenmantel – beschichtete Seide – 290.000 Lit.

**Einkaufssituation:** mittlerer Verkaufsraum in der Nähe der großen Fabrik, Parkplätze neben Verkaufsraum.

**Besonderheit:** weitere Verkaufsstätte in Como in der Via Cernobbio, 17 - 22100 Como (CO), Telefon: 031/233262. Öffnungszeiten: Montag bis Freitag 14.00 bis 18.00 Uhr.

**Firma:** RATTI S.P.A., Via Madonna, 32 - 22070 Guanzate (CO), Telefon: 031/233544.

**Öffnungszeiten:** Dienstag bis Samstag 9.00 bis 12.30 und 14.00 bis 18.15 Uhr.

**Streckenbeschreibung:** A 9 Milano–Como, Ausfahrt Lomazzo, Richtung Appiano Gentile, Ortszentrum Guanzate, dort rechts in die Via XXV Aprile, nach ca. 1 km rechts in die Via Piave, beim Kreisverkehr Richtung Como in die Via Madonna, nach ca. 500 m liegt am Ortsende die Fabrik und nach ca. weiteren 25 m der Verkauf.

ASPESI

# Ein simples Hängerkleid?

*Irrtum: ein Leinenkleid von Aspesi, lang und lässig oder kurz und bequem, jedenfalls zum Wohlfühlen, denn Aspesi erfüllt höchste Ansprüche sowohl vom Material als auch vom Design.*

**Warenangebot:** die ganze Palette an Damenbekleidung bis zur italienischen Größe 48. Von Bermudas bis Hosen, von Röcken bis Kleidern, Blusen, Mäntel, Jacken, Kostüme, Hosenanzüge, Strickpullis, Blazer sowohl für Sommer als auch für Winter. Für Herren gibt es ein begrenztes Angebot an Hemden, Polos und T-Shirts. Die Ware ist selten aus der neusten Kollektion, es gibt relativ viel 2. Wahl.

**Ersparnis:** 50%. Preisbeispiele: langes Leinenkleid 324.000 Lit., 2.-Wahl-Seiden-Blazer in Silber (etwas angeschmutzt) 345.000 Lit., Kostüm Seide/ Visk. 570.000 Lit., Herrenhemden ab 66.000 Lit.

**Einkaufssituation:** typischer Fabrikverkauf in einer großen Lagerhalle. Umkleidekabinen sind vorhanden. Parkplätze vor dem Fabriktor.

**Firma:** Alberto Aspesi & C. S.P.A., Via S. Quasimodo, 32/ 34 - 20025 Legnano (MI), Telefon: 03 31/57 95 65.

**Öffnungszeiten:** Montag bis Freitag 14.00 bis 18.00 Uhr und Samstag 9.30 bis 17.00 Uhr.

**Streckenbeschreibung:** S.S. 527 von Saronno nach Busto Arsizio vor Ortsanfang Legnano beim Centro Commerciale rechts und nach einigen Metern wieder rechts in die Via S. Quasimodo. Am Ende dieser Straße liegt rechts, kaum gekennzeichnet ein graues Fabriktor vor grauem Fabrikgebäude, am Fabrikzaun der Hinweis „negozio“. Das ist Aspesi.

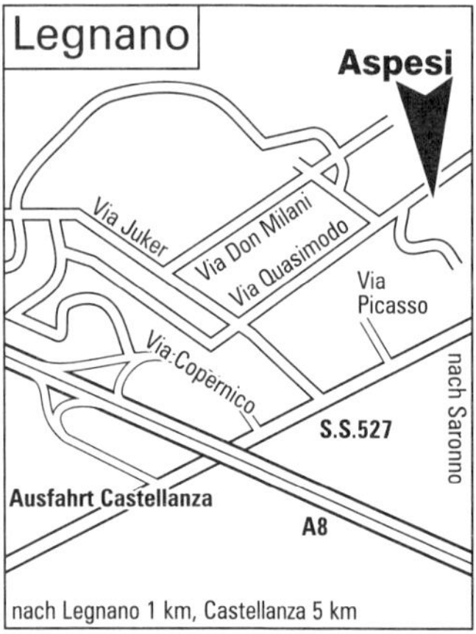

BRUNATE

# Auf leiser Sohle

*Das Fabrikat ist bekannt und hat einen guten Ruf. Brunate-Schuhe sind in Exquisit-Schuhgeschäften zu kaufen, für ganz besondere Schuhfans jedoch ist die Auswahl in Lomazzo zu klein.*

**Warenangebot:** mäßige Auswahl an Damen-, Herren- und Kinderschuhen in gehobener Qualität. Die neueren Kollektionen sind jedoch kaum und schon gar nicht in jeder Größe zu finden. Vereinzelt gibt es Handtaschen und Börsen in Leder und weichem, waschbarem Kunstleder.

**Ersparnis:** 30%, reduzierte Artikel 50%. Preisbeispiele: Damenschuhe ab 60.000 Lit., Herrenmokassins ab 65.000 Lit., klassische Herrenschuhe um 125.000 Lit., Kinderstoffschuhe mit Fußbett um 30.000 Lit., Handtaschen in Kunstleder ab 80.000 Lit., in Leder ab 85.000 Lit.

**Einkaufssituation:** großer, heller Verkaufsraum, Schuhe übersichtlich in Regalen, freundliche und hilfsbereite Bedienung, Verkaufsraum liegt im Fabrikgelände, großer Parkplatz.

**Firma:** BRUNATE Store, Calzature e Accessori Moda, Via del Seprio, 54 - 22074 Lomazzo (CO), Telefon: 02/96 77 93 93.

**Öffnungszeiten:** Montag 14.00 bis 18.30 Uhr, Dienstag bis Freitag 9.00 bis 12.30 und 14.00 bis 18.30 Uhr, Samstag 9.00 bis 19.30 Uhr.

**Streckenbeschreibung:** A 9 Milano–Como, Ausfahrt Lomazzo, dann rechts und an der Ampel wieder rechts. Direkt hinter Unterführung erneut scharf rechts, schmale Straße hoch, nach ca. 50 m linker Hand Verkaufsstätte mit Parkplatz.

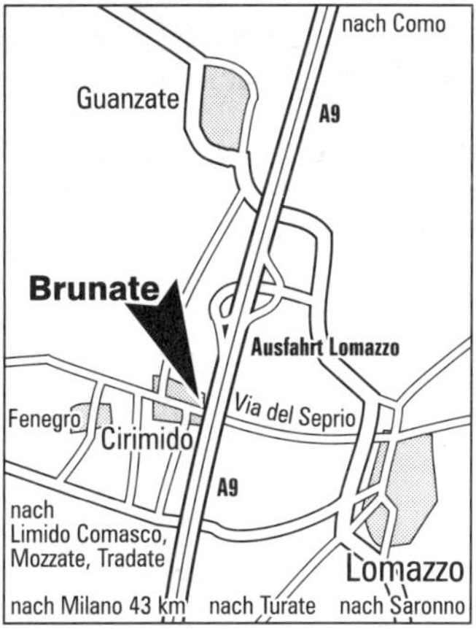

**MAPOM**

# Alltagstauglichkeit

*Hier geht es weniger um Eleganz oder den schönen Schein. Dafür sind die angebotenen Stücke am unteren Ende der Preisskala und im mittleren Qualitätsbereich.*

**Warenangebot:** Damen- und Herrenunterhemden, Unterhosen (lang und kurz), Socken, Strumpfhosen, Kinderjoggings, T-Shirts, Bodies, Pyjamas.

**Ersparnis:** 30%. Preisbeispiele: Herrenunterhemden 14.400 Lit., T-Shirts 9.000 Lit., Socken 5.000 Lit., 2 Herrenslips 7.900 Lit., Damenslip 14.000, Damenstrumpfhosen 1.400 Lit., Pyjama 36.000 Lit., Kinderjoggings von 24.000 bis 46.000 Lit.

**Einkaufssituation:** großer Verkauf in professionellem Ambiente. Die Ware wird übersichtlich und ordentlich präsentiert. Keine Beratung.

**Firma:** Spaccio di Mapom, Via Pastrengo, 33 - 20013 Magenta (MI).

**Öffnungszeiten:** Montag 15.30 bis 19.00 Uhr, Dienstag bis Freitag 8.30 bis 11.30 und 15.30 bis 19.00 Uhr, Samstag 16.00 bis 19.00 Uhr.

**Streckenbeschreibung:** Von Magenta Zentrum aus über die Via Milano (über Corbetta) Richtung Milano, kurz vor Ende der Ortschaft, rechts dem Wegweiser zum Fabrikverkauf folgen. Der Verkauf befindet sich im linken Flügel des Fabrikgebäudes.

**MARLBORO CLASSICS** **BORGOFIORI**

**LAURA BIAGIOTTI PIÙ** **CIAO** **MILLIBAR**

# Der Boss Italiens

*Valdagno und Umgebung ist geprägt durch das Unternehmen Marzotto & Figli, zu der auch die Fa. Boss in Metzingen gehört.*

**Warenangebot:** fast das ganze Marlboro-Classics-Sortiment, große Auswahl an Herrenanzügen, Mänteln, Sakkos, Hosen, Hemden, Pullis, Damenkleidern, Kostümen, Damen-Hosenanzügen, Blusen, Röcken und Kinderbekleidung.

**Ersparnis:** 25 bis 50%. Preisbeispiele: Borgofiori-Hosenanzug, Visk./Leinen 293.000 Lit., Risposte di Laura Biagiotti-Hosenanzug 411.000 Lit., Arezia-Leinen-Sommer-Kostüm 188.000 Lit., Marlboro-Hemd 68.000 Lit., Example by Missoni-Schurwollsakko 361.000 Lit., Jersey-Kinder-Sommeranzüge (kurz) 20.000 Lit.

**Einkaufssituation:** großer Verkauf, die Marlboro-Ecke ist boutiquemäßig, der sonstige Verkauf entspricht einem guten Lagerverkauf.

**Firma:** Marzotto S.P.A., Via d. Lanifici, 1 - 36074 Maglio di sopra, Telefon: 04 45/42 75 12.

**Öffnungszeiten:** Montag 15.00 bis 19.00 Uhr, Dienstag bis Freitag 10.00 bis 12.30 und 15.00 bis 19.00 Uhr und Samstag 10.00 bis 19.00 Uhr.

**Streckenbeschreibung:** S.S. 246 Montecchio Maggiore durch Valdagno – vorbei an der Lanificeria Marzotto – nach Maglio d.s. Weder in Valdagno noch in Maglio sind die Marzotto-Fabriken zu übersehen. Fahren Sie in Maglio durch das Fabriktor, dort ist der Spaccio mit großem Parkplatz.

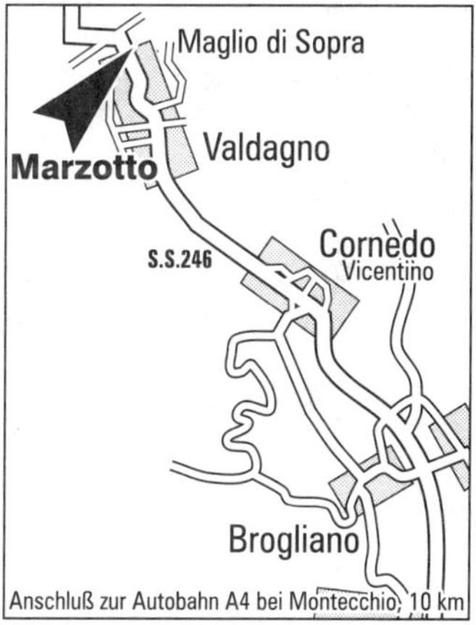

**LUBIAM**

# Ausnahmslos Männersache

*Lubiam ist ein großer Hersteller klassischer Herrenmode für gehobene Ansprüche.*

**Warenangebot:** gute Auswahl an Herrenanzügen, Smokings, Sakkos, Hosen, Westen und Hemden.

**Ersparnis:** 50%. Preisbeispiele: Tweedsakko oder karierter Wollsakko um 250.000 Lit., Smoking um 550.000 Lit., Anzüge ab 360.000 Lit., Hemden um 50.000 Lit.

**Einkaufssituation:** großer, fast einzelhandelsmäßiger Verkaufsraum.

**Firma:** Lubiam, Viale Fiume, 55 - 46100 Mantova (MN), Telefon: 03 76/30 91.

**Öffnungszeiten:** Dienstag bis Freitag 15.30 bis 19.30 Uhr und Samstag 10.00 bis 12.30 und 15.30 bis 19.30 Uhr.

**Streckenbeschreibung:** A 22 Verona–Mantova, Ausfahrt Mantova-Nord über die Via Brennero Richtung Centro. Vor Corso Garibaldi rechts in die Viale Risorgimento und geradeaus über die Piazzale A. Gramsci, Viale Piave und vor der Tankstelle links in die Viale Fiume und einfach bis zur Firma Lubiam durchfahren. Sie können die große Fabrik nicht übersehen. Gleich im vorderen Teil finden Sie den „Lubiam-Shop".

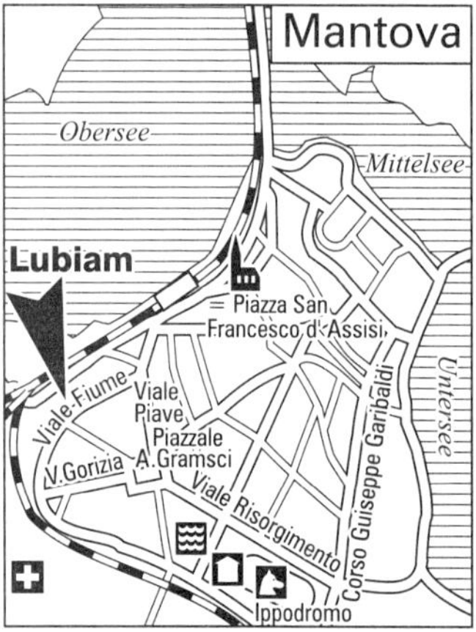

**ANNA BROWN** **LA CAGE AUX FOLLES**

# Echt Leder

*Eine kleine Firma, in einem kleinen Ort, aber mit beeindruckenden Lederwaren, die jeder Lederboutique in Mailand gut zu Gesicht stehen – nur über die Preise würde man dort lachen. In Marcallo lachen andere – nämlich die, die sich in schönen Schuhen und mit einer eleganten Tasche auf die Heimreise begeben.*

**Warenangebot:** Lederhandtaschen, -rucksäcke und Geldbörsen, auch Aktentaschen, Damen- und Herrenschuhe, Gürtel.

**Ersparnis:** 60%. Preisbeispiele: Handtaschen zwischen 69.000 und 130.000 Lit. Viel 2. Wahl, die dann noch billiger ist. Geldbörse 19.000 Lit., Rucksack 49.000 Lit., Gürtel 19.000 bis 29.000 Lit.

**Einkaufssituation:** boutiqueähnlicher, mittelgroßer Laden mit großer Auswahl, vor allem bei Handtaschen. Die Auswahl bei Schuhen ist nicht so groß, wird aber durch die Qualität der Einzelstücke mehr als ausgeglichen.

**Firma:** Nuova C.A.F., Via Clerici, 19 - 20010 Marcallo (MI), Telefon: 02/9 76 11 41.

**Öffnungszeiten:** Montag bis Freitag 17.00 bis 19.00 Uhr, Samstag 9.30 bis 12.00 und 14.30 bis 18.30 Uhr.

**Streckenbeschreibung:** Von Magenta kommend, in Marcallo an der ersten Kreuzung nicht rechts oder links fahren, sondern gegenüber in die Hofeinfahrt. Am Ende des Hofes befindet sich der Verkauf.

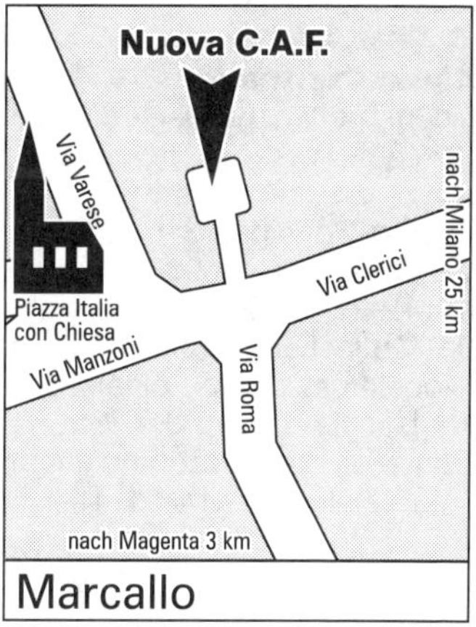

**CONBIPEL**

# Saison für Leder

*Conbipel ist ein großer Produzent von Lederbekleidung mit nahezu 50 Direktverkaufsstellen in Italien.*

**Warenangebot:** qualitativ gute Damen- und Herrenkleidung sowohl in klassischem als auch in modischem Design – nicht nur in Leder, sondern auch in Woll- und anderen Stoffen und Strickwaren.

**Ersparnis:** 25%. Preisbeispiele: kurzer Damenrock aus Wollstoff 69.900 Lit., Hosenanzug 329.000 Lit., Herrenanzug 269.000 Lit., Webpelzkurzmantel 440.000 Lit., Trussardi Herrenpullover 109.000 Lit., Herren-Nubukjacke 590.000 Lit., Damen-Nappa-Lederjacke, lange Form 590.000 Lit., Leder-Kurzrock 149.000 Lit.

**Einkaufssituation:** wie in einem großen, gepflegten Fachgeschäft.

**Firma:** Conbipel „Bima S.P.A.", Via Orsato, 3 - 30030 Marghera-Mestre (VE), Telefon 0 41/ 92 17 83. Der Firmensitz mit Produktions- und einer Verkaufsstelle ist in der Strada Bauchieri, 1 - Cocconato d'Asti (AT), Telefon: 01 41/60 11 11.

**Öffnungszeiten:** Montag 15.00 bis 19.30 Uhr, Dienstag bis Samstag 9.00 bis 12.30 und 15.00 bis 19.30 Uhr.

**Streckenbeschreibung:** A 4 – Ausfahrt Mestre-West – an der Rotonda Romea nach rechts in die Strada Statale Romea N. 309 und links in die Via V. Brunacci zum Centro Commerciale, dann dem Wegweiser Conbipel folgen.

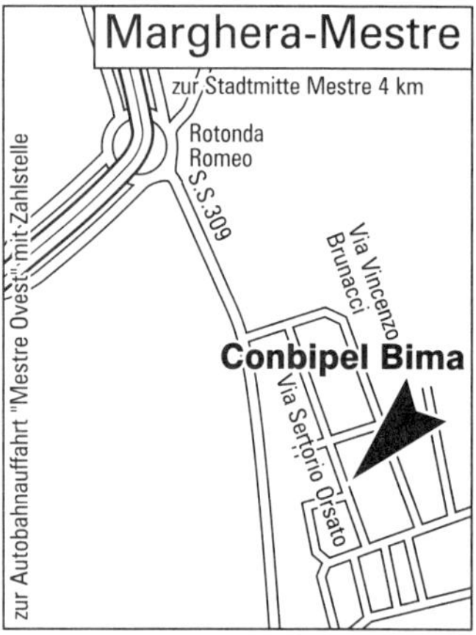

**D & D MODA**

# Nimm zwei

*Das Haus führt qualitativ im mittleren Bereich liegende, jedoch topmodische Bekleidung. Nicht zu verwechseln mit D & G.*

**Warenangebot:** große Auswahl an Damen-, Mädchen- und Herrenbekleidung. Kleider, Röcke, Kostüme, Taschen, Strickwaren, Anzüge, Polos, Schuhe und Hemden. Durchaus aktuelle Modemacher geben sich hier ein Stelldichein. Die vorherrschenden Marken sind: VENTURI, Due Due, Max Group, Biella Mario Zenga.

**Ersparnis:** grundsätzlich 50%, jedoch nicht auf bereits reduzierte Ware. Preisbeispiele: Damenhose mit Kurzarmjacke Leinen/Viskose 81.000 Lit., Herrenanzug „Biella Mario Zenga" 100% Wolle 304.996 Lit., Hemden „Venturi" 53.000 Lit., topmodische Handtaschen in Lackleder um 70.000 Lit.

**Einkaufssituation:** großer, kaufhausähnlicher Verkaufsraum mit freundlichen Bedienungen, übersichtliches Angebot, in der oberen Etage Lager, kein eigener Parkplatz.

**Firma:** D & D Moda, Discount & Discount, Viale Brianza, 5 - 22066 Mariano Comense (CO), Telefon: 0 31/74 35 00.

**Öffnungszeiten:** Montag 15.00 bis 19.30 Uhr, Dienstag bis Samstag 9.00 bis 12.30 und 15.00 bis 19.30 Uhr.

**Streckenbeschreibung:** An der Strecke Cantù–Seregno–Milano liegt Mariano Comense. Im Zentrum von Mariano Comense finden Sie das Verkaufshaus D & D Moda direkt vor dem Möbelhaus MARIANO VENDE MOBILI.

MARIANO VENDE MOBILI

# Traditionell und wertvoll

*50 Möbelproduzenten unter einem Dach. Von Cantù bis Meda findet man eine Möbelfabrik bzw. Möbelwerkstatt neben der anderen. Einige davon haben sich – wie in Cantù – zusammengeschlossen in dem großen Haus „Mariano vende Mobili".*

**Warenangebot:** Stil- und Designermöbel vom Schlaf-, Wohn-, Eßzimmer bis zum Chefbüro, Sessel, Sofas, Regale, Vitrinen, Kommoden und Beistelltische; eigentlich gibt es nichts, was es nicht gibt.

**Ersparnis:** Angabe nach Prozenten nicht möglich. Preisbeispiele: Intarsientisch 100 × 70 cm 3.300.000 Lit., Intarsienkommode 5.500.000 Lit., dazu passender Stuhl 650.000 Lit., Vitrine 6.000.000 Lit., kleines rundes Tischchen 900.000 Lit.

**Einkaufssituation:** großes, stilvolles älteres Eckhaus mit 4 weitläufigen Ausstellungs-Etagen. Büro mit freundlichem, englischsprechendem Personal, das die Preis- und sonstigen Auskünfte gibt, liegt gleich im Erdgeschoß. Hauseigener Parkplatz.

**Firma:** MARIANO VENDE MOBILI, Consorzio Esposizione Mobili, Via Matteotti, 10 - 22066 Mariano Comense (CO), Telefon: 0 31/74 54 92.

**Öffnungszeiten:** Montag bis Samstag 9.00 bis 12.30 und 14.30 bis 19.00 Uhr.

**Streckenbeschreibung:** Von Como–Cantù kommend, finden Sie im Zentrum von Mariano Comense das Möbelhaus an der Kreuzung Corso Brianza Richtung Milano. Rechts hauseigener Parkplatz in der Via Matteotti.

**BELFE & BELFE**

# Top-sportlich mit italienischem Flair

*Factory-Outlet von Belfe & Belfe, seit 1920 Hersteller nobler Sportmode, die zunehmend auch in Deutschland zum Begriff geworden ist. Die Marke ist exklusiv, auch im Preis. Aber wer Belfe & Belfe kennt und liebt weiß, daß es eine super Adresse ist.*

**Warenangebot:** Ski-, Tennis- und Freizeitmode, Hemden, Jeans, Textil-Sportschuhe, Lederkleidung, Bademoden, Socken, Damenkleider, Blusen, Hosenanzüge.

**Ersparnis:** 25%, bei Sonderangeboten mehr. Preisbeispiele: Damensteppjacke 175.000 Lit., Jeans um 100.000 Lit, aber auch um 60.000 Lit., Herren-Wildlederweste 274.000 Lit., Damenhosenanzug um 500.000 Lit., Herrenpolos ab 48.000 Lit., Restposten Textilturnschuhe 40.000 Lit., Tennissocken 13.000 Lit.

**Einkaufssituation:** neues Factory-Outlet, mit großen Schaufenstern, großem Parkplatz, regem Publikumsverkehr und großer Auswahl.

**Firma:** Belfe S.P.A., Studio 3 di Parise, Moresco & Parise S.N.C., Gestione Spaccio Aziendale Belfe, Corso della Ceramica, 76 - 36063 Marostica (VI), Telefon: 04 24/7 50 58.

**Öffnungszeiten:** Montag 15.00 bis 19.00 Uhr, Dienstag bis Samstag 9.00 bis 12.30 und 15.00 bis 19.00 Uhr.

**Streckenbeschreibung:** Von Nove nach Marostica, gleich nach dem Ortsschild Nove, auf der linken Seite ist das Factory-Outlet nicht zu übersehen.

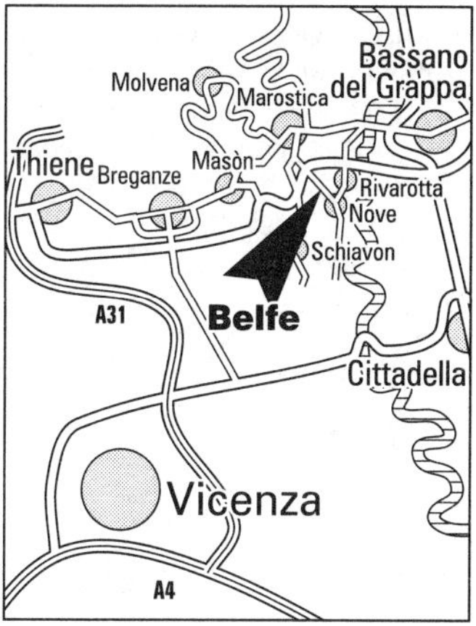

GALIMBERTI LEONARDO

# Lauter Liebhaberstücke

*Gute Adresse für schöne Stilmöbel in Handarbeit. Jedes Stück auf seine Art ein Kunstwerk.*

**Warenangebot:** begrenzte Auswahl an Kommoden, Vitrinen, Standspiegeln, Tischchen, Säulen und Polstermöbeln, geschnitzt und eingelegt in Natur- und bemaltem Holz, einige Antiquitäten.

**Ersparnis:** nach Prozenten anzugeben, nicht möglich. Preisbeispiele: runder Antik-Beistelltisch 8.000.000 Lit., Intarsien-Skat-Tisch aus Palisander mit Einlegearbeiten in Eben-, Kirsch- und Nußbaumholz 15.000.000 Lit.

**Einkaufssituation:** relativ kleiner, überfüllter Ausstellungsraum, Möbelstücke nicht ausgezeichnet, Preis auf Nachfrage. Fachmännische Beratung. Parkmöglichkeit vor dem Ausstellungsraum. Fabrikation finden Sie in der Via Luigi Rho, 103, Telefon: 03 62/7 04 75.

**Firma:** Galimberti Leonardo & Figli S.N.C., mobili d'arte, Via Indipendenza, 158 - 20036 Meda (MI), Telefon: 03 62/7 36 74.

**Öffnungszeiten:** Montag 15.00 bis 19.30 Uhr, Dienstag bis Samstag 9.00 bis 12.30 und 15.00 bis 19.30 Uhr.

**Streckenbeschreibung:** S.S. 35 Como–Milano, Ausfahrt Meda. Von der Via Cadorna rechts in die Via Indipendenza, rechter Hand liegt nach einigen Metern der Ausstellungsraum.

DONATELLO

# Designerdefilee

*Ein buntes Gemisch an Restposten, 2. Wahl und an Artikeln der Vorsaison, die noch lange nicht zum alten Eisen gehören, sind hier eng zusammengerückt.*

**Warenangebot:** alles an Damen- und Herrenoberbekleidung, auch Mäntel, Stricksachen und Lederkleidung, Schuhe und außerdem eine kleine Auswahl an Cocktailkleidern.

**Ersparnis:** 50%. Genny-Winter-Steppjacke, in dunklem Silber, 380.000 Lit., Prada Textilpumps 200.000 Lit., hellblauer Versace-Kurzmantel 400.000 Lit., Kostüm 405.000 Lit., Pulli und Jacke von Dolce e Gabbana zusammen 600.000 Lit.

**Einkaufssituation:** großer Laden mit regem Publikumsverkehr und eifrigen Bedienungen.

**Firma:** Gloria S.R.L., Via Antonio da Mestre, 15 - 30170 Mestre (VE), Telefon 0 41/97 55 35.

**Öffnungszeiten:** Montag 15.30 bis 19.30 Uhr, Dienstag bis Samstag 9.00 bis 12.30 und 15.30 bis 19.30 Uhr.

**Streckenbeschreibung:** Über die A 4 – Ausfahrt Mestre-West – Richtung Zentrum gelangen Sie auf den Corso del Popolo und an dessen Ende auf die Piazza XXVII Ottobre. Parken Sie hier und gehen zu Fuß nach links über die Via Poerio bis zur Galleria Matteotti (Beginn der Fußgängerzone) und gleich wieder links vor der Piazza Ferretto in die Via Ospedale. Diese führt auf die Via A. da Mestre. Gehen Sie nach rechts, nach dem Krankenhaus kommt ein Geschäftshaus, in dessen Passage Sie Donatello finden.

**IL MAGAZINO DELLE FIRME**

# Gut versteckt

*Nicht nur das Warenhaus ist gut versteckt. Bei den ganz billigen – oder besser – preiswerten Stücken ist auch der Ursprung versteckt, das heißt: das Herstelleretikett ist herausgetrennt.*

**Warenangebot:** Designermode für Damen und Herren, wobei das Angebot für Herren eher begrenzt ist. Für Damen ist die Auswahl besser. Es gibt viele schöne Einzelstücke, aber die italienische Topmode ist selten für Frauen, die mehr als Größe 42 tragen, gemacht.

**Ersparnis:** 50%. Preisbeispiele: Genny-Kurzmantel in modisch schmaler Form mit großem Fuchspelzkragen 1.499.000 Lit., Complice-Silberwinterjacke 199.000 Lit., Les Copains Stricktop schwarz mit Glanzeffekten 139.000 Lit. und passende Jacke 399.000 Lit., Kostüme ohne Etikett ab 299.000 Lit., Hosen ab 49.000 und mod. Karoblazer 179.000 Lit., Herrenanzüge ab 250.000 Lit.

**Einkaufssituation:** kleiner, vollgestopfter Laden im EG und UG, von außen etwas lieblos.

**Firma:** Il Magazino delle Firme, Corte dell'orologio (Galleria della Torre) - 30170 Mestre (VE), Telefon: 0 41/98 34 24.

**Öffnungszeiten:** Montag 15.30 bis 19.30 Uhr, Dienstag bis Samstag 9.30 bis 12.30 und 15.30 bis 19.30 Uhr.

**Streckenbeschreibung:** Parken Sie noch oder wieder auf der Piazza XXVII Ottobre und gehen zu Fuß über die Via Poerio bis zur Galleria Matteotti (Beginn der Fußgängerzone), dort rechts über die Piazza Ferretto zur Piazzetta E. Matter. Rechts vor dem Turm, vor der Via della Torre, liegt der Durchgang zur Galleria della Torre.

METROPOLIS

# Etwas abseits

*finden Sie noch einen Designer-Last-Season-Verkauf.*

**Warenangebot:** kleine Auswahl an Damen- und Herrenbekleidung, einige Handtaschen und Schuhe. Neben einigen wenigen Modellen von Moschino, Krizia, Les Copains haben wir auch einen BOSS-Anzug gefunden.

**Ersparnis:** 50 bis 75%. Preisbeispiele: Damenblazer von Les Copains 368.000 Lit., Damenschuhe von Sergio Rossi 99.000 Lit. und Pulli von Genny 108.000 Lit.

**Einkaufssituation:** wie in einer Boutique.

**Firma:** Metropolis, Via Manin, 45/B - 30170 Mestre (VE), Telefon: 0 41/98 52 36.

**Öffnungszeiten:** Montag 16.00 bis 20.00 Uhr, Dienstag bis Samstag 9.15 bis 12.30 und 16.00 bis 20.00 Uhr.

**Streckenbeschreibung:** Parken Sie noch oder wieder auf der Piazza XXVII Ottobre und gehen zu Fuß über die Via Poerio bis zur Galleria Matteotti (Beginn der Fußgängerzone), dort rechts über die Piazza Ferretto zur Piazetta E. Matter und von hier aus links in die Via D. Manin. Es herrscht nicht gerade der rege Betrieb einer belebten Geschäftsstraße, nach etwa 200 m in der Rechtskurve liegt Metropolis.

**SPAZIO MILANO** **NAZARENO GABRIELLI**

# Die Kunst der Einfachheit

*Elegant und effektvoll durch Schlichtheit und ausgefeilte Schnitte. Mode für Frauen, die den puren, edlen Stil bevorzugen und damit Ihre Mannequinfigur zur Geltung bringen.*

**Warenangebot:** Jacken, Kostüme, Kleider, Röcke, Mäntel, Hosenanzüge, Lederjacken und Lederkurzmäntel für Damen, denen Kleidergröße 38/40 paßt, und dazu eine tolle Handtasche, die zum Trost auch von stärkeren Persönlichkeiten getragen werden kann. Für Herren: Lederjacken und Krawatten, keine Sonderangebote, alles Waren aus der laufenden Kollektion.

**Ersparnis:** 25 bis 40%. Anthrazitgrauer Wollkurzmantel 390.000 Lit., Lederkurzmantel 960.000 Lit., Stretch-Samtbody 80.000 Lit., passender langer Rock 85.000 Lit. und passende Jacke 95.000 Lit., wattierte Lackjacken 190.000 Lit., Herren-Lederjacke 690.000 Lit.

**Einkaufssituation:** relativ großer Verkaufsraum im 1. Stock. Klingeln Sie bei „Laboratorio" im 1. Stock, und Sie werden wider Erwarten, in sehr freundlicher, fast privater Atmosphäre einen Laden finden.

**Firma:** Laboratorio Confezione M. L. di Montenapo 7, Via Ca' Savorgnan, 6 - 30170 Mestre (VE), Telefon: 0 41/98 84 84.

**Öffnungszeiten:** Montag bis Samstag 9.30 bis 12.30 und 16.00 bis 19.30 Uhr. In den Monaten Juni, Juli und August ist das Geschäft geschlossen.

**Streckenbeschreibung:** Vom Corso del Popolo links in die Via Mestrina und wieder links in die Via Ca' Savorgnan. Parkplätze sind dort kaum zu finden.

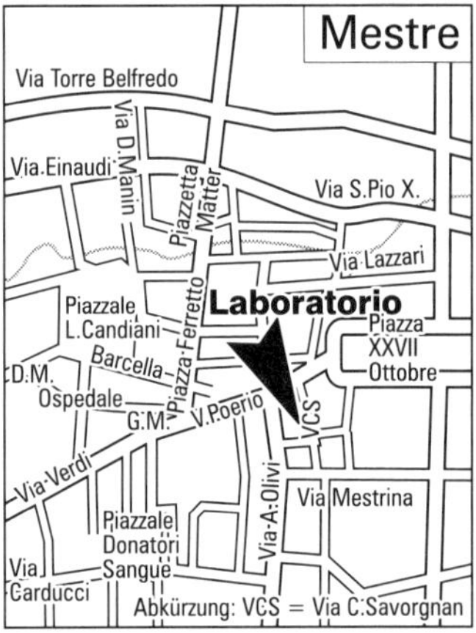

**ALBA & CO.**

# Mode für Beruf und Freizeit

*Flotte Mode für Damen und Herren, die auch am Abend noch so chic wie am Morgen sein soll. Die Marken Mariella Borsani, Liggi und Carolyn Tayler stehen für gute und pflegeleichte Qualität.*

**Warenangebot:** Jacken, Mäntel, Sakkos, Hemden, Krawatten, Kleider, Kostüme und Röcke.

**Ersparnis:** 40%. Preisbeispiele: Sakkos (no name) ab 100.000 Lit., Mäntel ab 119.000 Lit., Jacken ab 99.000 Lit., Hemden ab 19.000 Lit., Seidenkrawatte 9.000 Lit., Sommerkleid 60.000 Lit.

**Einkaufssituation:** der Verkaufsraum im Erdgeschoß bietet ausschließlich Mode für Herren. Über eine schmale Treppe gelangt man auf die Galerie, wo das freundliche Personal die Damen fachkundig berät.

**Firma:** Alba & Co., Viale Monte Nero, 71 - 20135 Milano (MI), Telefon: 02/55 19 12 72.

**Öffnungszeiten:** Montag 15.00 bis 19.30 Uhr, Dienstag bis Samstag 9.30 bis 19.30 Uhr.

**Streckenbeschreibung:** Autobahn um Mailand, Ausfahrt P.le Corvetto über Corso Lodi zum Corso Di Porta Romana. An der P.le Medaglie d'Oro rechts in die Viale Monte Nero, 71 (linke Straßenseite).

## ALFONSO GARLANDO

# Da läuft's

*Damen finden hier eine sehr reiche Auswahl an Schuhen in den tollsten Farben und Formen, Herren werden etwas stiefmütterlich behandelt.*

**Warenangebot:** Damenschuhe in allen Variationen von schlicht bis flippig. Wenig Auswahl an Herrenschuhen.

**Ersparnis:** 10% bei 1. Wahl, bis 40% bei 2. Wahl und Einzelpaaren. Preisbeispiele: Plateauschuhe – ganz Leder – ab 49.000 Lit., Herrenhalbschuhe ab 45.000 Lit.

**Einkaufssituation:** kleiner Laden mit wenig fachkundigem Personal. Platz zum Anprobieren ist genügend vorhanden.

**Besonderheiten:** im Gebäude gegenüber liegt der Verkaufsraum mit regulärer und erstklassiger Ware, fachkundiges Personal. Weiterer Verkauf in der Via P. della Francesca, 13 - Milano (MI), Telefon: 02/ 33 10 11 98.

**Firma:** Alfonso Garlando, Via Madonnina, 2 - 20121 Milano (MI), Telefon: 02/87 46 65.

**Öffnungszeiten:** Montag 12.30 bis 19.30 Uhr, Dienstag bis Samstag 10.00 bis 19.30 Uhr.

**Streckenbeschreibung:** am besten vom Dom aus mit der Straßenbahn zwei Haltestellen bis P. Vetero. Von dort aus zu Fuß ca. 100 m in Fahrtrichtung. Auf der Piazza D. Carmine geht rechts die kleine Seitenstraße Via Madonnina ab.

**BABY STOCK**

# Kuschelige Lieblingsmodelle

*Fetzige Baby- und Kindermode von der preiswerten bis zur hochwertigen Kategorie. Komplettes Bekleidungssortiment für die Kleinsten in sehr netter Gestaltung. Baby Stock kauft Ware von Firmen auf, die selbst keinen Fabrikverkauf haben und führt große Marken wie Armani, Versace, Moschino, Coveri, Oilily u. a.*

**Warenangebot:** Pullover, Westen, T-Shirts, Hemden, Kleider, Röcke, Beachwear und Jeanshosen.

**Ersparnis:** 25%. Preisbeispiele: Jeans ab 30.000 Lit., Hemden ab 25.000 Lit.

**Einkaufssituation:** der ca. 100 m² große Raum ist übersichtlich und gut sortiert. Die Ware ist in Regalen oder auf Ständern.

**Firma:** Baby Stock, Blocchista Abbigliamento, Via M. Campionesi, 17 - 20135 Milano (MI), Telefon: 02/55 19 04 99.

**Öffnungszeiten:** Montag 15.00 bis 19.30 Uhr, Dienstag bis Samstag 9.30 bis 12.30 und 15.00 bis 19.30 Uhr.

**Streckenbeschreibung:** Autobahn um Mailand, Ausfahrt P.le Corvetto über Corso Lodi, bei der P.le Lodi rechts in die Viale Umbria und links in die Via M. Campionesi. Baby Stock ist in einem Eckhaus an einer Kreuzung. Kaum Parkmöglichkeiten.

**CERRUTI** **ICEBERG** **VALENTINO**

**STONE ISLAND**

# Große Namen

*In einem unscheinbaren Laden im Osten Mailands werden die Reste verschiedener Boutiquen verkauft. Fast alles sind Einzelstücke, aber mit etwas Glück lassen sich hier tolle Schnäppchen schlagen. Durchgehend Mode für höchste Ansprüche.*

**Warenangebot:** Kostüme, Kleider, Blazer, Röcke, Anzüge, Hemden, Poloshirts, Krawatten, Sakkos, Jacken, Schuhe für Damen und Herren sowie Handtaschen. Das Angebot wechselt, aber es läßt sich nahezu alles finden.

**Ersparnis:** 30 bis 50%. Preisbeispiele: Cerruti-Wollpullover 145.000 Lit., Iceberg-Hemd 54.000 Lit., Kenzo-Jackett 300.000 Lit., Stone-Island-Sommerjacke 245.000 Lit., Herrenschuhe 145.000 Lit., Moschino-Damen-Rock 160.000 Lit., Moschino-Handtasche 150.000 Lit., Armani-Damenschuhe 160.000 Lit.

**Einkaufssituation:** ein Laden zum Stöbern, viele Einzelstücke, nicht immer alle Größen, viele Sonderangebote. Sehr freundliche Beratung.

**Firma:** Vestistock UNO, Viale Romagna, 19 - 20133 Mailand (MI), Telefon: 02/7 49 05 02.

**Öffnungszeiten:** Montag 15.30 bis 19.30 Uhr, Dienstag bis Freitag 10.00 bis 13.00 und 15.30 bis 19.30 Uhr, Samstag 10.00 bis 19.00 Uhr.

**Streckenbeschreibung:** Autobahn um Milano, Ausfahrt P.le Corvetto, dort rechts in die Viale Lucania und geradeaus bis daraus die Viale Romagna wird. Vestistock befindet sich links, sehr versteckt im Block Nr. 19.

**EMPORIO SOLDATI**

# Eine schrille Sache

*Fetzige Mode für Junge und Junggebliebene. Kräftige Farben, schrille Muster und orginelles Design zeichnen diesen „Stock" aus.*

**Warenangebot:** T-Shirts, Hemden, Jeans, Leggings, Korsagen, Sakkos und Krawatten.

**Ersparnis:** 20% bis 40%. Preisbeispiele: Armani-T-Shirt 30.000 Lit., Luciano-Soprani-Hemd 45.000 Lit., Corsagen ab 40.000 Lit., Hemden ab 50.000 Lit., Armani-Cordjeans ab 45.000 Lit.

**Einkaufssituation:** bis auf die Accessoires befinden sich alle Kleidungsstücke auf Ständern. Ware übersichtlich sortiert und gut ausgezeichnet. Das freundliche Personal berät gerne. Bei Großeinkäufen werden weitere Rabatte eingeräumt.

**Firma:** Emporio Soldati, Via Ausonio, 14 - 20123 Milano (MI), Telefon: 02/8 37 39 65.

**Öffnungszeiten:** Montag 15.00 bis 19.00 Uhr, Dienstag bis Freitag 9.30 bis 12.30 und 15.00 bis 19.000 Uhr, Samstag 9.30 bis 19.00 Uhr.

**Streckenbeschreibung:** Autobahn um Mailand, Ausfahrt P.le Corvetto über Corso Lodi bis Piazza San Nazaro. Dort links und an der Piazza Resistenza Partigiana wieder links in die Via S. Vicenzo, wieder rechts auf die Via Ariberto und rechts in die Via Ausonio. Es gibt kaum Parkmöglichkeiten. Der Laden befindet sich im Hinterhof, man muß klingeln.

**ETRO**

# Etro heißt Luxus auf italienisch

*Etro ist eine luxuriöse Marke, die nicht umsonst inmitten der Modestadt Mailand residiert. In einem Shop neben dem Firmensitz wird Ware der letztjährigen Kollektion oder Ware der letzten Saison verkauft. Deshalb kann es vorkommen, daß mitten im Sommer viel Winterware im Laden angeboten wird.*

**Warenangebot:** alles was Damen- und Herrenoberbekleidung ausmacht. Hosen, Hemden, Blusen, Westen, Jacken, Handtaschen, Stoffe zum Selbernähen, Anzüge, Röcke, Kleider.

**Ersparnis:** bis zu 50%, je nach Modell und Kollektion. Preisbeispiele: Hemden 80.000 Lit., Anzüge 500.000 Lit., Jacketts 250.000 Lit., Damenweste 160.000 Lit., Kleider 200.000 bis 400.000 Lit., Rock 80.000 Lit., Lederjacke 640.000 Lit., Winterjacke 380.000 Lit.

**Einkaufssituation:** äußerlich nicht von einem Einzelhandelsgeschäft zu unterscheiden.

**Firma:** Etro, Via Spartaco, 3 - 20135 Milano (MI), Telefon: 02/ 55 02 02 18.

**Öffnungszeiten:** Montag bis Samstag 9.00 bis 12.45 und 15.00 bis 19.00 Uhr.

**Streckenbeschreibung:** Autobahn um Mailand, Ausfahrt P.le Corvetto, Richtung Zentrum bis zur Piazzale Medaglie d'Oro. Dort rechts über die Viale Caldara/Reg. Margherita wieder rechts in die Via Spartaco. In der Via Spartaco ist der Shop auf der linken Straßenseite neben der Etrozentrale. Eine goldumrandete Tür, die mit einem Türöffner geöffnet werden muß.

**EVOLUZIONE**

# Kartons, eine ideale Alternative

*Diese Kartonagen sind wohl die cleverste Alternative. Vom Hocker bis zum Schrank ist alles aus stabiler und idealerweise leicht zusammenfaltbarer Pappe. – Für Umzugsfreudige zu empfehlen. –*

**Warenangebot:** Kartonagen in ausgefallener Art. Kästchen, Kartons, Flightcases, Bücherregale, Reisekleiderschränke und sogar Haushaltswaren, geeignet für viele Zwecke.

**Ersparnis:** 30%. Preisbeispiele: aufklappbares Bücherregal 200.000 Lit., Reisekleiderschränke ab 100.000 Lit, Geschenkboxen ab 10.000 Lit.

**Einkaufssituation:** großer, fabrikhallenähnlicher Raum mit Ramschatmosphäre.

**Firma:** Evoluzione S.R.L., Via Lacaita, 2 - 20139 Milano (MI), Telefon: 02/55 21 24 25.

**Öffnungszeiten:** Montag bis Samstag 9.30 bis 11.30 und 14.00 bis 18.00 Uhr.

**Streckenbeschreibung:** Autobahn um Mailand, Ausfahrt P.le Corvetto, rechts über die Via C. Marochetti zur Piazza Mistral und links in die Via Lacaita zum Verkauf.

FORTURA

# Alles was das Kinderherz begehrt

*Eine Plüschwelt zum Kuscheln, aber auch Brettspiele zum Puzzeln, Knobeln, Rätseln und Würfeln. Daneben die unverwüstlichen Playmobil-Männchen und Technikbaukästen, Modellautos und Kinderfahrräder.*

**Warenangebot:** Stofftiere, Playmobil, Fischertechnik, Barbie-Puppen, Brettspiele, Modellautos, Kinderfahrräder, Sandkästen u. a.

**Ersparnis:** 10 bis 30%. Preisbeispiele: Playmobil-Ritterburg 170.000 Lit., Playmobil-Piratenschiff 142.000 Lit., Barbie-Puppe ab 22.000 Lit., Trudi-Stofftiere ab 10.000 Lit.

**Einkaufssituation:** sehr großer, nach Marke und Ware sortierter Verkaufsraum im Kellergeschoß. Ware ist mit grünen und orangefarbenen Etiketten ausgezeichnet. Auf die grün etikettierten Produkte gibt es keinen Nachlaß, auf die orangefarbenen immer 30%.

**Firma:** Fortura Giocattoli, Via Olmetto, 10 - 20123 Milano (MI), Telefon: 02/86 16 70.

**Öffnungszeiten:** Montag 13.00 bis 19.00 Uhr; Dienstag bis Freitag 10.00 bis 19.00 Uhr, Samstag 9.00 bis 12.30 Uhr.

**Streckenbeschreibung:** Vom Dom aus mit der Metro Nr. 3 eine Station in Richtung San Ponata fahren. Aufgang zur Piazza C. Missori nehmen, rechts in die Via Zebedia, von dort auf die Piazza San Alessandro und dann links in die Via Amedei und wieder rechts in die Via Olmetto. Auf der rechten Seite sehen Sie ein großes Gewerbehaus, dort geht es durch das Tor in die Einfahrt hinab.

## L'ANCORA, STOCK HOUSE

# Mamma mia – sind die schick!

*Ausgesprochen flotte, schicke Mode für Damen und Herren. Das italienische Design kommt bei den Marken von Soprani, Coveri, Ferré und Valentino voll zum Tragen.*

**Warenangebot:** Kleider, Strickjacken, Röcke, Blusen, Oberteile, Pullis, Krawatten, Hosen und Hotpants sowie Accessoires.

**Ersparnis:** 30 bis 40%. Preisbeispiele: Kleider ab 49.000 Lit., flippige Hosen ab 39.000 Lit., Lederblousons ab 250.000 Lit.

**Einkaufssituation:** übersichtlich, sauber, ordentlich. Gut beratendes Personal, das viel Zeit zum Auswählen läßt.

**Besonderheiten:** weiterer Verkauf in Via Mose' Bianchi, 25 - Milano (MI), Telefon: 02/ 4 69 49 65.

**Firma:** L'Ancora, Stock House, Via G. Leopardi, 2 - Milano (MI), Telefon: 02/8 69 35 98.

**Öffnungszeiten:** Montag bis Freitag 10.00 bis 19.00 Uhr.

**Streckenbeschreibung:** A 4/ A 8, Ausfahrt Viale Certosa zum Corso Sempione, stadteinwärts in den Kreisverkehr, dann rechts zum Parco/Castello Sforcesco. An der großen Kreuzung Piazza Cadorna scharf rechts und in die nächste Straße wieder links abbiegen in die Via Leopardi. Achtung! Nur Einbahnstraßen und kaum Parkmöglichkeiten.

**Levis**

# Irregulär

*Hier handelt es sich um einen Verkauf eigener Art. Angeboten werden ausschließlich Levissachen, auf die der Markenname irregulär gestempelt ist oder das Logo fehlt. Es handelt sich aber trotzdem um original Levisjeans.*

**Warenangebot:** Jeans in verschiedenen Formen, Farben und Schnitten. Gebleicht oder stonewashed, alles was das Cowboyherz begehrt. Dazu Jeanshemden sowie Sweatshirts, Jeansjacken und T-Shirts.

**Ersparnis:** Ersparnis: 40%. Die Jeans kosten zwischen 40.000 und 70.000 Lit., Sweatshirts 40.000 Lit., T-Shirts 30.000 Lit., Hemden 50.000 Lit., Jacken 80.000 Lit.

**Einkaufssituation:** spartanisch eingerichteter Verkauf mit großer Auswahl in nahezu allen Größen. Der Verkauf hat manchmal etwas den Charme einer Fabrikhalle, was durch die freundliche Beratung erträglich gestaltet wird.

**Firma:** Jeans & Work, ARIA S.N.C., Piazzale Ferrara, 4 - 20139 Mailand (MI), Telefon: 02/57 40 36 67.

**Öffnungszeiten:** Dienstag bis Samstag 10.00 bis 13.00 und 15.00 bis 19.30 Uhr.

**Streckenbeschreibung:** Autobahn um Mailand herum, Ausfahrt P.le Corvetto und dann Richtung Zentrum. An der P. le Corvetto links in die Via Polesine einbiegen. Die Piazzale Ferrara ist nun die nächste Kreuzung. Der Verkauf befindet sich direkt an der Piazzale Ferrara ist deshalb schnell zu finden. Auch die Parkplatzsuche dürfte ohne größere Probleme verlaufen.

**OLMETTO**

# Golden Italy

*„Golden Italy“, so nennt sich sich Olmetti, und führt „Juwelen, die jede Frau zu einer Primadonna machen“. (Zitat aus dem Kollektionskatalog.)*

**Warenangebot:** Geschmeide jeder Art wie Ketten, Armreife, Uhren und Ringe, Silberschalen, -vasen und -geschirr. Ware überwiegend aus eigener Herstellung, vereinzelt auch andere Fabrikate.

**Ersparnis:** 20% bei eigenen Produkten, 10% bei Fremdfabrikaten. Preisbeispiele: Schmuck in jeder Preisklasse ab 10.000 Lit. bis 1.500.000 Lit., Brillantringe um 1.500.000 Lit.

**Einkaufssituation:** Man muß eine Doppeltüre passieren, danach erschließt sich ein kleiner Laden mit freundlicher Bedienung, die emsig die ganze Kollektion aus dem Tresor holt. Hinter dem Verkaufsraum liegt die Werkstatt. Kleine Extrawünsche werden sofort erledigt.

**Firma:** Olmetto Golden Italy, Via Olmetto, 8 - 20133 Milano (MI), Telefon: 02/86 45 21 71.

**Öffnungszeiten:** Montag bis Freitag 9.00 bis 19.00 Uhr; Samstag 9.00 bis 13.00 und 15.00 bis 19.00 Uhr.

**Streckenbeschreibung:** Da es keine Parkmöglichkeiten gibt, bietet es sich an, vom Dom aus mit der Metro Nr. 3 eine Station in Richtung San Ponata zu fahren. Aufgang zur Piazza C. Missori nehmen, rechts in die Via Zebedia, von dort auf die Piazza San Alessandro und dann links in die Via Amedei und wieder rechts in die Via Olmetto. Gehen Sie in den Hofeingang, vorbei am Portier, in die erste Türe rechts.

**PEDANO**

# Aufgemöbelt

*Pedano ist für seine Designermöbel bekannt. Beste Qualität und erstklassige Verarbeitung.*

**Warenangebot:** Tische und Stühle aller Art, Kindermöbel, Jugendmöbel, Betten, Kücheneinrichtungen und Regale.

**Ersparnis:** 10 bis 30%, Einzelstücke bis 50%. Preisbeispiele: Designerstuhl 230.000 Lit., Designersessel 870.000 Lit., Fußschemel 50.000 Lit., Wandregale ab 599.000 Lit, Stühle ab 70.000 Lit., Gartenstühle ab 30.000 Lit.

**Einkaufssituation:** zwei große Verkaufsräume im Hinterhof, hier wird die ganze Kollektion gezeigt. Zurückhaltendes Verkaufspersonal, Beratung auf Wunsch.

**Firma:** Pedano S.R.L., Viale Umbria, 120/126 (Ecke Corso XXII Marzo) - 20135 Milano (MI), Telefon: 02/7 38 37 35 und 02/7 38 17 16.

**Öffnungszeiten:** Dienstag bis Samstag 9.30 bis 13.00 und 14.00 bis 19.00 Uhr.

**Streckenbeschreibung:** Autobahn um Mailand, Ausfahrt P.le Corvetto über Corso Lodi rechts in die Viale Umbria. Auf dem Grünstreifen – Mitte der Straße – sind vereinzelt Parkmöglichkeiten. Zum Be- und Entladen kann in den Hof gefahren werden.

**PROCHOWNICK**

# Krawatten der Spitzenklasse

*Der Krawatten- und Tücherspezialist hat eine breitgefächerte Auswahl der unterschiedlichsten Stilrichtungen. Der Verkauf ist ausgefallen, extravagant, kunstvoll, edel. Krawatten zum Bestaunen, Schmunzeln, Bewundern und Kaufen.*

**Warenangebot:** hauptsächlich Krawatten und Tücher, vereinzelt Damenhosen, Handtaschen und Krawattenköfferchen.

**Ersparnis:** 25 bis 40%. Preisbeispiele: 100%-Seidenkrawatten ab 20.000 Lit., Seidentücher ab 15.000 Lit.

**Einkaufssituation:** kleiner, sehr gepflegter Laden im Durchgang zum Innenhof, links. Eine riesengroße Auswahl an Krawatten und Tüchern, alles in Schubladencontainern, geordnet nach Preis und Design. Wenn geschlossen sein sollte, wird auf Nachfrage geöffnet. Jeder Kunde wird einzeln beraten. Die Verkäuferin spricht deutsch.

**Firma:** Prochownick S.R.L., Via Matteo Bandello, 14, - 20123 Milano (MI), Telefon: 02/43 00 51.

**Öffnungszeiten:** Montag bis Freitag 9.00 bis 17.00 Uhr.

**Streckenbeschreibung:** Da es so gut wie keine Parkplätze gibt, fährt man am besten vom Dom aus mit der Metro Nr. 1 bis zur Haltestelle Conciliazone, Aufgang Via Enrico Toti, dann zu Fuß geradeaus auf die Piazza Baracca, links auf den Corso di Magenta, erste Querstraße rechts in die Via Matteo Bandello. Nach dem Tabakladen auf der rechten Seite, zweites Tor (Nr. 16), liegt der Verkauf.

**JAZZ**

# Designer-Corner

*Wenn Sie kaum mehr als Größe 40 tragen, liegen Sie bei diesem Stockisten richtig. Er führt anspruchsvolle Modelle von teresa ERRE, KRIZIA, Versace, Flora ROZZI u. a.*

**Warenangebot:** keine große Auswahl, aber durchweg edle Designermodelle. Sie finden für die Dame topmodische Jacken, Kostüme, Blazer, Röcke, Hosen und Pullis und für den Herrn Anzüge, Jackets, Hemden und Pullis.

**Ersparnis:** bis 40%, Preisbeispiele: modische Fischgrat-Damenjacke mit Pelzkragen 519.000 Lit., Kostüm „KRIZIA" 344.000 Lit., Herrenanzug mit Weste „Revolution" 632.000 Lit. Mit etwas Talent zum Handeln, können Sie hier einen Sondernachlaß gewinnen.

**Einkaufssituation:** geschmackvolle Boutique, aufgeteilt in Damen- und Herrenabteilung. Aufmerksame und verkaufstüchtige Bedienung. Eckhaus mit Schaufenstern. Kein hauseigener Parkplatz.

**Firma:** JAZZ Grandi Firme, MORGAN di Manfredini Giovanna & Boccedi Franca S.N.C., Via Contri, 5 - 41100 Modena (MO), Telefon: 0 59/ 22 50 20.

**Öffnungszeiten:** Montag 15.30 bis 20.00 Uhr und Dienstag bis Samstag 9.00 bis 11.45 und 15.30 bis 20.00 Uhr.

**Streckenbeschreibung:** A 1/A 22, Ausfahrt Modena-Süd, auf der Via Vignolese über S. Donnino und S. Domaso fahren Sie in die Viale Trento Trieste. Am besten in der Viale Trento Trieste parken und zu Fuß in die Einbahnstraße Via Contri gehen. Die Boutique finden Sie Ecke Via Contri/Via Prampolini.

MARPEL JOLLY

# Miss Marple

*Ein kleinerer, mittelständischer Lederhersteller, der in Molvena seine Kreationen näht.*

**Warenangebot:** alles, was es in Leder geben kann, für Damen und Herren, alle Farben, alle Macharten, alle Ledersorten.

**Ersparnis:** 30 bis 50%. Preisbeispiele: modische, kurze, schwarze Damenlederjacke mit Gürtel 420.000 Lit., Herrenhose 170.000 Lit., Weste 70.000 Lit.

**Einkaufssituation:** großer, langer, übersichtlicher Laden.

**Firma:** Marpel jolly S.R.L. Via Ponticello, 41 - 36060 Molvena (VI), Telefon: 04 24/70 82 19.

**Öffnungszeiten:** Dienstag bis Samstag 9.00 bis 12.00 und 14.30 bis 19.00 Uhr.

**Streckenbeschreibung:** auf der direkten Strecke zwischen Bassano del Grappa nach Thiene. Die Ortschaft Molvena ist bei der durchgängigen Bebauung an dieser Straße kaum zu bemerken. Der Laden liegt rechts, direkt an der Straße, kurz nach Marostica, wenn man von Bassano kommt.

**Guabello**

# Exquisite Cashmere-Mode

*Cashmere hat seine treuen Anhänger längst gefunden und deshalb lohnt sich's, in der weniger attraktiven Provinz das sehr attraktive Haus zu besuchen.*

**Warenangebot:** große Auswahl an Kostümen, Anzügen, Sakkos, Damen- und Herrenhosen und Stoffen in Cashmere und Wolle in klassischen, zeitlosen Farben und Formen für gehobene Ansprüche. – Eine Anschaffung fürs Leben. – Vereinzelt Strickwaren.

**Ersparnis:** bis 50%. Preisbeispiele: Sakko aus Cashmere ab 380.000 Lit., Herrenhose aus Wolle ab 120.000 Lit., Anzüge 100% Wolle der Marke Bemberg ab 690.000, Herren-Cashmere-Strickjacke 350.000 Lit.

**Einkaufssituation:** großer Verkaufsraum auf 2 Etagen, gepflegtes Ambiente. Stoffe in Regalen und Bekleidung in Reih und Glied auf Stangen aufgereiht.

**Firma:** Lanificio Guabello-Moda, Antonio e Fratello S.P.A., Via XXIV Maggio, 4 - 13053 Mongrando (BI), Telefon: 0 15/ 66 76 24.

**Öffnungszeiten:** Montag 15.00 bis 19.00 Uhr und Dienstag bis Samstag 9.00 bis 12.30 und 15.00 bis 19.00 Uhr.

**Streckenbeschreibung:** Mongrando liegt an der Strecke Biella–Ivrea. Von Biella kommend auf der Via Provinciale zur Ortsmitte. Direkt vor der Ampel (bei gelbem Haus dem Hinweis Farmacia folgen) rechts (Via Monticello), dann nach 100 m links. Dem Hinweis Lanificio Guabello-Moda folgen in die Strada Enrico Giovanni, nach der Kurve kommen Sie direkt auf die Verkaufsstätte zu.

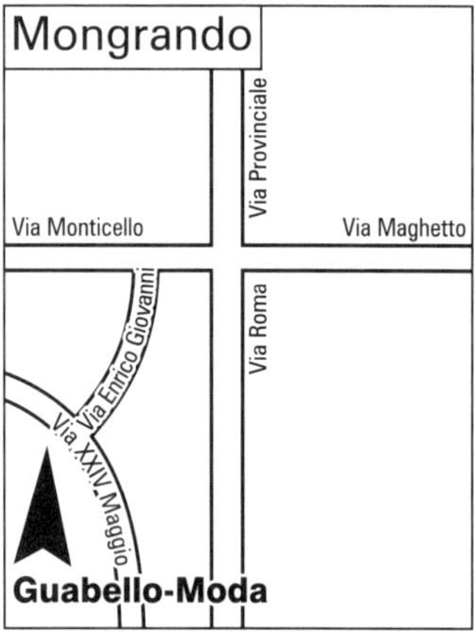

MINAZIO

# In keinem Haushalt geht es ohne

*Familienbetrieb fertigt seit mehreren Generationen Wäsche für Küche, Bett und Tisch, dezent romantisch bis schlicht in guter Qualität.*

**Warenangebot:** Bettwäsche uni und bunt mit Hohlsaum, Stickereien und Bordüren, Tischwäsche in Hand- und Maschinenarbeit und Geschirrtücher in allen Maßen. Vereinzelt doppelseitige Bademäntel, innen saugfähiges Frottee und außen glatte Baumwolle; alles aus eigener Produktion.

**Ersparnis:** 30 bis 50%, 2.-Wahl-Artikel mit kleinen Fehlern zusätzlich 20%. Preisbeispiele: Bettüberzug mit 2 Kopfkissen ab 95.000 Lit., Geschirrtücher ab 4.000 Lit., schöne Morgenmäntel um 168.000 Lit.

**Einkaufssituation:** vielfältiges, übersichtliches Angebot in kleinerem Verkaufsraum. Sehr hilfsbereite Bedienung. Verkaufsraum liegt an enger Straße.

**Firma:** Minazio Telerie, Via Maghetto, 14 - 13053 Mongrando (BI), Telefon: 0 15/66 61 86.

**Öffnungszeiten:** Montag bis Samstag 9.00 bis 12.00 und 15.00 bis 19.00 Uhr.

**Streckenbeschreibung:** Mongrando liegt an der Strecke Biella–Ivrea. Von Biella kommend auf der Via Provinciale zur Ortsmitte fahren, direkt vor der Ampel (an gelbem Haus) links in die Schotterstraße Via Maghetto einbiegen. Produktion und Verkaufsraum nach ca. 50 m rechts.

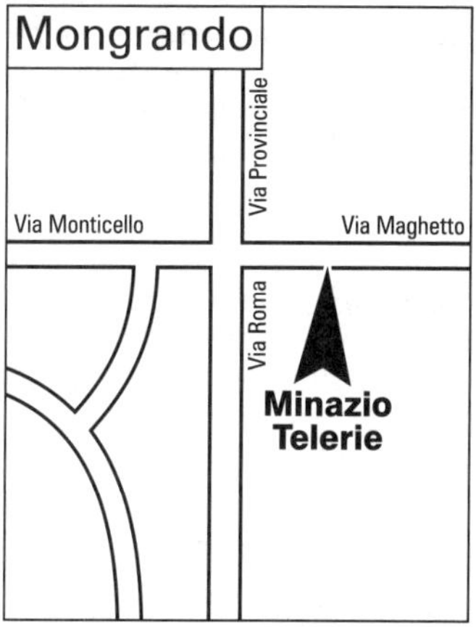

TELA DE MONGRANDE

# Rund ums Heim

*In diesem Familienbetrieb dreht sich alles um die Ausstattung von Küche, Bett und Tisch für etwas romantisch Veranlagte, die althergebrachte Tradition lieben.*

**Warenangebot:** kleine Auswahl an Uni- und Buntbettwäsche in Leinen- und Baumwollqualität mit Hohlsaum, Applikationen, Stickereien, und Bordüren, an bestickter Tischwäsche in Hand- und Maschinenarbeit, an Geschirrtüchern mit und ohne Hohlsaum. Vereinzelt auch Morgenmäntel in Piqué und Herrentaschentücher, Patchwork-Kissenhüllen und Steppdecken.

**Ersparnis:** 30 bis 50%, bei Teilen mit kleinen Fehlern weitere 20%. Preisbeispiele: Bettüberzug mit 2 Kopfkissen ab 98.000 Lit., Geschirrtücher mit Hohlsaum 11.000 Lit., ohne Stickerei 5.000 Lit., Taschentücher 1.000 Lit., Patchwork-Kissenhülle ab 15.000 Lit. Es lohnt sich zu wühlen.

**Einkaufssituation:** kleiner, überladener Verkaufsraum vor der Fertigung, Ware in Regalen bis unter die Decke gestapelt, sehr hilfsbereite Bedienung. Parkmöglichkeiten vorhanden. Öffnen erfolgt nach dem Klingeln.

**Firma:** Tessitura Sasso Mario & C. S.N.C., Via Maghetto, 48 - 13053 Mongrando (BI), Telefon: 0 15/66 64 95.

**Öffnungszeiten:** Montag bis Samstag 9.00 bis 12.00 und 15.00 bis 18.00 Uhr.

**Streckenbeschreibung:** An der Strecke Biella–Ivrea liegt Mongrando. Von Biella kommend, auf der Via Provinciale zur Ortsmitte fahren, direkt vor der Ampel (an gelbem Haus) links in die Schotterstraße Via Maghetto einbiegen.

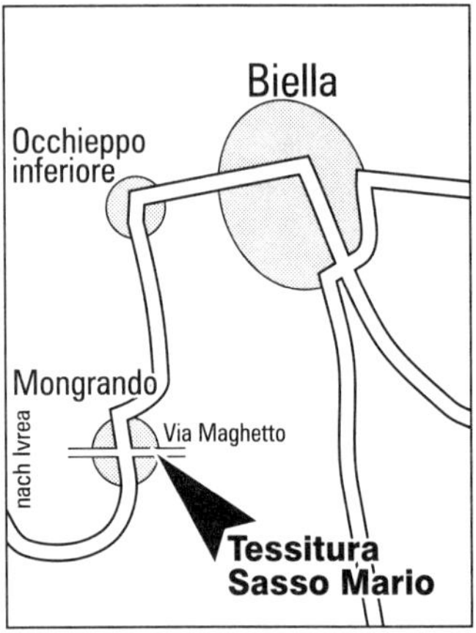

**BELLINI PIU**

# Der Hahn im Keramikteller, der Fuchs im Keramikgeschäft

*Bellini piu, bei uns bekannt als Fabrikant von Babybekleidung, brilliert auch als kunstsinniger Hersteller hochwertiger Keramiken. Bellini läßt die Motive von zahlreichen italienischen Künstlern an verschiedenen Orten entwerfen.*

**Warenangebot:** Kacheln, Vasen, Schalen, Teller, Tassen mit bunten, großflächigen Blumen-, Obst- und Tiermotiven. Bellini piu beliefert USA, Neuseeland und Europa, in Deutschland die Versandhäuser Heine und Wenz.

**Ersparnis:** 25%. Preisbeispiele: Teller (40 cm Durchmesser) 50.000 Lit. Henkeltasse 10.000 Lit.

**Einkaufssituation:** großer, trister Verkaufsraum im Kellergeschoß gleich neben der laufenden Produktion und heller Verkaufsraum im Eingangsbereich. Mit dem Chef des Hauses läßt sich über alles reden, auch in englisch, da er mit einer Engländerin verheiratet ist. Ausreichend Parkplätze vor der Fabrik.

**Firma:** Bellini piu, Via del Virginio, 344 - 50025 Montespertoli (FI), Telefon: 05 71/67 11 45.

**Öffnungszeiten:** Montag bis Freitag 8.00 bis 18.00 Uhr durchgehend.

**Streckenbeschreibung:** A 1 Bologna–Roma, Ausfahrt Firenze/Signa, weiter auf der vierspurigen S.S. Richtung Empoli/Livorno, Ausfahrt Ginestra/Fiorentino. Ausschilderung nach Montespertoli folgen, nach wenigen Kilometern liegt links die Keramikfabrik.

**L 5 Lampadari**

# Schöner Schein

*Ein Lampen- und Leuchtenhersteller aus bester italienischer Kunsthandwerks-Tradition. L 5 Lampadari hat eigene Designer-Stücke im Angebot, die den Vergleich mit großen Namen nicht zu scheuen brauchen.*

**Warenangebot:** moderne Steh-, Decken-, Wand- und Tischleuchten, Designer-Modelle, Glaskörper und Schirme, z. T. aus Muranoglas. Deckenleuchten und Kronleuchter im venezianischen Stil, Außenleuchten von schlicht bis kitschig.

**Ersparnis:** 50%. Preisbeispiele: Wandleuchten zu 99.000 bis 280.000 Lit., moderne Deckenleuchten 300.000 bis 400.000 Lit., pompöse, venezianische Kristall-Leuchter ca. 1.000.000 Lit. Übrigens: Die Chefin läßt mit sich handeln.

**Einkaufssituation:** übersichtlicher Verkaufsraum im 1. Stock der Firma.

**Firma:** L 5 Lampadari, Via della Gora - 50025 Montespertoli (FI), Telefon: 05 71/67 13 82.

**Öffnungszeiten:** Montag bis Freitag 8.00 bis 12.30 und 14.30 bis 19.00 Uhr. Samstag 9.00 bis 12.30 und 16.00 bis 19.00 Uhr. Man muß allerdings klingeln („suonare“).

**Streckenbeschreibung:** A 1 Bologna–Roma, Ausfahrt Firenze-Signa, weiter auf 4spuriger, S.S. Richtung Empoli/Livorno, Ausfahrt Ginestra Fiorentina, Ausschilderung nach Montespertoli folgen. L 5 Lampadari, liegt im neuerschlossenen Industriegebiet (Zona artigianale „Mulino del Ponte“) unterhalb von Montesportoli und hat nicht an Hinweisschildern gespart. Bevor die Straße nach Montespertoli ansteigt, geht's gegenüber vom Sportstadion rechts ab.

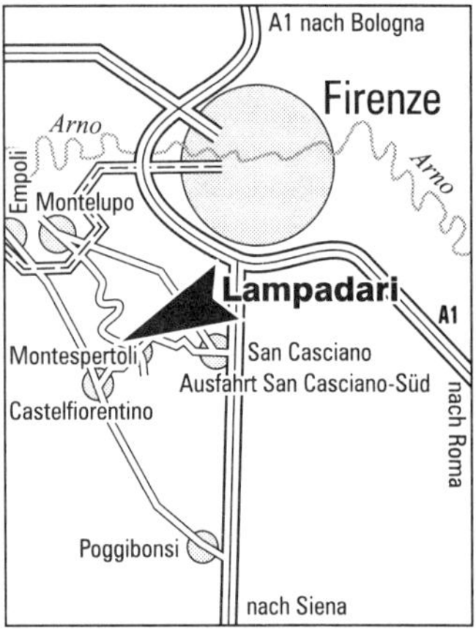

**ARGENTERIA ROSSI & ARCANDI**

# Kostbarkeiten aus dem Tresor

*Eigene Herstellung von Silberwaren von romantischem bis modernem Design.*

**Warenangebot:** eigentlich alles, was man sich in Silber vorstellen kann: Kulis, Füller, Tiere, Toilettenartikel, Feuerzeuge, Dosen, Bilderrahmen, Spiegel, Schüsseln mit Silberfuß- und Schale aus Muranoglas, das und viel mehr gibt es im Vorraum. Im Tresor gibt es dann die größeren Teile wie Karaffen, Bestecke, Kerzenleuchter, Jugendstilkaffeekännchen usw.

**Ersparnis:** 25%. Preisbeispiele: Feuerzeuge ab 53.000 Lit., große Pralinendose in modernem Design 378.000 Lit., Spiegel – oval ca. 50×30 cm – 1.150.000 Lit., Jugendstilkaffeekanne für 2–3 Tassen 1.250.000 Lit.

**Einkaufssituation:** gepflegter Verkauf im 1. Stock über der Werkstatt. Die Ware ist in Vitrinen ausgestellt.

**Firma:** Fabbrica Argenteria Rossi & Arcandi, Via Brenta, 4 - 36010 Monticello Conte Otto (VI), Telefon: 04 44/59 51 11.

**Öffnungszeiten:** Montag bis Freitag 8.00 bis 12.00 und 14.00 bis 18.00 Uhr.

**Streckenbeschreibung:** A 4 Milano–Venezia, Autobahnabfahrt Vicenza-Nord Richtung Monticello Conte Otto/Cavazzale. In Monticello Conte Otto von der Kirche zu einer Art Palazzo (Via Roma), dort links in die Via Nicolosi und die 3. Straße wieder links in die Via Brenta. Gleich vorne rechts liegt die Silberwarenfabrik.

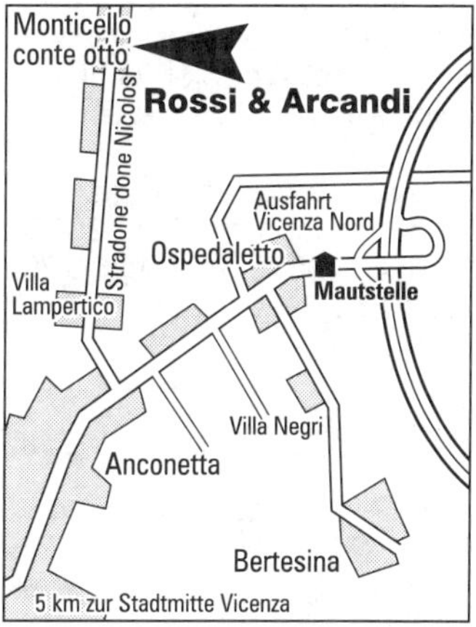

**COTTON BELT** **CHAMBERS** **REPLAY & SONS**

# Die großen Ansprüche der Kleinen

*Heutzutage wollen auch kleine Kinder in den neusten Kollektionen gekleidet sein. Diesen Ansprüchen wird der Verkauf in Monza gerecht, hier gibt es alles, was das kleine oder das Elternherz begehrt.*

**Warenangebot:** Hemden, Hosen, Pullis, T-Shirts, Kleider, Jacken, alles für Kinder zwischen 0 und 14 Jahren.

**Ersparnis:** 30%. Preisbeispiele: Replay-&-Sons-Hemden 45.000 Lit., Valtiboys-T-Shirt 26.000 Lit., Pulli 40.000 Lit., Kleider um 90.000 Lit., sehr schicke Jacke von Vans 130.000 Lit., Oilily-Hose 69.000 Lit.

**Einkaufssituation:** kleiner, mit Minimode zugepflasterter „Stockist". Sehr freundliche Bedienung. Wer hier nichts für seine Kleinen findet, ist blind.

**Firma:** Baby Stockeria, Via Monti e Tognetti, 7 - 20052 Monza (MI), Telefon: 039/ 389535.

**Öffnungszeiten:** Dienstag bis Samstag 9.00 bis 12.30 und 15.00 bis 19.00 Uhr.

**Streckenbeschreibung:** die A 4 Milano–Venezia an der Ausfahrt V.le Zara verlassen, dann auf der S.S. 36 Richtung Lecco bis Monza Parco. Auf der Viale Cesare Battisti an der Kreuzung, an der großen Kirche, rechts ab. Die Stockeria ist nach einigen hundert Metern auf der rechten Seite.

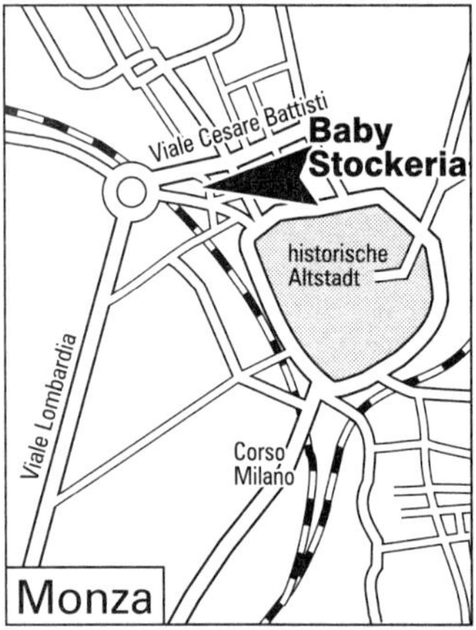

**ELKAY FASHIONS**

# Und Sie fühlen, was Sie tragen

*Viele träumen davon, wenige leisten sich es dann auch: reines, wertvolles Cashmere. Vielleicht kann hier der eine oder andere Traum wahr werden.*

**Warenangebot:** Pullover, Polos mit Rundkragen, Knopfkragen oder V-Ausschnitt für Männer und Frauen in allen Farben und Größen. Für Männer zusätzlich noch Sakkos, Mäntel und Krawatten (die sind allerdings aus Seide). Für Frauen auch Kostüme und verschiedene andere Oberteile, die nicht durchgängig aus Cashmere sind.

**Ersparnis:** 25% und darüber. Preisbeispiele: Pullis mit V-Ausschnitt 200.000 Lit., dicker Pulli mit Rundkragen 470.000 Lit., Rock 140.000 Lit., Kostüm 400.000 Lit., Herrenmantel 800.000 Lit., Sakko 500.000 Lit., Krawatten (Seide) 10.000 Lit.

**Einkaufssituation:** großzügiger Verkauf mit Riesenauswahl. Freundliche Beratung (die junge Dame spricht aber natürlich nur italienisch).

**Firma:** Elkay Fashions, Via Sgambati, 26 - 20052 Monza (MI), Telefon: 0 39/32 46 95.

**Öffnungszeiten:** Montag bis Samstag 9.00 bis 12.30 und 14.00 bis 19.00 Uhr.

**Streckenbeschreibung:** die A 4 Milano–Venezia an der Ausfahrt V.le Zara verlassen und auf der S.S. 36 Richtung Lecco bis Monza Parco. Auf der Viale C. Battisti bis zu der großen Kirche, an dieser Kreuzung links. Jetzt an der sechsten Straße – Via Clementi – rechts und dann gleich wieder rechts in die Via Sgambati. Die Nr. 26 ist jetzt gleich links. Der Fabrikverkauf befindet sich auf dem Firmengelände.

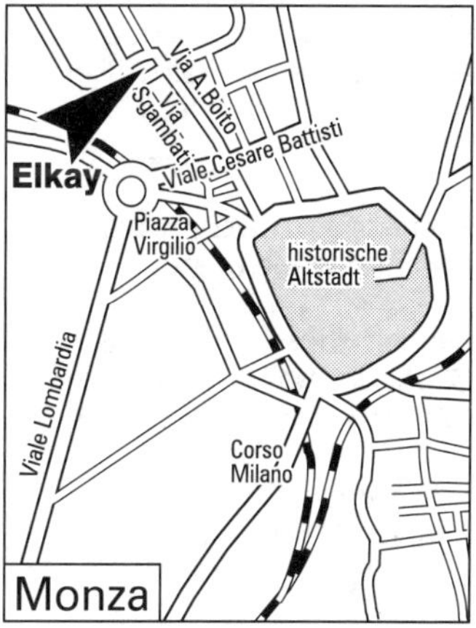

**JOHN COLEMAN** **GALDINI** **CONTE**

# Die Gelegenheit für jeden Anlaß

*Qualitativ hochwertige, eher klassische Modelle, die man sehr gut zum Anzug tragen kann, aber auch einige Freizeithemden. Allerdings keine gewagte junge Mode.*

**Warenangebot:** Speziell bei Anzughemden bleibt kein Wunsch offen. Aber auch italienisch stilvolle Freizeithemden sind in großer Auswahl vorhanden, Blusen ebenfalls. Das Angebot wird durch Röcke, Kleider, einige Pyjamas und Krawatten abgerundet.

**Ersparnis:** bis 50%. Preisbeispiele: Alle Herrenhemden kosten zwischen 50.000 Lit. und 80.000 Lit. Bei unserem Testbesuch im Juli gab es wegen des Sommerschlußverkaufs zusätzlich noch 30% Rabatt auf die meisten Modelle. Blusen kosten ebenfalls um 60.000 Lit., Kleider um 100.000 Lit.

**Einkaufssituation:** typischer Hemdenfabrikverkauf.

**Firma:** Lineadue S.A.S., Via Cimabue, 10/12 - 20052 Monza (MI), Telefon: 0 39/83 56 53.

**Öffnungszeiten:** Montag bis Freitag 16. 00 bis 19.00 Uhr und Samstag 9.00 bis 12.00 Uhr.

**Streckenbeschreibung:** von Milano auf der Straße nach Sesto S. Giovanni Richtung Monza. In Monza heißt diese Straße Corso Milano und endet auf der Piazza Mazzini. Hier nun ganz rechts in die Via Turati, die nach der Brücke in die Via Mentana übergeht. Jetzt die sechste Straße rechts in die Via M. Buonarotti, die Via Cimabue ist nun die sechste Straße auf der linken Seite. Auf dem Fabrikgelände den Schildern folgen.

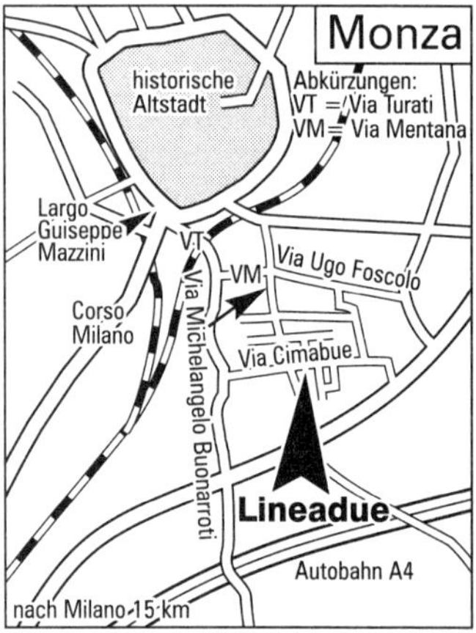

## CALZATURIFICIO STEPHY

# Besser als der Schein

*Der Stephy-Verkauf in Mori ist zur Straße hin ein unscheinbarer Laden, der eher einen negativen Eindruck erweckt. Innen aber gibt es durchaus moderne und bequeme Schuhe in guter Qualität und Sportkleidung bekannter Marken – wie Fila, Wilson, Champion u.v.a.*

**Warenangebot:** Damen-, Herren- und Kinderschuhe von elegant bis sportlich, Sportschuhe für alle erdenklichen Sportarten von Basketball bis Tennis sowie Sport- und Freizeitkleidung.

**Ersparnis:** 25 bis 50%. Preisbeispiele: modische Damenschuhe mit Blockabsatz oder Slingpumps kosten 59.000 Lit. bis 99.000 Lit., klassische Herrenschuhe in guter Qualität um 90.000 Lit., Champion Trikot-Sporthose (lang) 53.000 Lit.

**Einkaufssituation:** Der Laden ist nicht unbedingt einladend, aber er bietet eine ganze Menge.

**Firma:** Calzaturificio Stephy, Via del Garda, 91 - 38065 Mori (TN) Telefon: 04 64/91 92 12.

**Öffnungszeiten:** täglich (auch an Sonn- und Feiertagen) von 9.00 bis 12.00 und 14.30 bis 19.30 Uhr.

**Streckenbeschreibung:** Von Riva zur Autobahnauffahrt Rovereto-Süd – rechts am Ortsanfang Mori.

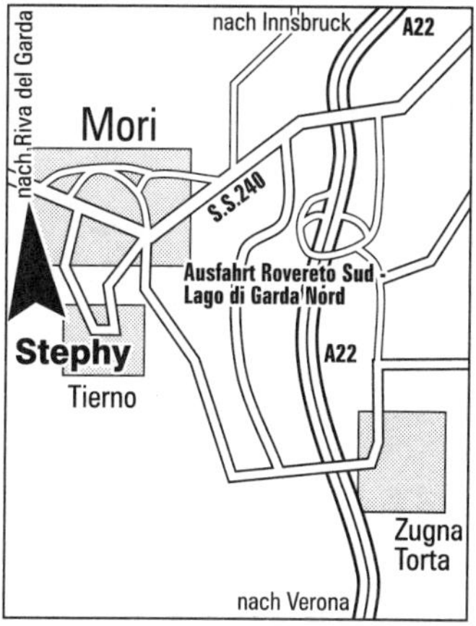

## ORIGINAL SHOES WILSON

# Schuhe machen Mode

*Wilson ist eine kleine Schuhfabrik, die Ihnen auf Wunsch auch Schuhe nach Maß fertigt. Qualität und Design sind hochwertig, die Auswahl ist jedoch gering. Als wir dort waren, gab es stapelweise elegante Herrenslipper aus Samt mit glänzender Metallschnalle, die für DKNY hergestellt wurden. Auch Ralph Lauren und Valentino lassen hier arbeiten.*

**Warenangebot:** eine kleine Auswahl an Damen- und Herrenschuhen von elegant bis sportlich.

**Ersparnis:** mindestens 50%. Die Schuhe kosten alle um 80.000 bis 100.000 Lit.

**Einkaufssituation:** Der Verkauf ist in einem kleinen Vorraum vor der Fabrikation. Die Bedienung kommt aus dem Büro. Die Preise sind nicht ausgezeichnet.

**Firma:** Calzaturificio Wilsonsport, Viale 1° Maggio, 15 - 20014 Nerviano (MI), Telefon: 03 31/58 57 35.

**Öffnungszeiten:** Montag bis Samstag 9.30 bis 12.00 und 15.00 bis 19.00 Uhr.

**Streckenbeschreibung:** S.S. 33 Legnano–Rho, am Città Mercato rechts, über den Fluß Olona, am Sportplatz vorbei und rechts in die Viale 1° Maggio.

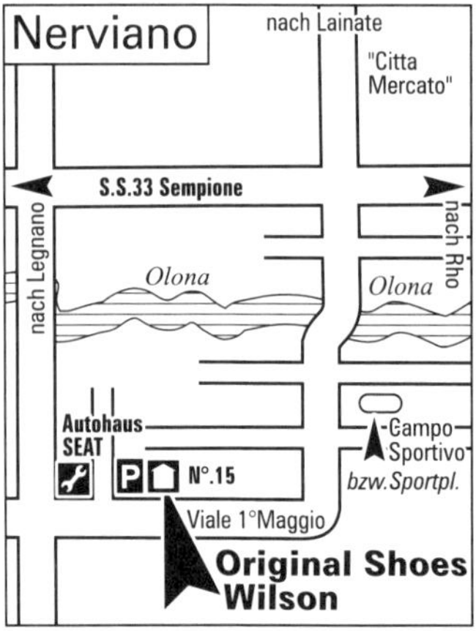

**INFIL**

# Lassen Sie sich von den Preisen anziehen

*Hier gibt es das ganze Wäschesortiment. In dieser Hinsicht bleiben keine Wünsche offen, wer mehr will, sollte allerdings nicht hinfahren. Für alle anderen: Hingehen und Geld sparen.*

**Warenangebot:** Damen- und Herrenunterwäsche, Jogginganzüge, einige Herrenhemden, Boxershorts, Socken.

**Ersparnis:** 30%. Preisbeispiele: Herrenslips ab 3.000 Lit., Jogginganzüge um 40.000 Lit., Herrenhemden 40.000 Lit., Socken um 7.000 Lit., Boxershorts 6.500 Lit., Damenslips 6.000 Lit.

**Einkaufssituation:** gut eingerichteter, großer Fabrikverkauf.

**Firma:** Infil maglieria, Via Santa Caterina, 5 - 28100 Novara (NO), Telefon 03 21/67 33 11.

**Öffnungszeiten:** Montag 15.00 bis 19.00 Uhr, Dienstag bis Freitag 9.00 bis 12.00 und 15.00 bis 19.00 Uhr, Samstag 9.00 bis 12.00 Uhr.

**Streckenbeschreibung:** A 4 Torino–Milano, Ausfahrt Novara, S.S. 32 Richtung Oleggio–Arona, dann gleich links dem Wegweiser zur Infil maglieria folgen. Der Verkauf liegt an der Stirnseite der Firma und ist angeschrieben.

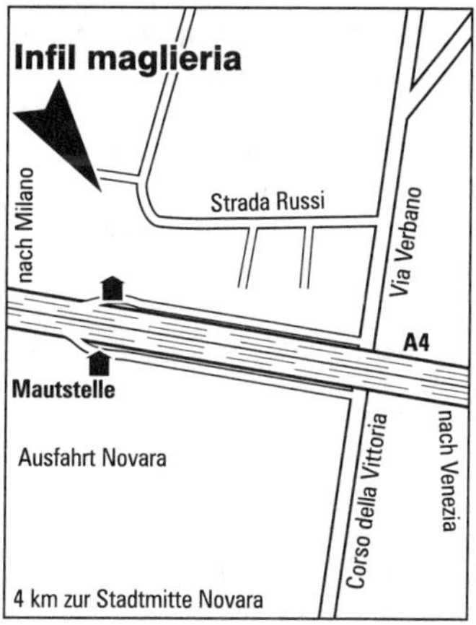

**SIPARIO**

# Modisch auf dem richtigen Weg

*Qualitativ gute, jugendliche Mode mit italienischem Chic, fröhlich und beschwingt. Sipario ist ein kleiner Verkauf, mit einer kleinen aber geschmackvollen Auswahl an Modellen, die gut zu kombinieren und für schlanke Frauen gemacht sind.*

**Warenangebot:** Stricksachen, Kostüme, Röcke, Blusen, Hosen, Lederkleidung, Sommermäntel, Taschen, ausgefallene Hüte, eine kleine Auswahl an Abendmode und Herrenhemden, eine schöne Auswahl an Handtaschen und Accessoires.

**Ersparnis:** 50%. Preisbeispiele: Kurzstrickjacke (30% Acryl, 70% Wolle) 72.000 Lit. Lederkurzjacke 132.000 Lit., Rock 56.000 Lit., Hose 56.000 Lit., Weste 65.000 Lit., Jacke 148.000 Lit., Handtaschen von 48.000 Lit. bis 200.000 Lit.

**Einkaufssituation:** über eine Treppe gelangen Sie in den gepflegten Laden mit freundlicher Bedienung.

**Firma:** SIPARIO MANIFATTURE, Via M. Curie, 6 - 28100 Novara (NO), Telefon: 03 21/ 39 99 79.

**Öffnungszeiten:** Dienstag bis Samstag 10.00 bis 12.30 und 14.00 bis 19.00 Uhr.

**Streckenbeschreibung:** A 4 Torino–Milano Abfahrt Agognate – Richtung Novara, kommen Sie in die Via Valsesia, biegen nach rechts in die Via Mte. Rosa und wieder rechts in die Strada Provinciale per Biandrate, nach dem Lancia-Gebäude links in die Via M. Curie, dort sehen Sie nach wenigen Metern ein dreistöckiges Backsteingebäude und klingeln bei Sipario.

**MAGLIFICIO MAGGIA**

# Mit etwas Glück kann man in einem Heuhaufen eine Stecknadel finden

*Damen-, Herren- und Kinder-Unter- und Oberbekleidung unterschiedlichster Fabrikate und Qualitäten.*

**Warenangebot:** Herrenhemden, Socken, Blusen und Pullis, T-Shirts, Röcke und Kleider, Sweatwear, Strickkombinationen für junge Mädchen und Pullis des Fabrikates: Just for fun.

**Ersparnis:** bis 30% und mehr. Preisbeispiele: T-Shirts, Blusen und Leggings in Wühlkisten ab 10.000 Lit., Socken ab 5.000 Lit. Modische Strickkombination für junge Mädchen 105.000 Lit. (Jäckchen 66.000 Lit. und Rock 39.000 Lit.), Sweatanzug für Herren 35.000 Lit., für Damen 25.000 Lit., für Kinder 15.000 Lit.

**Einkaufssituation:** im Fabrikgelände großer Verkaufsraum mit Waren in Regalen, auf Kleiderständern und in Wühlboxen. Gut besuchte Verkaufsstätte. Wer sich Zeit nimmt zum Wühlen, kann „Witziges“ finden. Parkplätze vorhanden.

**Firma:** Maglificio Maggia S.R.L., Via Graglia, 89 - 13056 Occhieppo Superiore (BI), Telefon: 015/ 590202.

**Öffnungszeiten:** Donnerstag und Freitag 15.00 bis 18.30 Uhr und Samstag 9.00 bis 12.00 und 15.00 bis 18.00 Uhr.

**Streckenbeschreibung:** von Biella zunächst in Richtung Ivrea, dann rechts nach Occhieppo Superiore–Graglia–Sordevolo abbiegen. Auf der Via Provinciale Richtung Ortsmitte immer dem Wegweiser Graglia folgen, nach Ortsende links.

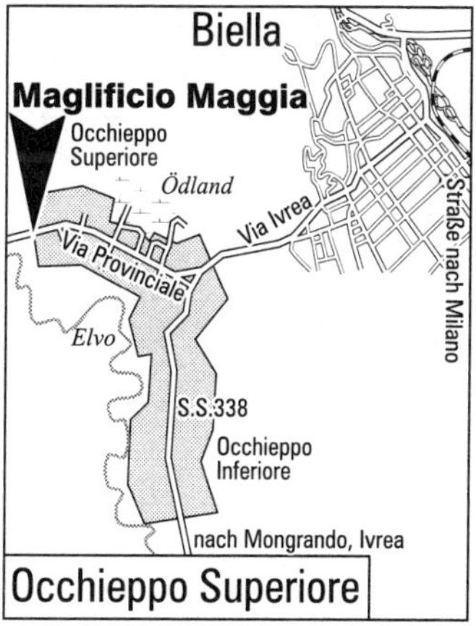

SIMONDEN

# Wollig, wohlig, wärmend

*Strick in Cashmere, Wolle, Baumwolle und Seide. Klassische Basisstücke, aber auch modisch knackige Teile.*

**Warenangebot:** große Auswahl an klassischen Rollkragenpullovern, Polos, Strickjacken und Westen für Damen und Herren, bunten Jungmädchen-Pullovern und -Jacken und modischen Twinsets in Cashmere, Wolle, Baumwolle und Seide, vereinzelt auch Jungmädchen-Kombinationen.

**Ersparnis:** bis 50%, auf Auslaufmodelle weitere ca. 50%. Preisbeispiele: Polos aus Wolle-, Seide- und Baumwollgemisch 65.000 Lit., Cashmere-Cardigan-Jacke 260.000 Lit., passender Rolli mit Kurzarm um 148.000 Lit., modisches Twinset in Wolle 125.000 Lit.

**Einkaufssituation:** schöne Verkaufsstätte mit freundlicher Bedienung.

**Firma:** SIMONDEN, Via Solata, 16 - 13056.Occhieppo Superiore (BI), Telefon: 015/590567.

**Öffnungszeiten:** Montag 15.00 bis 19.00 Uhr, Dienstag bis Samstag 8.00 bis 12.00 und 15.00 bis 19.00 Uhr.

**Streckenbeschreibung:** Occhieppo Superiore liegt westlich von Biella in Richtung Ivrea. In Occhieppo Superiore auf der Via Provinciale in Richtung Ortsmitte fahren, dem Hinweisschild Simonden folgend rechts in die Via Solata einbiegen. Nach ca. 100 m wieder Hinweisschild nach rechts und dann geradeaus weiter, obwohl man glaubt, hier könne kein Verkauf mehr kommen.

**BOLGHERI**

# Was will „MANN“ mehr?

*Bolgheri zieht die modebewußten Herren der Schöpfung, die besonderen Wert auf anspruchsvolle Kleidung legen, perfekt an, ob im Busineß, in der City oder in der Freizeit.*

**Warenangebot:** Sakkos, Hosen, Anzüge, Krawatten, Hemden, Sportswear, Blousons und schicke Accessoires. Bolgheri führt auch die Marken wie Yachting, Ermenegildo Zegna und andere.

**Ersparnis:** 15 bis 30%, auf Zegna-Modelle 25%, auf Yachting-Modelle 10%. Preisbeispiele: Sakko ab 140.000 Lit., Hemden ab 40.000 Lit., Seidenkrawatten ab 20.000 Lit.

**Einkaufssituation:** sehr großer, ansprechender, Verkaufsraum, Ware übersichtlich und gut sortiert. Für Hemden und Krawatten gibt es eine spezielle Abteilung.

**Firma:** BOLGHERI, Via Novara, 71 - 28047 Oleggio (NO), Telefon: 03 21/92 24 50.

**Öffnungszeiten:** Montag und Mittwoch bis Samstag 9.30 bis 13.30 und 14.30 bis 19.00 Uhr.

**Streckenbeschreibung:** an der S.S. 32, von Novara kommend, liegen die Fabrik und der Verkauf gleich nach dem Ortsanfang Oleggio auf der rechten Seite. Parkmöglichkeiten nach dem Fabriktor, links vor dem Fabrikverkauf oder auf den Parkplätzen unterhalb der Fabrik.

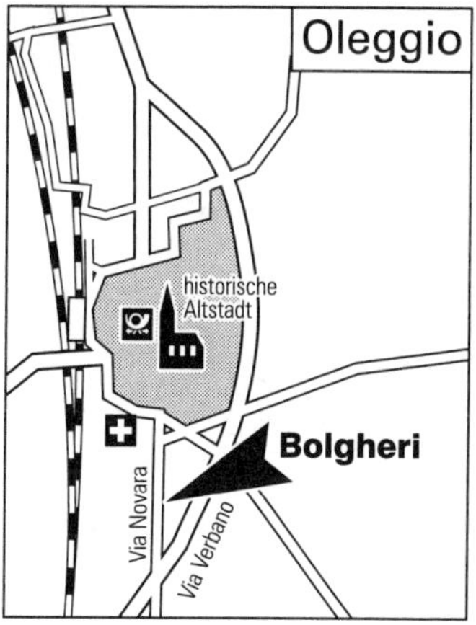

TICINO CONFEZIONI

# Modisch und gepflegt

*Schlichte und modische Modelle in hochwertiger Qualität für die reifere Frau, was weder heißen soll, die Kleidung sei altbacken noch die Trägerin. Mode für die persönlichkeitsgeprägte und selbstbewußte Dame. Vorteilhafte Schnitte kaschieren gewisse Problemzonen.*

**Warenangebot:** gute Auswahl an klassisch-modischen Hosen, Blazern, Röcken, Kleidern, Kostümen, Blusen, Westen und Beachwear.

**Ersparnis:** 30 bis 40%. Preisbeispiele: Sommerkleid 40.000 Lit., Weste 20.000 Lit., Kostüme ab 80.000 Lit.

**Einkaufssituation:** einfache Präsentation im klimatisierten Obergeschoß, gute Preisauszeichnung, übersichtlich nach Größen sortiert.

**Firma:** Ticino Confezioni S.P.A., Via Dei Negri, 6 - 28047 Oleggio (NO), Telefon: 03 21/9 25 53 und 03 21/9 13 42.

**Öffnungszeiten:** Montag bis Freitag 16.30 bis 19.00 Uhr, Samstag 9.00 bis 12.00 Uhr.

**Streckenbeschreibung:** S.S. 32, von Novara kommend, in Oleggio Richtung Stazione FFS (Bahnhof) und von dort in die Via Dei Negri zum Verkauf. Parkmöglichkeiten vorhanden.

**TOP-CALZATURE**

# Wer hier nicht die richtigen Schuhe findet, muß die Füße wechseln

*Es gibt keine Schuhe, die es hier nicht gibt. Die Marke Timberland ist stark vertreten, auch mit Herren-Freizeitkleidung und Taschen, außerdem Marcopizzi und Ralph Lauren. Abgesehen von diesen Marken, reicht die Qualität der Schuhe nicht in den oberen Bereich, sondern eher bis zur guten Mitte.*

**Warenangebot:** unvorstellbar viele Schuhe, z. B. die Kultschuhe der Jugend: Doc Martens, Nike, Cowboystiefel, Sandy-Shoes mit Holzplateau, Leder-Plateau-Schuhe und ganz normale Schuhe für Damen, Herren und Kinder.

**Ersparnis:** 25%. Bei unserem Besuch war es Ende Juni und nahezu alles war nochmals um 50% reduziert. Timberland-Halbschuhe kosteten 78.000 Lit., Converse 59.000 Lit., weiße Summer-Loafer für Damen in verschiedenen Ausführungen 50.000 Lit., für Herren 99.000 Lit., K-Shoes of England um 140.000 Lit., Kinderschuhe 29.000 Lit., Timberland-Jacken 169.000 Lit.

**Einkaufssituation:** riesige Verkaufshalle mit Selbstbedienung, es gibt aber auch Verkaufspersonal, das Ihnen weiterhilft.

**Firma:** Magazzini TOP S.R.L. S.S. Vigevanese 20 - 20080 Ozzero (MI), Telefon: 02/9407254.

**Öffnungszeiten:** Montag bis Samstag 9.00 bis 12.30 und 15.00 bis 19.30 Uhr.

**Streckenbeschreibung:** An der S.S. 494 Milano–Vigevano, kurz vor Ozzero.

## POGLIANI FRATELLI

# Da geht jedem ein Licht auf

*Lampen und Leuchten für Haus und Garten in mittlerer bis gehobener Preislage, vom modernsten Design bis zu klassischen Modellen in den unterschiedlichsten Verarbeitungsmaterialien wie Kunststoff, Glas und Metall.*

**Warenangebot:** große Auswahl an Beleuchtungen aller Art. Kronleuchter (mit integriertem Ventilator), Hängelampen, Schreibtischlampen, Wandleuchten, Gartenleuchten, Halogen-Lampen, Deckenfluter und Nachttischlampen.

**Ersparnis:** 30 bis 40%. Preisbeispiel: moderner Deckenfluter (Halogen) ab 80.000 Lit.

**Einkaufssituation:** wenn die Pforte geschlossen ist, klingeln. Zu dem Verkaufsraum geht es am Pförtner vorbei in das erste Stockwerk hinauf. Dort finden Sie einen sehr großen, sauberen, gut geordneten Verkaufsraum mit einer sehr netten Bedienung.

**Firma:** Pogliani Fratelli, Fabbrica Lampadari, Via Pietro Nenni, 5/7 - 20037 Paderno Dugnano (MI), Telefon: 02/ 9 18 10 25.

**Öffnungszeiten:** Montag bis Samstag 8.00 bis 12.00 und 14.00 bis 19.00 Uhr.

**Streckenbeschreibung:** auf der S.S. 35 Como–Lentate sul Seveso – Cesano – Maderno nach Paderno Dugnano. Auf der linken Seite taucht dann ein Turm auf, der schon zur Fabrik gehört, dort links in die Via Pietro Nenni. Blau-gelbe Schilder weisen auf den Verkauf hin.

ROSSETTI

# Schuh-Couture – made in Italy

*Eine gute Verbindung von Form und Funktion. Sie können mit Schuhen aus der Schuhfabrik Rossetti dem Tag in der City oder im Büro gelassen entgegensehen, denn sie haben den bekannt guten italienischen Tragekomfort, sind modisch und von hoher Qualität.*

**Warenangebot:** mittlere Auswahl an Damen- und Herrenschuhen in modisch aktueller und klassischer Ausführung. Es gibt sogar – was in Italien selten ist – für Damen in Größe 41 eine relativ gute und in Größe 42 immerhin noch eine eingeschränkte Auswahl. Außerdem gibt es vereinzelt auch Lederkleidung und Accessoires.

**Ersparnis:** 50%. Preisbeispiele: Damen- und Herrenmokassins ab 69.000 Lit., Slipper um 85.000 Lit., Stiefeletten ab 99.000 Lit., klassische Herrenschuhe um 129.000 Lit., Lederjacke statt 860.000 Lit. 390.000 Lit.

**Einkaufssituation:** fast einzelhandelsmäßiger Verkauf direkt bei der Fabrik.

**Firma:** Calzaturificio Fratelli Rossetti, Via Cantù, 24 - 20015 Parabiago (MI), Telefon: 03 31/ 55 22 26.

**Öffnungszeiten:** Montag 14.00 bis 18.30 Uhr, Dienstag bis Freitag 9.00 bis 12.30 und 14.00 bis 18.30 Uhr, Samstag 9.00 bis 18.30 Uhr.

**Streckenbeschreibung:** Von der S.S. 33 Legnano–Rho nach Parabiago abzweigen und über die Via de Gasperi/Via Marconi links in die Via Maria und dann rechts in die Via Cantù abbiegen. Am Ende der Via Cantù ist die Schuhfabrik Fratelli Rossetti.

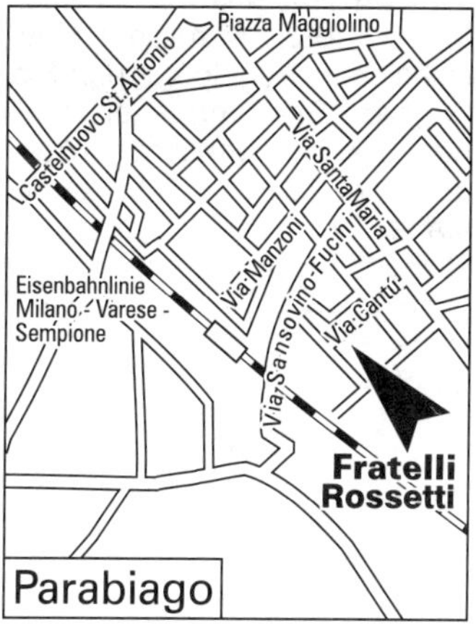

RENÈ

# Immer auf dem „Laufenden“

*Hochwertige Schuhe von RENÈ öffnen den Weg zum perfekten Outfit.*

**Warenangebot:** begrenztes, aber anspruchsvolles und edles Sortiment an sportlichen, klassischen und modischen Damen- und Herrenschuhen – zum Teil designed by Fratelli Rossi – überwiegend aus der aktuellen Kollektion. Vereinzelt finden Sie noch Vorsaison-Modelle, z. B. Superga-Turnschuhe.

**Ersparnis:** 30%, bei Auslaufmodellen mehr. Preisbeispiele: hochmodische Pumps ab 135.000 Lit., klassische Herrenschuhe um 215.000 Lit., Superga-Sportschuhe ab 45.000 Lit.

**Einkaufssituation:** kleiner, feiner Laden, Ware sehr übersichtlich in Regalen. Wenn Sie Wert auf Beratung legen, können Sie hier gepflegt einkaufen. Parkplatz vor der Verkaufsstätte.

**Firma:** RENÈ S.R.L., Via Venezia, 88 - 35010 Perarolo di Vigonza (PD), Telefon: 049/9801430.

**Öffnungszeiten:** Montag 15.00 bis 19.00 Uhr, Dienstag bis Samstag 9.00 bis 12.00 und 15.00 bis 19.00 Uhr.

**Streckenbeschreibung:** A 4 Verona–Venedig, Ausfahrt Padova Est (Ost). An der S.S. 11 in Richtung Venedig finden Sie rechter Hand, nicht zu übersehen, RENÈ, ca. 1 km nach dem Schuhzentrum ROSSI.

**LACHESI**

# Ganz verliebt in edlen Strick

*Kleine Strickerei, die qualitativ hochwertige und modische Strickwaren herstellt und auch für bekannte italienische Designer wie Moschino arbeitet. Keine Adresse, an der Sie billig einkaufen können. Aber in Relation zu Qualtiät und Design gesehen, sind die Angebote günstig.*

**Warenangebot:** Pullis, Jacken, Strickpolos, Strickwesten für Damen und Herren. Das Angebot ist nicht groß, aber edel. 2. Wahl gibt es kaum, jedoch verschiedene Sonderangebote. Vereinzelt gibt es auch Blusen und Herrenhemden.

**Ersparnis:** 25 bis 50%. Preisbeispiele: Herren-Strickpolo, der, mit anderem Emblem versehen, für Moschino hergestellt wird, 130.000 Lit., mit etwas Verhandlungsgeschick 100.000 Lit., Damenpulli – lange Form in Viskose 200.000 Lit.

**Einkaufssituation:** Sie klingeln an der Strickerei, und es geht jemand mit Ihnen zum Verkaufsraum. Dieser ist klein, aber übersichtlich. Stöbern ist nicht möglich, Sie werden bedient.

**Firma:** Maglificio Lachesi, Piazza Marconi, 15 - 36026 Poianella (VI), Telefon: 04 44/ 66 05 46.

**Öffnungszeiten:** Montag bis Samstag 9.00 bis 12.00 und 15.00 bis 18.30 Uhr.

**Streckenbeschreibung:** Straße von Bolzano nach Sandrigo/Marostica, im Ortszentrum Poianella, 50 m vor der Kirche, dem Wegweiser Lachesi nach links folgen.

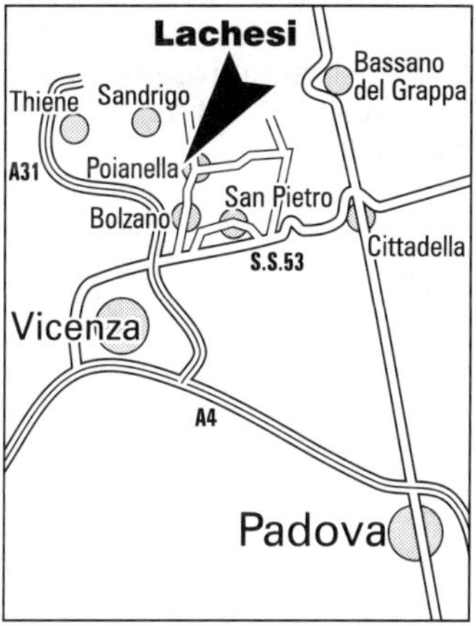

**CONFEZIONI STEFY**

# Die tapferen Schneiderlein

*Das Entwerfen, Zuschneiden und Nähen von gediegenen und hochwertigen – aber auch pfiffigen – Modellen, überwiegend im Damenbereich, beherrschen 11 Mitarbeiter meisterhaft.*

**Warenangebot:** Blazer, Röcke, Kleider, Hosen, Hosenanzüge und Blusen in allen Größen und Formen, meist für Damen mittleren Alters, vereinzelt auch Sakkos, Anzüge und Hosen für Herren.

**Ersparnis:** 30 bis 40%. Preisbeispiele: Sommerkleider ab 40.000 Lit., ausgeflipptes Leoparden-Webpelz-Kleid 50.000 Lit.

**Einkaufssituation:** kleiner Lagerraum im Obergeschoß. Die Ware befindet sich auf Ständern. Es ist alles übersichtlich geordnet. Die Verkäuferinnen beraten gerne. Falls geschlossen, wird auf Klingeln geöffnet.

**Firma:** Confezioni Stefy, Via Don Minzoni, 3 - 28050 Pombia (NO), Telefon: 03 21/95 61 53.

**Öffnungszeiten:** Montag bis Freitag 9.30 bis 19.00 Uhr, Samstag 15.00 bis 19.00 Uhr.

**Streckenbeschreibung:** S.S. 32 Arona Richtung Novara. Ausfahrt Oleggio, dort links zurück über Marano Ticino Richtung Arona. Nach ca. 5 km abbiegen nach Pombia. Die üblichen braun-gelben Schilder weisen auf den Fabrikverkauf hin. Gleich nach dem Ortsschild rechts ab und ca. 1 km der feldwegartigen Straße folgen. Auf der rechten Seite liegt dann der Fabrikverkauf.

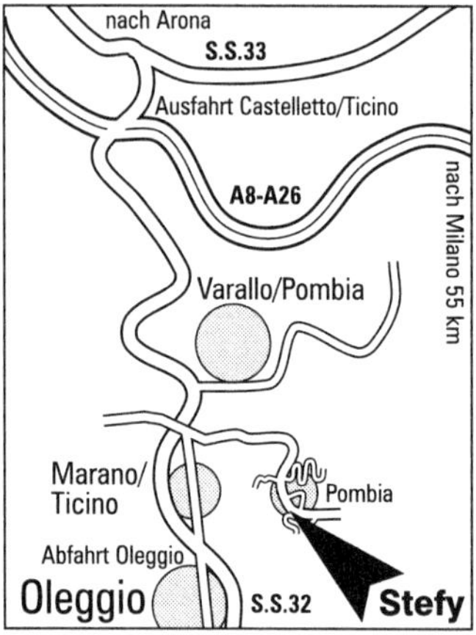

CB

# Eine ganz alltägliche Tasche

*Eigene Herstellung und Verkauf von Handtaschen und Aktentaschen im mittleren bis unteren Bereich, aber modisch und im Alltag gut zu gebrauchen.*

**Warenangebot:** kleine Auswahl an Handtaschen, Geldbeuteln und kleinen Taschen, Akten- und Schultaschen.

**Ersparnis:** 30%. Preisbeispiel: große, modische Lederhandtasche in Rucksackform 79.000 Lit.

**Einkaufssituation:** Fahren Sie in den Fabrikhof, oder klingeln Sie, wenn das Tor zu ist. Der Verkauf ist neben dem Empfang in einem Ausstellungsraum. Sie können dort auswählen und am Empfang bezahlen.

**Firma:** CB Pelletterie S.P.A., Via Divisione Julia, 5 - 36030 Povolaro (VI), Telefon: 04 44/ 36 03 93.

**Öffnungszeiten:** Montag bis Freitag 8.30 bis 12.00 und 13.30 bis 18.30 Uhr, Samstag 8.30 bis 11.30 Uhr.

**Streckenbeschreibung:** S.P. 248 Bassano–Vicenza. In Povolaro an der Ampel dem Hinweisschild links folgen.

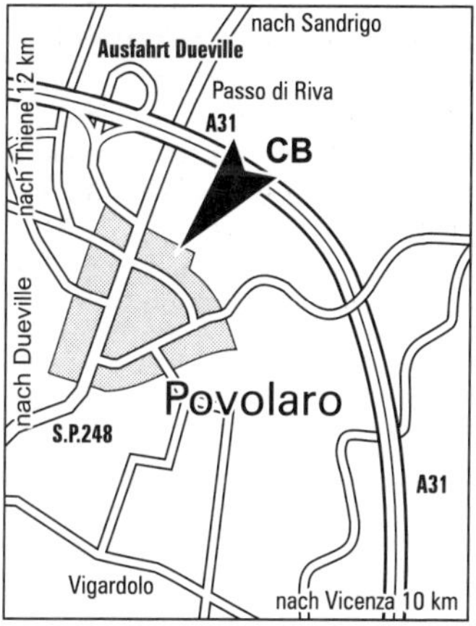

**SALOTTI TOBALDI**

# Komfort mit Stil

*Eigene Herstellung von Sesseln und Sofas in modisch ansprechendem Design. Was im Ausstellungsraum gefällt, kann sofort mitgenommen werden, wenn ein Modell angefertigt werden muß, beträgt die Lieferzeit 20 Tage.*

**Warenangebot:** Sessel und Sofas in verschiedenen Ausführungen, mit und ohne Relaxvorrichtung. Es gibt nur wenige Ausstellungsstücke, die Modelle werden anhand von Katalogen und Stoffproben ausgesucht.

**Ersparnis:** kann nicht in Prozenten benannt werden. Preisbeispiele: ein Sofa für Ihren Salon oder – falls vorhanden – für Ihr Schloß, in edlem gestreiftem Baumwoll-Chintz als Dreisitzer 2.440.000 Lit. und als Zweisitzer 2.120.000 Lit., ein Relax-Sessel – ebenfalls in Baumwoll-Chintz – 1.660.000 Lit.

**Einkaufssituation:** Ausstellungsraum eines Handwerksbetriebs.

**Firma:** Tobaldi Raffaele & C. S.N.C., Via S. Nazzaro, 37 - 38066 Riva del Garda (TN), Telefon: 04 64/52 11 60.

**Öffnungszeiten:** Montag bis Samstag 8.30 bis 12.00 und 15.00 bis 19.00 Uhr.

**Streckenbeschreibung:** von Trento–Arco auf der S.S. 45 bis – liegt kurz vor dem 2 Centro commerciale rechts gegenüber die Firma Tobaldi.

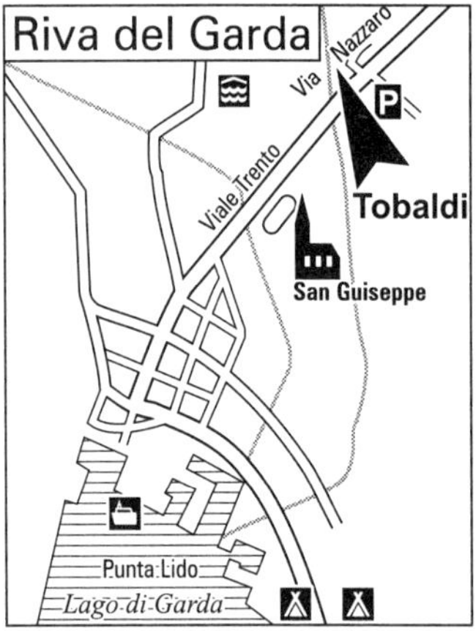

**COLOMBO BORGOSESIA**

# Keine „Eintagsfliegen"

*Stilvolle, bequeme, federleichte Klassiker, bestechend in Design, Farbe und Material für jede Jahreszeit und jedes Alter.*

**Warenangebot:** überwältigende Auswahl an Cashmere-, Woll- und zum Teil auch Leinen-Damen- und Herrenbekleidung. Von Mänteln, Anzügen, Sakkos, Hosen und Strickwesten bis zu Kostümen, Hosenanzügen, Blazern, Röcken, Ponchos, Schals, Westen, auch Stoffe.

**Ersparnis:** 30%, vereinzelt auch 50%. Preisbeispiele: Damenpulli (2. Wahl), 100% Cashmere, 116.000 Lit., Herrenpulli (2. Wahl), 100% Cashmere, 148.000 Lit., Blazer (Sonderangebot), 100% Cashmere, 480.000 Lit., klassischer Herrenmantel, 100% Cashmere, ab 780.000 Lit.

**Einkaufssituation:** großer, heller Verkaufsraum, sehr gepflegtes Ambiente wie in noblen Geschäften. Mehrere Verkäuferinnen und Verkäufer. Man spricht englisch.

**Firma:** Lanificio Luigi COLOMBO S.P.A., „il Cashmere", Punto Vendita, Via Novara, 263 - 28078 Romagnano Sesia (NO), Telefon: 01 63/83 23 73.

**Öffnungszeiten:** Montag 14.30 bis 19.00 Uhr, Dienstag bis Samstag 9.00 bis 19.00 Uhr, im November und Dezember auch sonntags 10.00 bis 19.00 Uhr.

**Streckenbeschreibung:** auf der S.S. 299 von Varallo–Borgosesia Richtung Novara liegt Romagnano Sesia. Linker Hand am Ortsende finden Sie, gut ausgeschildert, das nicht zu übersehende Verkaufshaus mit großem Parkplatz.

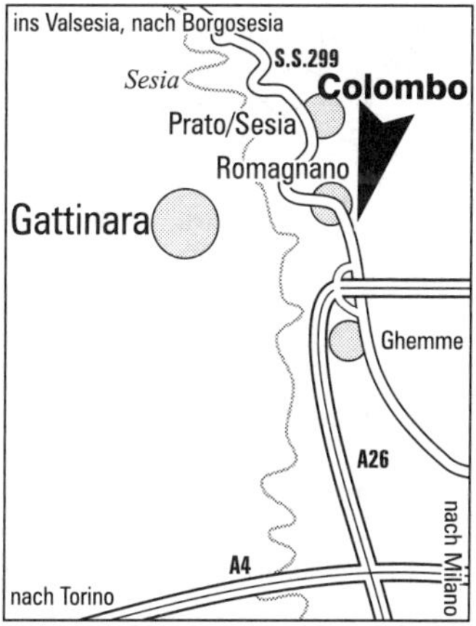

## CARRERA KARAKORA

# Jeans on !!!

*Jeans in allen Variationen und dazu die typische Mode: jung, flippig, bunt und für Mädchen oft bauchfrei. Dies ist ein Shop für junge Leute oder für solche, die jung geblieben sind. Es gibt alles, was zu einem gut angezogenen Teenager gehört: nicht nur Jeansmode, sondern auch die nötigen Accessoires.*

**Warenangebot:** Jeanshosen, Jeansjacken, sonstige Jacken, Pullis, T-Shirts, Hemden, Poloshirts, Damenoberteile (oft bauchfrei).

**Ersparnis:** 30%. Preisbeispiele: Jeans 30.000 Lit. bis 60.000 Lit. je nach Schnitt und Farbe. Sommerjacken um 100.000 Lit., Polos und T-Shirts (sehr modisch) um 25.000 Lit., Hemden um 30.000 Lit., Damenoberteile um 30.000 Lit.

**Einkaufssituation:** kleinerer Laden in Boutiquegröße mit sehr freundlicher Beratung. Hier läßt sich das eine oder andere Schnäppchen schlagen. Anprobemöglichkeiten sind ausreichend vorhanden. Relativ große Auswahl.

**Firma:** Carrera Karakora, Via Maggio, 65 - 25038 Rovato (BS), Telefon: 0 30/7 70 34 20.

**Öffnungszeiten:** Montag 9.00 bis 12.00 Uhr, Dienstag bis Samstag 9.00 bis 12.00 und 15.00 bis 19.00 Uhr.

**Streckenbeschreibung:** A 4 Milano–Venezia Ausfahrt Rovato. Vor Rovato, im Kreisverkehr am Schwimmbad, links Richtung Brescia. Im nun folgenden Industriegebiet ist die Firma eines der ersten Gebäude auf der rechten Seite. Ins Fabrikgelände einfahren und um das Gebäude herumlaufen, hier ist der Verkauf angeschrieben.

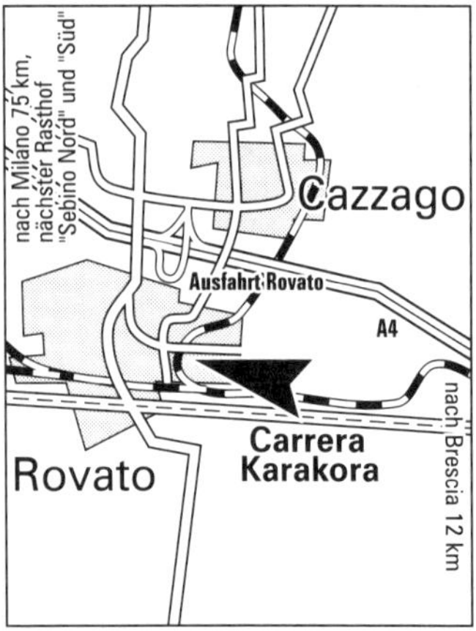

PAULA CREATIONS

# Sicher verstaut und verpackt

*Gute Lederwaren und moderne, pfiffige Leder- und Nylonkoffer vermutet man hier in diesem häßlichen Fabrikgebiet ganz sicher nicht.*

**Warenangebot:** begrenzte, schöne Auswahl an topmodischen Lederhandtaschen, Koffersets, Reisetaschen, Kosmetikkoffern, Börsen, Gürteln und Mappen. Vereinzelt auch Regenschirme und Tücher.

**Ersparnis:** 30%. Preisbeispiele: topmodische Lack-Handtasche 95.000 Lit., Herrengürtel 25.000 Lit., rote Leder-Kelly-Bag 125.000 Lit., Leder-Rucksack-Handtasche 99.000 Lit., 5teiliges Futura-Nylon-Reise-Set 235.000 Lit.

**Einkaufssituation:** kleiner Verkaufsraum, an den Wänden Regale, Ware dekorativ und übersichtlich angeboten, z. T. auch in Vitrinen. Öffnen nach dem Klingeln. Sehr freundliche Bedienung. Parkplätze vor dem Verkaufsraum.

**Firma:** PAULA CREATIONS, Via Rosalba Carriera, 31 - 41010 San Domaso (MO), Telefon: 0 59/46 80 14.

**Öffnungszeiten:** Montag bis Samstag 9.00 bis 12.00 und 15.00 bis 19.00 Uhr. Die Zeiten werden nicht so genau genommen.

**Streckenbeschreibung:** A 1 Milano—Bologna, Ausfahrt Modena-Süd, rechts in Richtung Modena durch San Donnino nach San Domaso. Gleich am Ortsanfang sind rechts verschiedene häßliche Geschäfte. Dazwischen beginnt die Via Rosalba Carriera, die in einer starken Linkskurve verläuft. Danach biegen Sie vor einer Autowerkstatt nach rechts ab, hinten links liegt der Verkauf.

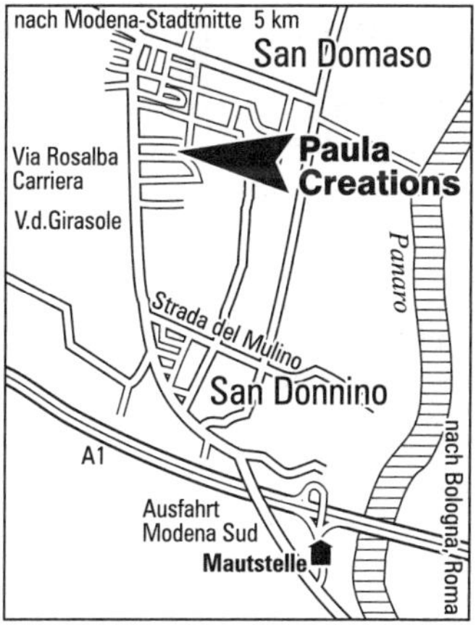

FREEPORT

# Very British

*Eine breite Modepalette an trendstarken Fabrikaten wie Timberland, überwiegend Ralph Lauren, Husky, Trussardi, Superga u. a.*

**Warenangebot:** gute Auswahl an Blazern, Röcken, Damenpullis und Hosen, Herrenblazern, Anzügen, Hemden, Herrenpullis und Strickjacken, Kindersteppjacken und an Damen- und Herrenschuhen. Vereinzelt auch Hand- und Reisetaschen, Gürtel und Mäntel.

**Ersparnis:** 25 bis 50%. Viele Sonderangebote. Preisbeispiele: Damenmantel im Blazerstil in Wolle 490.000 Lit., in Cashmere 590.000 Lit., Husky-Kindersteppjacke 89.000 Lit., Ralph-Lauren-Herren-Blazer in Wolle ab 189.000 Lit., Kostüm 378.000 Lit., Damenpullis ab 49.000 Lit.

**Einkaufssituation:** großes, boutiqueähnliches Verkaufshaus auf 2 Etagen, unten überwiegend Schuhe und Lederartikel, oben Bekleidung. Mehrere Bedienungen, obere Etage zeitweise wegen großen Kundenandrangs abgesperrt. Parkplatz vor dem Verkauf und in der Seitenstraße, jedoch stark überfüllt.

**Firma:** FREEPORT DUE S.R.L., Via Albani, 2 - 40017 S. Giovanni in Persiceto (BO), Telefon: 0 51/82 41 56.

**Öffnungszeiten:** Dienstag bis Donnerstag 10.00 bis 13.00 und 16.00 bis 20.00 Uhr, Freitag und Samstag 10.00 bis 13.00 und 15.30 bis 20.00 Uhr.

**Streckenbeschreibung:** an der S.S. 568 von Bologna Richtung Crevalcore – Verona, praktisch die Umgehungsstraße, Centro S. Giovanni in Persiceto vor starker Linkskurve, rechter Hand, nicht zu übersehen.

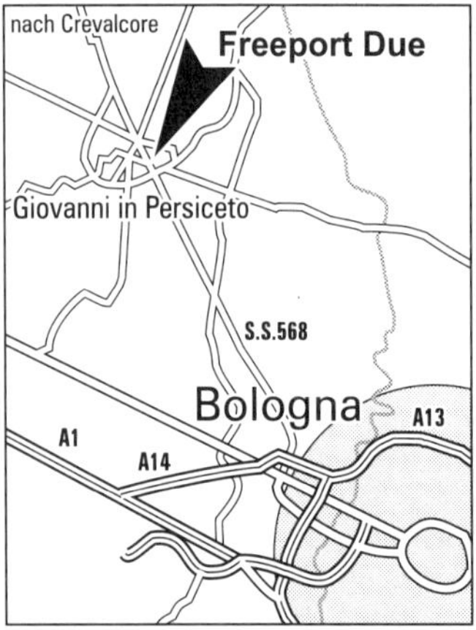

**CENTO X CENTO** **GENNY WAY** **ICEBERG**

**UNGARO** **MISSONI** **STUDIO 0001**

# Eleganz mit italienischem Flair

*Nobeladresse mit ausschließlich exklusiver Designermode. Die Marken können nicht vollständig aufgezählt werden und wechseln auch von Zeit zu Zeit.*

**Warenangebot:** gute Auswahl an Damenkleidern, Kostümen, Jacken, Röcken, Hosenanzügen, Jeans, Herrenanzügen, Sakkos, vereinzelt auch Strickwaren, Taschen und Schuhe. Wie üblich ist die gute Auswahl auf die „kleinen italienischen" Größen beschränkt, es gibt aber auch einige große und sogar Zwischengrößen.

**Ersparnis:** bei der laufenden Kollektion 25%, bei der Vorjahreskollektion 50% und bei 2. Wahl 40%. Preisbeispiele: Missoni-Uomo-Anzug 926.250 Lit., Iceberg-Jeans 114.000 Lit., Studio-0001-Rock mit Blazer 698.250 Lit., Genny-way-Pepita-Hosenanzug 780.750 Lit.

**Einkaufssituation:** großer, gepflegter Lagerverkauf.

**Firma:** VITTORIA EXECUTIVE S.R.L., STOCK's, Via Monte Altissimo, 4 - 37057 San Giovanni Lupatoto (VR) Telefon: 0 45/54 69 62.

**Öffnungszeiten:** Montag 15.30 bis 19.30 Uhr, Dienstag bis Samstag 9.30 bis 12.30 und 15.30 bis 19.30 Uhr.

**Streckenbeschreibung:** A 4, Ausfahrt Verona-Süd, Richtung Palazzina – Zevio, immer auf der Durchfahrtsstraße bleiben. In San Giovanni Lupatoto sehen Sie nach ca. 1 km rechts den Supermarkt Euro-Spin. Sie fahren dort auf den Parkplatz und sehen den Eingang zu Stock's.

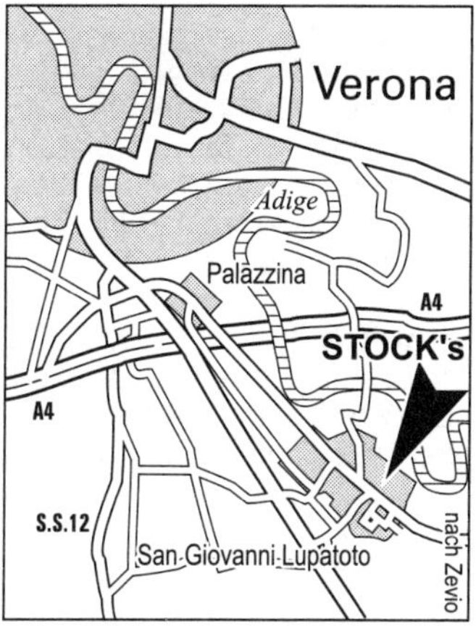

**CHICCO** **VESTIMI TU** **MAMA NOEL**

# Für Papas Liebling

*International bekannte Kinderkleidung, pfiffig und von hoher Qualität.*

**Warenangebot:** große Auswahl an allem, was Kinder von der Geburt bis zum 14. Lebensjahr tragen, außer Schuhen. Aber wie in Fabrikverkäufen üblich, ist das Angebot nicht immer in jeder Größe komplett.

**Ersparnis:** 30 bis 50%. Preisbeispiele: Es gibt sehr viel 2. Wahl und Sonderangebote. In Wühlkörben finden Sie Teile für 5.000 Lit (z.B. Sonnenhut) oder T-Shirts für 10.000 Lit., Sweat-Kapuzen-Jacke im Jeansstil für Babys (3 Monate) 27.900 Lit., Sommeranorak für Babys (6 Monate) 29.900 Lit., Latzhose (6 Jahre) 44.000 Lit.

**Einkaufssituation:** großer, typischer Fabrikverkauf. Die Ware ist zum Teil in riesigen Wühlkörben, zum Teil an Ständern und in Regalen. Parkplätze sind vorhanden.

**Firma:** C.A.M. Creazioni Alta Moda, Via Cà Nova Zampieri, 12 - 37057 San Giovanni Lupatoto (VR), Telefon: 045/549700.

**Öffnungszeiten:** Montag 14.30 bis 18.30 Uhr, Dienstag bis Samstag 9.00 bis 12.00 und 14.30 bis 18.30 Uhr.

**Streckenbeschreibung:** A 4, Autobahnausfahrt Verona-Süd, Richtung Palazzina – Zevio. Sie kommen nach Pallazina über die Autobahnbrücke und biegen dann rechts in die Via Cà Nova Zampieri (Industriezone) ein. Dort liegt nach ca. 200 m der Verkauf.

**BALDININI**

# Hier geht was

*Eine Edelmarke für höchste Ansprüche. Dabei geraten Sie ganz schön ins Schwitzen, wenn Sie „direkt unterm Dach" zwischen den vielen Kartons die richtige Größe suchen, anprobieren und die Auswahl treffen.*

**Warenangebot:** gute Auswahl an Damen- und Herrenschuhen. Sie finden Modelle aus der laufenden Kollektion und reduzierte Schuhe aus der vorangegangenen Saison.

**Ersparnis:** 30 bis 40%. Preisbeispiele: Lackstiefeletten aus der neuen Kollektion 200 US-$, Sommersandaletten 120 DM, viele Vorjahresmodelle für 65 US-$, Herren-Mokassins 120 DM, Lederjacke 1.130.000 Lit., Handtaschen um 200.000 Lit.

**Einkaufssituation:** durch das Fabriktor und links am Gebäude vorbei gelangen Sie durch ein Rolltor in einen Raum mit großen Kartons, Sie gehen nach rechts die Treppe hoch und kommen auf den Dachboden. Hier ist der Verkauf. Bezahlen können Sie in Dollars, DM oder Lit. Schecks und Kreditkarten werden nicht akzeptiert.

**Firma:** Baldinini S.R.L., Via Rio Salto, 1° - 47030 San Mauro Pascoli (FO), Telefon: 05 41/ 93 28 98.

**Öffnungszeiten:** Montag bis Freitag 8.00 bis 12.00 und 14.00 bis 18.30 Uhr.

**Streckenbeschreibung:** A 14 Bologna–Rimini, Abfahrt Rimini-Nord. Auf der S.S. 9 Richtung Cesena und dann dem Wegweiser S. Mauro P. nach rechts folgen. Sie kommen vor dem Ortsanfang zu einer Kreuzung mit einer Heiligensäule, da liegt linker Hand der Fabrikkomplex.

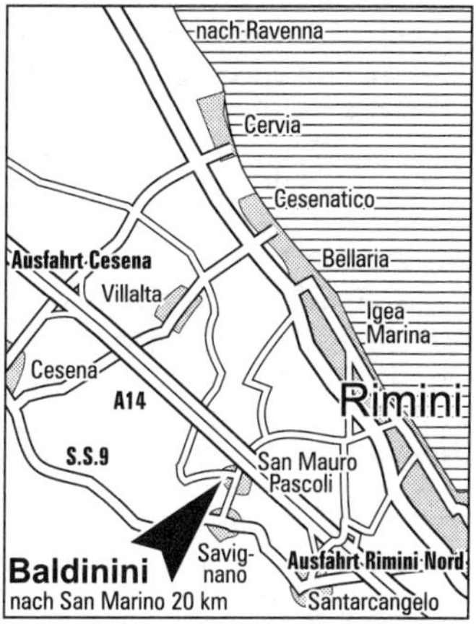

**SIMONA**

# Wohlbehagen bei Tag und Nacht

*Dessous und Homewear namhafter Wäschemarken: La Perla, Grigio Perla, Malizia, OCCHI VERDI, marvel, OCEANO, AnnaCLUB u. a.*

**Warenangebot:** viele Morgenmäntel, Negligés, Unterkleider, Nachtwäsche und Bodies aus Seide, Samt, Viskose und Baumwolle. Begrenztes Angebot an Bademoden und Dessous. Vereinzelt Kinder- und Herrenhemden, T-Shirts, Abendkleider, Blusen und Boxershorts. Viele Sonderangebote.

**Ersparnis:** bis 50%, auf Auslaufmodelle mehr. Preisbeispiele: Seidenunterkleid 70.000 Lit., Herren-Seiden-Pyjama 130.000 Lit., Stretch-Samt-Body ab 70.000 Lit., Spitzenbody ab 60.000 Lit., Damen-Seiden-Morgenmantel ab 120.000 Lit., Seidenneglígé 170.000 Lit., Spitzen-BH ab 35.000 Lit.

**Einkaufssituation:** großer Verkaufsraum mit Hallencharakter. Freundliche Bedienungen. Parkplatz vor dem Verkauf.

**Firma:** Confezioni SIMONA S.R.L., Via del Molino, 18 - 47026 San Piero in Bagno (FO), Telefon: 05 43/91 72 04.

**Öffnungszeiten:** Dienstag bis Samstag 9.00 bis 12.30 und 14.30 bis 19.00 Uhr.

**Streckenbeschreibung:** von Ravenna auf der E 45 in Richtung Perugia–Roma, Ausfahrt San Piero in Bagno. Gleich am Ortsbeginn, am Friedhof links, liegt Simona (kleines weißes Hinweisschild mit roter Schrift).

**DUEFFE**

# Mr. Cotton

*Der modische Hemdenhersteller der Marke „Cottonfield“.*

**Warenangebot:** modische Hemden der gehobenen Klasse, modische Farben, modische Formen.

**Ersparnis:** 50%. Die meisten Hemden sind für 45.000 Lit. zu haben. Es gibt auch Sonderangebote für nur 25.000 Lit.

**Einkaufssituation:** großer Raum auf einer Etage.

**Firma:** Dueffe camicie S.S. Postumia, Via Marconi, 23 - 35010 San Pietro in Gù (TV), Telefon: 0 49/9 45 53 55.

**Öffnungszeiten:** Montag 15.00 bis 19.00 Uhr, Dienstag bis Samstag 9.00 bis 12.30 und 15.00 bis 19.30 Uhr.

**Streckenbeschreibung:** An der S.S. 53 Vicenza–Cittadella fallen einzelne Ortschaften nicht auf, es reiht sich Gemeinde an Gemeinde. Der Hemdenladen liegt auf der linken Seite, wenn man von Vicenza kommt, wenige Kilometer vor Cittadella. Kurz vor dem Fabrikverkauf ist eine Esso-Tankstelle deutlich zu sehen. Kommt man aus Richtung Cittadella, bietet sich auf der rechten Seite groß ein „Dancing“ an, dann kommt gleich der Hemdenladen.

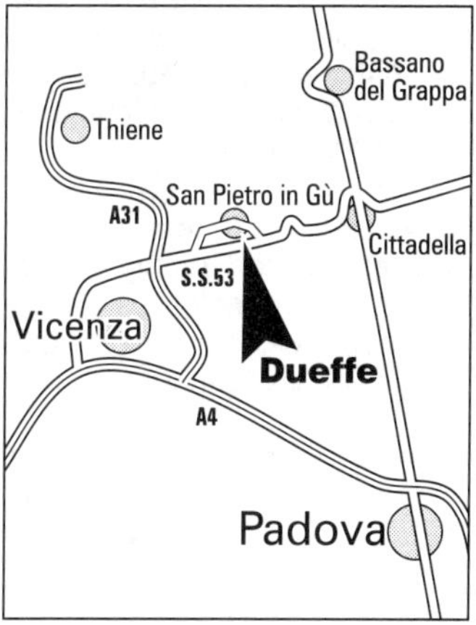

**MODESTO BERTOTTO**

# Edel sei die Klamotte, hilfreich und gut

*Modesto Bertotto verkauft Herrenmode allerbester Qualität. Die Liste der verwendeten Stoffe liest sich wie das Who is Who der Modewelt, von Cashmere bis Mohair. Im Design geht es den klassischen Weg, auffallend unauffällig, ohne Experimente.*

**Warenangebot:** Anzüge, Sakkos, Krawatten, Hosen, Hemden sowie Jacken und Mäntel, auch einige wenige Damensachen, die den Herrenmodellen nur in Quantität und nicht in Qualität nachstehen.

**Ersparnis:** 30%. Preisbeispiele: Sakkos ab 350.000 Lit. je nach Stoffqualität auch bis 540.000 Lit., Anzüge von 540.000 Lit. bis 800.000 Lit., Krawatten 40.000 Lit., Hemden 70.000 Lit., Mäntel ab 400.000 Lit., Jacken ab 300.000 Lit., Frauenblazer um 250.000 Lit., Röcke 100.000 Lit., Seidentücher um 40.000 Lit.

**Einkaufssituation:** riesige Auswahl in allen gängigen Größen, sehr kompetentes Personal, das auch mal das Maßband zur Hand nimmt.

**Firma:** Modesto Bertotto, Via Cesare Battisti, 99 - 13060 Sandigliano (BI), Telefon: 0 15/ 2 49 54 35.

**Öffnungszeiten:** Dienstag bis Samstag 9.00 bis 12.30 und 15.00 bis 19.30 Uhr.

**Streckenbeschreibung:** S.S. 230, Strada Trossi, von Vercelli Richtung Biella, 200 m vor der Eisenbahnunterführung links abbiegen und dem Hinweisschild folgen. Nun noch einmal links zu dem großen Komplex von Modesto Bertotto, der Laden befindet sich gleich an der Stirnseite.

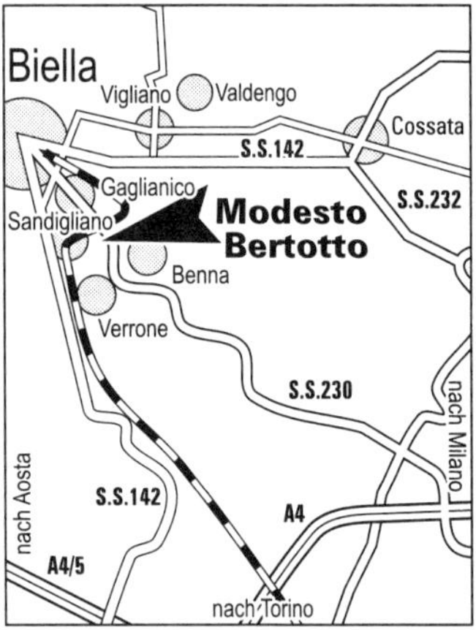

FIFTY FACTORY STORE

# Für jeden was

*Das OG der Rotonda di Saronno ist eine wahre Fundgrube. Sie finden hier Restposten aller erdenklichen Marken wie Chicco, Naj Oleari, Solo sopra, Marc O'Polo, Jake's, Bolgheri, Timothy, Voila', Blonde, Schuhe von Lario u.v.a. zu Traumpreisen.*

**Warenangebot:** alles, um eine Familie von Kopf bis Fuß einzukleiden.

**Ersparnis:** 50% und mehr. Preisbeispiele Naj-Oleari-Shirt 39.000 Lit. und passender Rock 39.000 Lit., Solo-sopra-Sommerpulli 39.000 Lit., Marc-O'Polo-Rippenstrickkleid – lang – 59.000 Lit., Jeans 59.000 Lit., mod. Silberblazer von Timothy in Visk./Leinen 229.000 Lit., Herrenhemden 49.000 Lit.

**Einkaufssituation:** ein richtiger Rundwanderweg für Schnäppchenjäger. Die Waren sind nach Marken sortiert, übersichtlich und gut ausgezeichnet.

**Firma:** Fifty Factory Store Freeland S.R.L., Via Luigi Lazzaroni, 25 - 21047 Saronno (VA), Telefon: 02/9 60 08 77.

**Öffnungszeiten:** Dienstag bis Samstag 9.00 bis 19.30 Uhr am letzten Sonntag im Monat ebenfalls von 9.00 bis 19.30 Uhr.

**Streckenbeschreibung:** Von Saronno Richtung A 9 Milano–Como, an der Autobahnauffahrt vorbei, liegt gleich rechter Hand der große Rundbau.

LA ROTONDA DI SARONNO

# Köstlichkeiten dal Forno della Rotonda

*Eine schöne Idee, Zwischenstation zu machen oder einen verregneten Urlaubstag zu verbringen. Hier ist die ganze Familie glücklich. Im EG kann sich jeder satt essen, im OG . . .* *siehe vorige Seite.*

**Warenangebot:** Amaretto, Gebäckspezialitäten – verfeinert mit Amaretto und ohne, Kuchen, Schokolade, ausgefallene Nudeln in allen Farben und Formen.

**Ersparnis:** 25%, bei Bruchware und Angeboten der Woche mehr. Preisbeispiele: Amarettokuchen 11.000 Lit., Amaretti morbidi 14.000 Lit., D. Lazzaroni & C.-Amaretti di Saronno, 275 g, 4.350 Lit., Tagliolini Cipriani, 250 g, 7.200 Lit., bunte Orecchiette Vecchio Molino Togni, 500 g, 10.500 Lit., 1 kg Bruchbisquits 5.200 Lit.

**Einkaufssituation:** Feinkostgeschäft neben der Produktionsstätte mit Imbißtheke.

**Firma:** La Rotonda di Saronno S.P.A., Via Luigi Lazzaroni 25 - 21047 Saronno (VA), Telefon: 02/96 42 44 04.

**Öffnungszeiten:** Dienstag bis Sonntag 7.30 bis 23.45 Uhr.

**Streckenbeschreibung:** Von Saronno Richtung A 9 Milano–Como, an der Autobahnauffahrt vorbei, liegt gleich rechter Hand der große Rundbau.

**JOCKEY** **PETER MASS** **CACHAREL**

# Zweckmäßig leger, aber anspruchsvoll

*Direktverkauf der Strickerei Sartori mit vielen bekannten Marken, die hier zum Teil – so wie Jockey – in Lizenz hergestellt werden.*

**Warenangebot:** Unterwäsche für Damen und Herren, Nachtwäsche, Pullis aller Art von Jokkey, Cacharel u. a., Bermudas, Polos und sonstige Freizeitkleidung für Herren, Accessoires von Marc O'Polo.

**Ersparnis:** 20%, bei 2. Wahl mehr. Preisbeispiele: Cacharel-T-Shirt 47.500 Lit., Jockey-Poloshirt 55.000 Lit., Peter-Mass-Achsel-Shirt 31.500 Lit., – wobei die Marke Peter Mass die preiswerteste ist, Gürtel 25.000 Lit., Boxershorts ab 10.000 Lit.

**Einkaufssituation:** großer Verkaufsraum, der einem guten Herrengeschäft entspricht.

**Firma:** Spaccio Aziendale Maglificeria Sartori, Via Paraiso, 60 - 36015 Schio, Telefon: 0445/67 31 62.

**Öffnungszeiten:** Montag 15.00 bis 19.00 Uhr und Dienstag bis Samstag 9.00 bis 12.00 und 15.00 bis 19.00 Uhr.

**Streckenbeschreibung:** A 31 Abfahrt Thiene über Marano nach Schio gleich links am Ortsanfang von Schio.

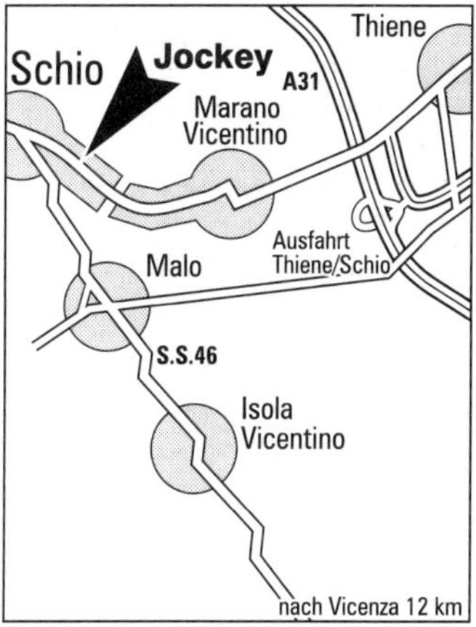

**MENINI**

# Einmal um die ganze Welt

*Weltbekannte Namen, wie Delsey, Samsonite, Mandarina Duck, Cerruti, Ungaro, Freeway u. a., unter einem Dach. Wer kennt sie nicht die unverwüstlichen, zweckmäßigen und flotten Reise- und Sportbegleiter.*

**Warenangebot:** große Auswahl an Koffern, Kosmetikkoffern, Sporttaschen, Handtaschen, Börsen und Mappen in modischer und zweckmäßiger Aufmachung aus Leder oder Kunststoff. Taschen für den Alltag, Sport, Abend und Reise.

**Ersparnis:** 10 bis 30%, jedoch nicht auf bereits reduzierte Ware. Preisbeispiele: Delsey-Koffer, gängige Größe, 144.000 Lit., 5teiliges Freeway-Kofferset 243.000 Lit., Silbertäschchen mit 3 Fächern 19.800 Lit.

**Einkaufssituation:** Verkaufsräume auf 2 Etagen mit sehr großer Auswahl an Koffern und Sporttaschen (die stark reduzierte Ware ist im Kellergeschoß), hilfsbereites Fachpersonal, kein hauseigener Parkplatz, parken auf der Straße möglich.

**Firma:** MENINI, Centro Pelletteria, Via Cadore, 141 - 20038 Seregno (MI), Telefon: 03 62/ 23 70 58.

**Öffnungszeiten:** Montag 15.00 bis 19.30 Uhr, Dienstag bis Samstag 9.00 bis 12.30 und 15.00 bis 19.30 Uhr.

**Streckenbeschreibung:** liegt an der Durchfahrtsstraße von Seregno nach Meda, kurz vor Ortsbeginn Meda linker Hand, gut gekennzeichnet.

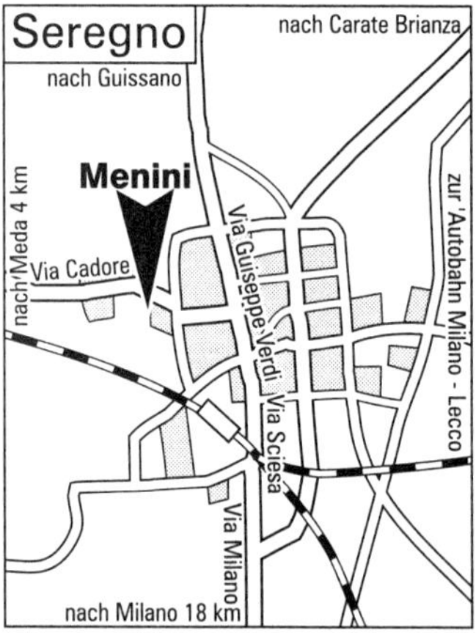

RICHARD-GINORI

# Hier wird vom Feinsten aufgetischt

*Renommierter Hersteller edelster Porzellanwaren in der Nachfolge der berühmten Porzellanmanufaktur Doccia. Porzellan von Ginori ziert seit 1735 die Tafeln europäischer Nobilitäten.*

**Warenangebot:** edle Kaffee-, Tee- und Tafelservices in klassischem Weiß oder mit farbigem Dekor. Ofenfeste Formen, Fischservices, Sammlerfiguren, Geschenkartikel.

**Ersparnis:** 50%, bei 2. Wahl 60% und mehr. 15teilg. Kaffeeservice 280.000 Lit., weiße Teller 4.000 bis 8.000 Lit. Espressosammeltassen mit Dekor 1.500 bis 16.000 Lit. Rokokkofiguren, 30 cm hoch, 300.000 Lit.

**Einkaufssituation:** heller, nüchterner Verkaufsraum mit Holzregalen, freundliche Bedienung, preisverdächtige Verpackung, großzügige Kreditkartenannahme, gute Parkmöglichkeit.

**Firma:** Richard-Ginori „La Botteguccia", Via Giulio Cesare, 19 - 50019 Sesto Fiorentino (FI), Telefon: 0 55/4 21 04 72.

**Öffnungszeiten:** Dienstag bis Samstag 9.00 bis 13.00 Uhr und 15.00 bis 19.00 Uhr. Das angeschlossene Porzellanmuseum hat folgende Öffnungzeiten: Dienstag bis Samstag 9.30 bis 13.00 Uhr und 15.00 bis 18.00 Uhr.

**Streckenbeschreibung:** Autobahn A 1 Bologna–Roma, Ausfahrt Prato/Calenzano, Ausschilderung „Sesto Fiorentino" folgen. Dort entlang der Viale Pratese, bis diese rechts in die Viale G. Cesare abbiegt. Nach 100 Metern Firmenschild und beigefarbener Verwaltungsbau auf der linken Straßenseite.

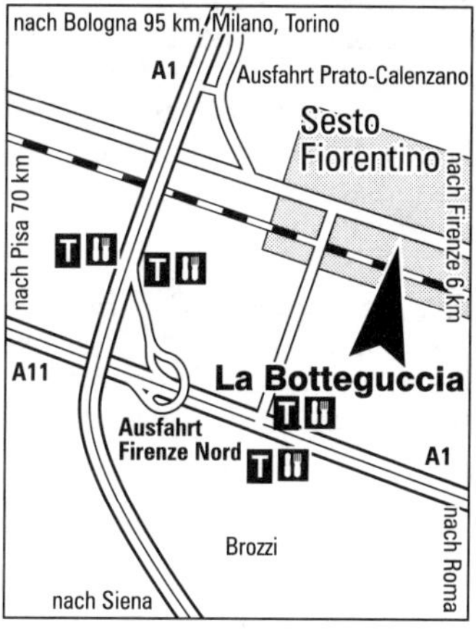

**REVEDI** **VALENTINO** **UNGARO**

# Gutes – Billig

*In mehreren Fabrikverkäufen verkauft die Revedi-Gruppe ihre Kollektionen. Es handelt sich durchweg um Mode in erstklassiger Qualität und sehr gutem Design. Auch das eine oder andere etwas ausgefallene Stück eines Top-Designers läßt sich hier finden.*

**Warenangebot:** Kleider, Kostüme, Röcke, Blazer, Blusen, Jacken, Herrenanzüge, Sakkos, Westen, Baumwollhosen, Jeans, Hemden, Krawatten, T-Shirts.

**Ersparnis:** um 50%. Preisbeispiele: Kleider um 80.000 Lit., Blazer um 90.000 Lit., topmodische Wachssommerjacken 112.000 Lit., Röcke 25.000 Lit., Revedi-Sakkos um 250.000 Lit., Féraud-Sakkos um 399.000 Lit., Hemden 40.000 Lit. bis 70.000 Lit. T-Shirts 20.000 Lit.

**Einkaufssituation:** normale Einzelhandelsatmosphäre, große Auswahl, alle Größen. Herren- und Damenabteilung befinden sich in zwei verschiedenen Gebäuden direkt nebeneinander.

**Firma:** Gruppo GFT-Revedi, Viale Casiraghi, 54 - 20099 Sesto S. Giovanni (MI), Telefon: 02/2 48 66 05.

**Öffnungszeiten:** Montag bis Samstag 9.00 bis 12.30 und 15.00 bis 19.30 Uhr.

**Streckenbeschreibung:** Von Milano Richtung Monza nicht auf der Superstrada (S.S.), sondern durch Sesto S. Giovanni. An der Piazza IV Novembre in die V. Casiraghi, der Verkauf liegt dort gleich rechter Hand.

**PINOT GRIGIO** **SOAVE** **CHARDONNAY**

**BARDOLINO** **VALPOLICELLA**

# Für italienische Momente

*Die Italiener haben es verstanden, aus ihren Weinen Kultgegenstände des modernen Zeitgeistes zu machen. Die einfachen Tafelweine bis hin zum Edelgewächs werden in geschmackvollen Flaschen dargeboten und müssen schon deshalb einfach gut sein.*

**Warenangebot:** Weine der Region Veneto vom Tafel- bis zum Qualitätswein, Grappe und Spumante.

**Ersparnis:** 30%. Preisbeispiele je 0,75-l-Flasche: Chardonnay-Tafelwein 3.450 Lit:, Bardolino-Tafelwein 4.000 Lit. und Soave-Tafelwein 4.100 Lit., Grappa gibt es ab 12.350 Lit. und Spumante ab 5.900 Lit. Bei kartonweiser Abnahme noch etwas günstiger.

**Einkaufssituation:** Der Wein ist in Kartons lieblos in einem kahlen Verkaufsraum gestapelt. Aber das ist sicher das, was die Preise, die gut ausgezeichnet sind, so sozial macht.

**Firma:** Cantina Sociale di Soave, Via Roma, 45 - 37038 Soave (VR), Telefon: 045/ 6139845.

**Öffnungszeiten:** Montag bis Freitag 8.30 bis 12.30 und 14.30 bis 18.30 Uhr, Samstag 9.00 bis 12.00 Uhr.

**Streckenbeschreibung:** A 9 Verona–Venezia, Ausfahrt Soave zum Zentrum Soave. Gleich hinter der Burgmauer rechts sehen Sie den Weinverkauf.

## ANCAP PORCELLANA

# Service international

*Hier wird Porzellan in jeder Preisklasse und Geschmacksrichtung hergestellt. Die Qualität reicht vom Alltags- bis Festtagsgeschirr, also für jeden Anlaß das Richtige.*

**Warenangebot:** vom schlichten, einfachen, billigen, weißen Teller bis zum aufwendigen, kunstvollen Dekor eines chinesischen Services. Von der Teetasse zum Aschenbecher, von der Vase zum Platzteller.

**Ersparnis:** 40 bis 60%. Preisbeispiele: Teller: 3.500 bis 18.000 Lit., Kaffeetasse um 5.000 Lit., Kaffeeservice für 15 Personen 199.000 Lit.

**Einkaufssituation:** typischer Fabrikverkauf, nicht sehr groß, aber prallvoll. Die Ware ist in Regalen ausgestellt und mit Preisen versehen. Sonderangebote stehen an der Kasse, oder sind zum Teil auf dem Boden gestapelt. Das Verkaufspersonal steht für Fragen freundlich zur Verfügung.

**Firma:** Ancap Porcellana, Via Libia, 1 - 37066 Sommacampagna (VR) Telefon: 0 45/ 51 50 88.

**Öffnungszeiten:** Montag 14.00 bis 19.00 Uhr, Dienstag bis Samstag 9.00 bis 12.30 und 14.00 bis 19.00 Uhr.

**Streckenbeschreibung:** A 4 Verona–Milano, Ausfahrt Sommacampagna. Bei der Ausfahrt links Richtung Bussolengo. Nach einem Kilometer kommt Ortsende Sommacampagna. Noch ein Kilometer, dann vor der Eisenbahnbrücke links, ein Kilometer bis zur Porzellanfabrik.

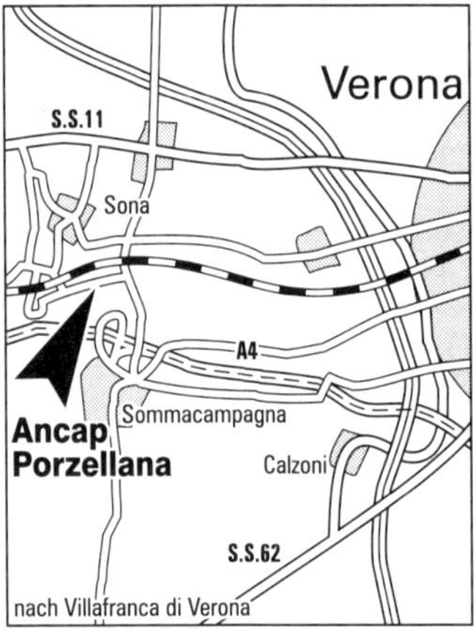

PERLETTI

# Hoffentlich regnet es bald mal wieder

*Eigentlich als Showroom für Großeinkäufer gedacht, kann hier aber auch Otto Normalverbraucher seinen Regenschirm kaufen. Vom Klassiker in englischem Karo, über Creationen von Laura Biagiotti, zum Donald-Duck-Vierfarb-Druck. Hier liegt der Sinn eines Schirms nicht nur im Trockenhalten des jeweiligen Besitzers.*

**Warenangebot:** Regenschirme und einige Handtaschen, Strandtaschen und Seidentücher.

**Ersparnis:** 50%. Preisbeispiele: Regenschirme aus Satin 15.000 Lit. und Regenschirme aus Nylon 10.000 Lit. Größer wird die Ersparnis, wenn man die Schirme im Karton zu jeweils 60 Stück kauft. Dann kostet ein Satinschirm um 7.000 Lit.

**Einkaufssituation:** ein großer Raum, der mit Schirmen voll ist bis unters Dach.

**Firma:** Perletti, Via Gaetano Scirea, 5/7 - 24060 Telgate (BG), Telefon: 0 35/8 31 00.

**Öffnungszeiten:** Montag bis Samstag 8.30 bis 12.30 und 14.30 bis 18.00 Uhr.

**Streckenbeschreibung:** Telgate liegt an der A 4 Milano–Venezia, nach Bergamo, an der Ausfahrt Grumello. Im Zentrum, der Via Roma um die Kirche herum folgen und rechts in die Via Noli Marenzi. Die Via Gaetano Scirea ist die zweite links. Perletti ist in dem großen gelben Fabrikgebäude zu Hause.

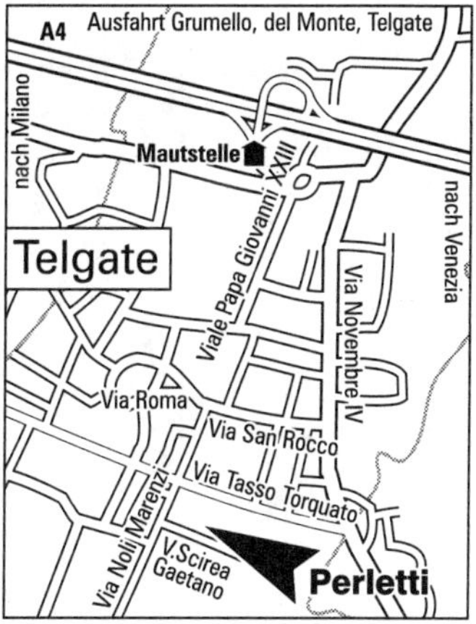

CHRISTIANO DI THIENE

# Der schwarze Mantel

*Christiano ist ein großer Hersteller und Exporteur von sehr modischer, qualitativ hochwertiger Lederware.*

**Warenangebot:** Viele hundert Mäntel und Jacken in verschiedenen Lederarten und Bearbeitungen.

**Ersparnis:** 50%. Das Preisniveau liegt grob bei 500.000 bis 1.000.000 Lit. Preisbeispiele: schwarze, halblange Nappalederjacke mit Gürtel 500.000 Lit.

**Einkaufssituation:** Es gibt eigentlich keinen Verkaufsraum. Man klingelt und wird freundlich bedient. Wenn es sein muß, wird eine Dame aus der Fabrikation geholt, die deutsch spricht.

**Firma:** Christiano di Thiene, Viale del Lavoro, 25 - 36016 Thiene (VI), Telefon: 04 45/ 38 03 30.

**Öffnungszeiten:** Dienstag bis Samstag 9.00 bis 12.00 und 14.30 bis 18.00 Uhr.

**Streckenbeschreibung:** Industriegebiet Thiene Süd. Christiano ist im Industriegebiet gut ausgeschildert.

FANTASIE

# Die sportliche Puppe

*Kleinerer Hersteller von modischer bis sportlicher, wohlbemerkt italienischer, Kindermode.*

**Warenangebot:** Die Kindermode reicht bis zum frühen jugendlichen Alter. Vom Kinderkleid bis zur Weste ist alles da.

**Ersparnis:** 50 bis 60%. Preisbeispiele: Kinderkleider 20.000 bis 50.000 Lit., modische Basketballshirts 20.000 Lit.

**Einkaufssituation:** großer, hoher Raum mit einer Dame an der Kasse.

**Firma:** Fantasie S.N.C. Via del Lavoro, 29 - 36016 Thiene (VI), Telefon: 04 45/36 41 81.

**Öffnungszeiten:** Montag 14.00 bis 19.00 Uhr, Dienstag bis Samstag 9.00 bis 12.00 Uhr und 14.00 bis 19.00 Uhr.

**Streckenbeschreibung:** Industriegebiet Thiene-Süd, neben der Lederfabrikation „Christiano", die überall im Industriegebiet ausgeschildert ist. Am Gebäude mit der Kindermode steht mit großen Buchstaben: today, bambini, italiani.

**FREEPORT**

# Jeans haben immer Saison

*Der Freeport-Outlet-Store bietet die in Jeansgeschäften üblichen Jeansvariationen, in gehobener Qualität, vorherrschend ist die Marke Freeport.*

**Warenangebot:** Jeans, Hemden, Pullis, Sweats, Kleider, Bermudas, Blusen und Jacken.

**Ersparnis:** 25%. Preisbeispiele: Poloshirt 35.000 Lit., Kurzarmhemd 45.000 Lit., Levis-Jeans 110.000 Lit.

**Einkaufssituation:** gepflegte Jeansboutique.

**Firma:** Freeport Uomo S.R.L., Via Marconi, 62/64 - 36016 Thiene (VI), Telefon: 04 45/ 38 17 88.

**Öffnungszeiten:** Montag 15.30 bis 19.30 Uhr, Dienstag bis Samstag 9.00 bis 12.30 und 15.30 bis 19.30 Uhr.

**Streckenbeschreibung:** Von der A 31 nach Thiene in die Via Cappuccini, dann rechts in die Viale Vittorio Veneto (immer Richtung Bassano), am Bahnhof vorbei immer geradeaus in die Via Marconi. Dort liegt nach ca. 500 m rechts das Freeport Outlet.

KINDER

# Bambini

*Bei diesem Hersteller kann man sehen, daß sich italienische Kinderliebe auch in Kinderbekleidung ausdrücken will.*

**Warenangebot:** Das Angebot zeigt, daß es bei Kinderbekleidung viel mehr Mode gibt, als man bei uns glaubt. Bei „Kinder“ gibt es alles zu sehen. Die Marke „Capitani Coreggiosi“ ist stark vertreten.

**Ersparnis.** 50%. Jeans und Bermudas 25.000 Lit., Kindersakkos 69.000 Lit.

**Einkaufssituation:** erstaunlich große Einkaufsfläche im Industriegebiet.

**Firma:** Kinder, Via dell Economia - 36016 Thiene (VI), Telefon: 04 45/38 05 80.

**Öffnungszeiten:** Dienstag bis Freitag 9.00 bis 12.00 und 14.00 bis 18.00 Uhr, Samstag 9.00 bis 12.00 und 15.00 bis 19.00 Uhr.

**Streckenbeschreibung:** Industriegebiet Thiene-Süd, letzter Kreisel rechts, auf der linken Seite. Auf der rechten Seite ist der riesige LKW-Hersteller Iveco zu sehen.

LA FLEUR AMETISTA

# Stilbewußte Feminität

*Die Fabrikation im gleichen Gebäude beliefert den darunterliegenden Direktverkauf. Es kann daher auch mal ein Modell aus dem Katalog oder eine Größe, die in dem kleinen Verkauf nicht vorrätig ist, aus der Näherei geholt werden.*

**Warenangebot:** Kostüme, Hosenanzüge, Röcke, Westen, Kleider und Mäntel.

**Ersparnis:** 25%, auf Ware der Vorsaison gibt es zusätzlich 70% Skonto. Preisbeispiele: elegantes, damenhaftes Leinenkleid aus der neuen Kollektion mit kurzen, bestickten Ärmeln 428.000 Lit.

**Einkaufssituation:** kleiner Verkauf im EG mit sehr freundlicher Bedienung.

**Firma:** Ametista, Spaccio Prêt-à-Porter Donna, Via 51° Stormo, 50 - 36016 Thiene (VI), Telefon: 04 45/38 07 55.

**Öffnungszeiten:** Montag bis Freitag 14.30 bis 18.00 Uhr, Samstag 9.00 bis 12.00 und 15.00 bis 18.00 Uhr.

**Streckenbeschreibung:** Von Thiene Richtung Industriegebiet Ost, am Hotel „La Torre" vorbei in die Via Stormo (Feldweg) bis zum Ende der Sackgasse, der Verkauf ist ausgeschildert.

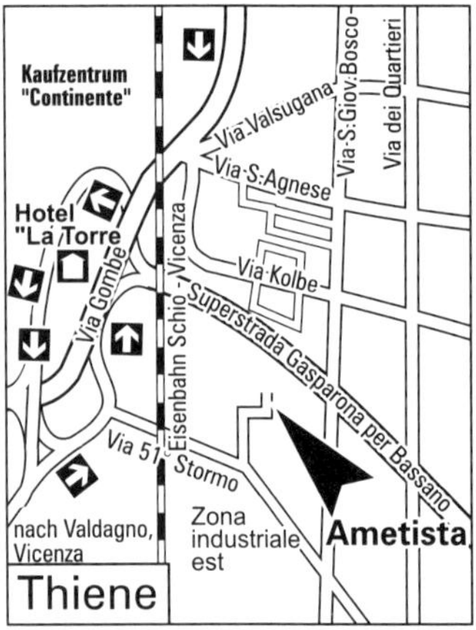

**MAJOR**

# Sportliche Verbindungen

*Die Firma Major stellt qualitativ gute Sport- und Freizeitkleidung her. Die Marke ist jedoch relativ unbekannt.*

**Warenangebot:** gute Auswahl an Sommer- und Winteranoraks, Skibekleidung, Pullis, Sweats, Polos, Fleecejacken, Sportanzügen in kurz oder lang – alles für Damen, Herren und Kinder, außerdem einige Mädchenkleider.

**Ersparnis:** 25 bis 50%. Preisbeispiele: American-Place-Polo-Shirt für Kinder 19.000 Lit., für Erwachsene 28.000 Lit., Steppjacke 94.000 Lit., modischer Herren-Sommeranorak Original Spillers 220.000 Lit., Kindersweat 3teilig (Pulli, kurze und lange Hose) 80.000 Lit.

**Einkaufssituation:** Lagerverkauf in unfreundlich dunklem UG (Keller) des Fabrikgebäudes, aber mit freundlicher Bedienung.

**Firma:** Confezioni Major S.N.C., Via San G. Bosco, 144 - 36016 Thiene (VI), Telefon: 04 45/38 60 75.

**Öffnungszeiten:** von September bis Januar: Dienstag bis Samstag 9.15 bis 12.00 und 14.30 bis 18.45 Uhr; von Februar bis Juli: Dienstag bis Samstag 15.00 bis 18.45 Uhr (August geschlossen).

**Streckenbeschreibung:** Von Thiene nach Bassano auf der S.S. Gasparona per Bassano gleich nach dem Einkaufszentrum links von der S.S. in die Via S.G. Bosco (Kiesweg) einbiegen. Nach ca. 30 m kommen Sie zu Major. Sie können da parken. Der Eingang zum Verkauf ist um das Gebäude herum in der Via Kolbe.

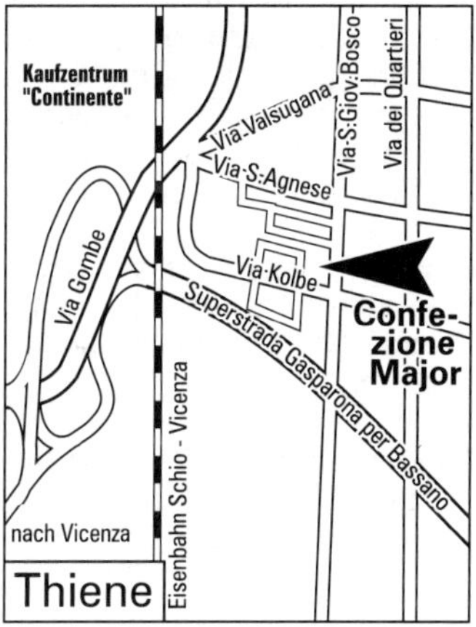

**FERRARI** **SEGNANA** **LUNELLI**

# Italien vom Feinsten

*Zu Beginn des Jahrhunderts hat Giulio Ferrari mit der Herstellung des Spumante begonnen, der ihn berühmt gemacht hat. Im Jahr 1952 hat die Unternehmensgruppe Lunelli – bekannt durch seine Weine – die Sektkellerei Ferrari und diesen Namen übernommen, 1982 wurde das Unternehmen noch durch die Segnana-Destillerie erweitert.*

**Warenangebot:** Ferrari-Spumante von Brut bis Perle und Maximun brut bis Demi sec, Segnana-Grappa di Chardonnay, di Pinot Nero, di Müller-Thurgau u.v.a., sowie die Lunelli-Weine Villa Gentilotti und Margon.

**Ersparnis:** 20%. Preisbeispiele: Ferrari Rosé 22.500 Lit., Ferrari Brut 19.800 Lit., Segnana Grappa Solera 20.000 Lit.

**Einkaufssituation:** Sie melden sich an der Pforte, in der großen, gepflegten Empfangshalle der modernen Destillerie. Da wird jemand bestellt, der Sie zum Verkaufsraum begleitet.

**Firma:** Ferrari F.lli Lunelli S.P.A., Via Ponte di Ravina, 15 - 38040 Trento (TN), Telefon: 04 61/97 23 11.

**Öffnungszeiten:** Montag bis Freitag 8.30 bis 12.30 und 14.30 bis 16.30 Uhr.

**Streckenbeschreibung:** A 22 Brenner–Modena – Abfahrt Trient/Zentrum. Vom Zentrum rechts über die Etsch (Ponte S. Lorenzo) und zwischen Etsch und Autobahn immer Richtung Ravina fahren. Gleich am Anfang von Ravina sehen Sie groß die Aufschrift Ferrari an einer großen Destillerie. Folgen Sie dann dem Wegweiser Cantina, sie können vor dem Ufficio parken.

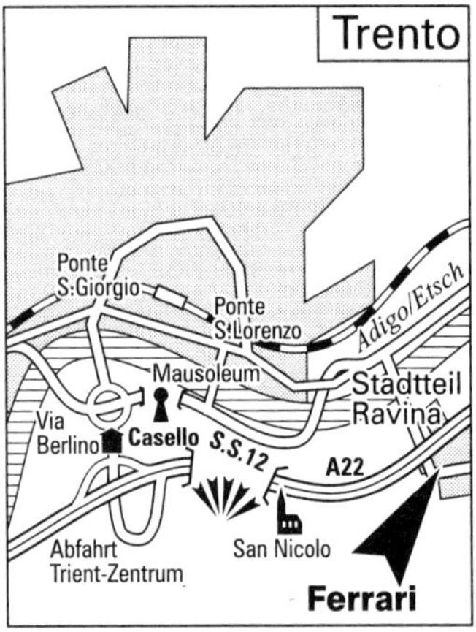

DM

# Bunt und flippig

*Nichts für Leute, die knallige Farben nicht mögen! Zurückhaltung ist nicht das Lieblingswort dieses Designers, hier geht es darum, aufzufallen.*

**Warenangebot:** modische, teils gewagte Kleider, Röcke, Blazer, Kostüme.

**Ersparnis:** 30 bis 50%. Preisbeispiele: Kleider um 80.000 Lit., Kostüme um 100.000 Lit., Röcke um 40.000 Lit., Blazer um 80.000 Lit. Sehr viel 2. Wahl, die dann noch viel günstiger ist. Teilweise ist sie allerdings auch erst nach eigenen Schönheitsreparaturen tragbar. So z. B. ein Kleid ohne Knöpfe, für dann nur 10.000 Lit. (Preis für 1. Wahl im selben Verkauf 75.000 Lit.)

**Einkaufssituation:** sehr einfache Warendarbietung und es scheint kein Anliegen zu sein, diese in irgendeiner Weise zu ordnen. Die Auswahl an Modellen ist sehr gering – es gibt kaum mehr als 20 Stück –, diese allerdings dann in allen Größen.

**Firma:** Confezione dm, Produzione e diffusione, S.S. 11 - 25030 Urago d'Oglio (BS).

**Öffnungszeiten:** Angabe vor dem Werk: Montag bis Samstag 10.00 bis 18.00 Uhr. Dies ist allerdings mit Vorsicht zu genießen, zumindest über Mittag ist der Verkauf geschlossen.

**Streckenbeschreibung:** direkt an der S.S. 11 Milano–Brescia in Urago d'Oglio gegenüber dem Zucchi-Verkauf. Keine Parkmöglichkeiten, deshalb bei Zucchi parken.

**ZUCCHI**

# Gut zu gebrauchen

*... ist eigentlich alles, was in diesem Verkauf angeboten wird. Designhöhepunkte sind die Tischdecken und Handtücher von Valentino. Alle Waren sind von sehr guter Qualität.*

**Warenangebot:** Tischtücher, Handtücher, Badetücher, Sesselüberzüge, dünne Bettdecken, Badeanzüge, Badehosen, Herrenhemden und Haushaltsstoffe.

**Ersparnis:** 30%. Preisbeispiele: Duschtuch 30.000 Lit., Valentino-Badetücher um 80.000 Lit., Decken um 80.000 Lit., große Tischdecken um 70.000 Lit., Herrenhemden 35.000 Lit., Badeanzüge und Badehosen um 40.000 Lit.

**Einkaufssituation:** Fabrikverkauf auf dem Firmengelände, der in Sachen Auswahl keine Wünsche offen läßt. Hier kann man stundenlang suchen.

**Besonderheiten:** eine weitere Verkaufsstätte ist in 20010 Casorezzo (MI), Via Ossona, 22.

**Öffnungszeiten:** Montag 14.00 bis 18.30, Dienstag bis Freitag 9.30 bis 18.30 und Samstag 9.00 bis 12.30 und 14.00 bis 18.00 Uhr.

**Firma:** Zucchi, Strada Statale, 11 - 25030 Urago d'Oglio (BS), Telefon: 0 30/7 07 03 95.

**Öffnungszeiten:** Montag bis Samstag 9.00 bis 12.30 und 14.30 bis 19.30 Uhr.

**Streckenbeschreibung:** Urago d'Oglio liegt an der S.S. 11 von Milano nach Brescia zwischen Chiari und Antegnate. Der Verkauf liegt, von Richtung Mailand kommend, auf der linken Seite direkt an der S.S. 11. Er wird schon Kilometer vorher durch große Werbeschilder angekündigt. Die Firma ist auch nicht zu übersehen.

**ELBI MODA** **LUIGI BOTTO** **CROSA & MONTEROSA**

# Von der Stange oder mal wieder stricken

*Hersteller-Direktverkauf auf zwei Etagen, angesiedelt im mittleren Bereich.*

**Warenangebot:** Herrenblazer, Herrenpolos, Seidenkrawatten und Hemden sowie Damenkostüme, Blusen, Pullis und Kleider und reichhaltige Auswahl an Baumwolle, Wolle, Mohair, Bouclé, Angora, Chenille, Beistrick- und Bändchengarnen mit Strickanleitungen (in italienisch).

**Ersparnis:** 30 bis 40%, bei Auslaufmodellen weitere 20%. Preisbeispiele: Herrenblazer aus Wolle ab 220.000 Lit., Polos aus Seide ab 75.000 Lit., Damenkostüm um ca. 265.000 Lit. und Damenpullis aus Seide und Wolle um 58.000 Lit. 1 kg Chenille-Garn ab 105.000 Lit. und 1 kg Mohair mit Wolle um 63.000 Lit.

**Einkaufssituation:** Verkaufsräume auf 2 Etagen. Im UG Bekleidung und im EG Garne Wolle. Verkäuferinnen halten sich zurück, fast sterile Atmosphäre. Parkplätze vor dem Gebäude.

**Firma:** Elbi Moda S.R.L., Filature di Crosa, Via Quintino Sella, 9 - 13060 Valdengo bei Cossato (BI), Telefon: 0 15/88 19 76.

**Öffnungszeiten:** Montag, Dienstag und Donnerstag bis Samstag 9.00 bis 12.30 und 14.30 bis 19.00 Uhr.

**Streckenbeschreibung:** an der S.S. 142 Biella–Cossato–Gattinara liegt Valdengo. Rechter Hand finden Sie die gut gekennzeichnete Verkaufsstätte.

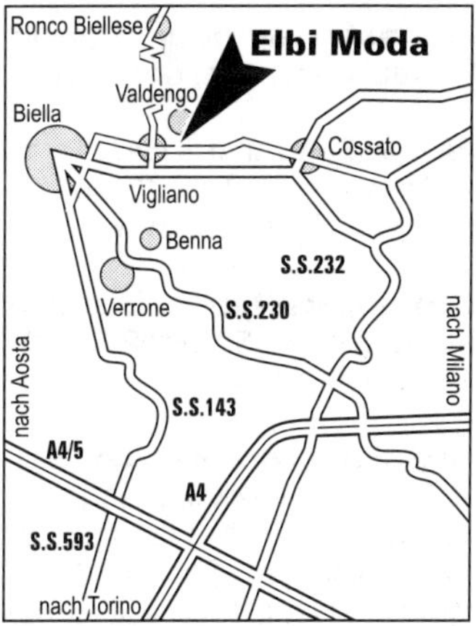

SAMBONET

# Entdeckungen

*Der Fabrikverkauf Sambonet liegt im Eingangsbereich der großen Produktionsstätte und bietet eine Vielfalt an Geschirr für eine schön gedeckte Tafel, Töpfe und viele Dinge, die Ihr Zuhause verschönern.*

**Warenangebot:** Geschirr aus Edelstahl oder versilbert, Töpfe, Porzellan (aus Japan), vereinzelt auch Glas und Kristall, Bestecke, Kerzenleuchter und viele andere Dekorationsstücke.

**Ersparnis:** 1. Wahl 25%, 2. Wahl 50%, bei Sonderangeboten mehr. Es gibt jeweils ein Angebot der Woche. Preisbeispiele: Edelstahlschale für 10.000 Lit., fünfarmiger, versilberter Kerzenleuchter 240.000 Lit., versilberte Kaffeekanne im Wiener Kaffeehausstil 170.000 Lit.

**Einkaufssituation:** großer Verkauf gegenüber der Pforte.

**Firma:** Sambonet S.P.A., Corso XXVI Aprile, 62/64 - 13100 Vercelli (VC), Telefon: 01 61/59 72 32.

**Öffnungszeiten:** Dienstag bis Samstag 9.30 bis 12.30 und 14.30 bis 18.45 Uhr.

**Streckenbeschreibung:** S.S. 230 von Biella kommend, vor Vercelli rechts über die Tangenziale Richtung Trino und bei Vercelli-Ovest (West) über die Via Trino nach Vercelli. Sambonet ist schon vor Ortsanfang Vercelli gut ausgeschildert (braun-gelbes Hinweisschild). Diese Wegweiser sind besser zu sehen, als die Straßenbezeichnungen. Jedenfalls fahren Sie geradeaus nach Vercelli, nach ca. 1 km rechts zum Corso Avogadro di Quaregna bis zur Piazza Medaglie d'Oro, dort rechts in die Via XXVI Aprile zu Sambonet.

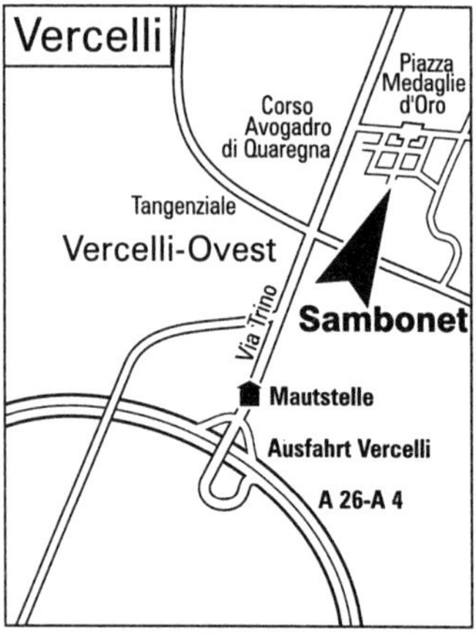

**LUCK**

# Der italienische Herrenausstatter

*Herrenkollektionen in verschiedenen Marken – z. B. Altieri, New Hampton, The Golf Club, Marcus, Rica Lewis u.v.a – in durchweg guter Qualität.*

**Warenangebot:** Mäntel, Anzüge, Hemden, Sakkos, Hosen, Strick- und Lederbekleidung und T-Shirts.

**Ersparnis:** 25 bis 50%. Preisbeispiele: Sakko um 200.000 Lit., Hosen um 60.000 Lit., Westen um 70.000 Lit., Altieri-Hemden ab 40.000 Lit., Rica-Lewis-T-Shirt 19.000 Lit., Nani-Bon-Baumwoll-Piqué-Hemd 91.000 Lit.

**Einkaufssituation:** nahezu einzelhandelsmäßiger, großer Verkauf im 1. Stock.

**Firma:** Luck S.P.A. - Divisione Abbigliamento, Via dell' Esperanto, 20 B - 37135 Verona (VR), Telefon: 0 45/8 20 41 61.

**Öffnungszeiten:** Montag 14.30 bis 19.00 Uhr, Dienstag bis Samstag 8.30 bis 12.30 und 14.30 bis 19.00 Uhr.

**Streckenbeschreibung:** A 4, Ausfahrt Verona-Süd, Richtung Modena. Von der Piazzale Europa über die Via Flavio Gioia rechts Richtung Modena, in die Via dell Esperanto abbiegen und nach ca. 100 m wieder rechts (bei Canguro), dann kommen Sie nach 30 m zum Parkplatz Luck.

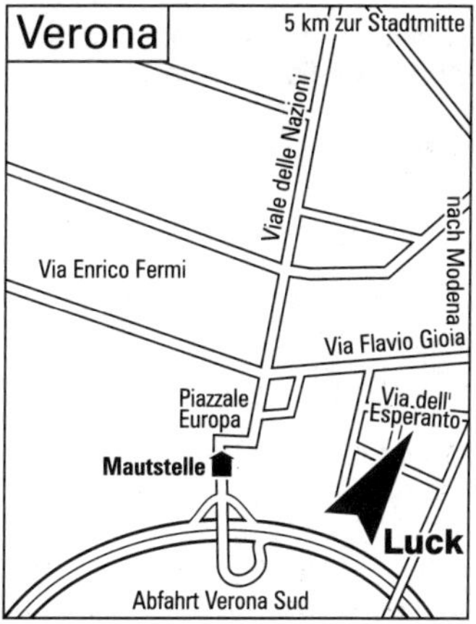

**ERMENEGILDO ZEGNA** **BOLGHERI**

# Für Arbeit und Freizeit

*Anzüge von E. Zegna finden Sie in vielen italienischen Factory-Outlets. Aber in dem Verkauf in Verrone ist das Angebot komplett. Von der gehobenen Freizeitkleidung bis zur Busineßkleidung – also Anzug und Krawatte – findet der modisch orientierte Mann hier alles.*

**Warenangebot:** Freizeit- und klassische Anzughemden, Pullover, Sakkos, Anzüge, Krawatten, Hosen, Jeans und Unterwäsche.

**Ersparnis:** 25%. Preisbeispiele: Anzüge ab 500.000 Lit., Sakkos von 290.000 Lit. bis 750.000 Lit. (reines Cashmere), Winterjacken 500.000 Lit., Hosen 90.000 Lit., Krawattenschal 44.000 Lit., Hemden ab 60.000 Lit.

**Einkaufssituation:** riesige Auswahl, alle Farben und Formen und alle Größen.

**Firma:** Bolgheri, Strada Trossi, 31 - 13030 Verrone (BI), Telefon: 0 15/2 55 83 82.

**Öffnungszeiten:** Dienstag bis Samstag 9.00 bis 12.30 und 14.30 bis 19.00 Uhr.

**Streckenbeschreibung:** S.S. 230, Strada Trossi, Vercelli–Biella, auf der rechten Straßenseite. Grün-weißes Hinweisschild beachten.

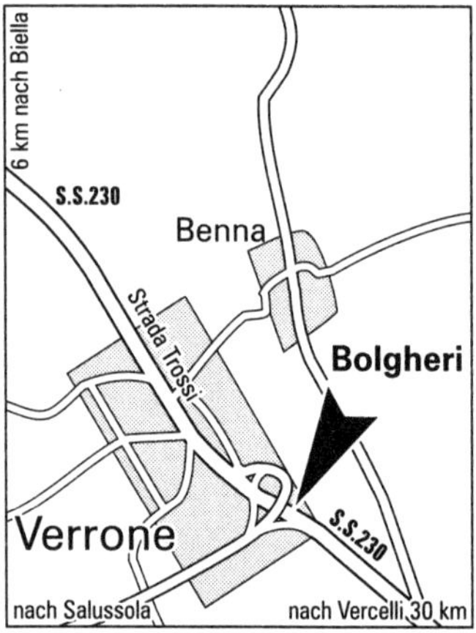

**FILA**

# Lust auf Sport

*Fila ist nicht erst durch Boris Becker ein Begriff für Tennis- und Sportkleidung geworden. Die Produktionsstätte befindet sich am Ortsende von Massazza, der Fila-Shop ist ca. 5 km davon entfernt in Verrone.*

**Warenangebot:** Tenniskleidung, Sporttaschen, Bademode, Skibekleidung, Freizeitmode und ein relativ gutes Sortiment an Schuhen. Alles für Damen, Herren und Kinder.

**Ersparnis:** 30%; bei Waren, die außerhalb der Saison sind mehr. Preisbeispiele: Damen-Winteranorak statt 210.000 nur 79.000 Lit., Kinderanorak 90.000 Lit., Tennissportanzüge/Polyester um 100.000 Lit., Polo-Shirt – uni – 41.000 Lit., Tennispolos ab 49.000 Lit., mod. Textil-Freizeitschuhe um 63.000 Lit., Fila-Jeans um 63.000 Lit.

**Besonderheiten:** Weiterer Fila-Shop in der Viale Cesare Battisti, 28, 13051 Biella (BI).

**Einkaufssituation:** nicht allzu großer Verkaufsraum, mit mittlerem Angebot. Bedienung hilft auf Wunsch weiter, Umkleidekabinen sind vorhanden.

**Firma:** Fila Diffusion S.R.L. Fila Shop, Strada Trossi, 8 - 13050 Verrone (BI), Telefon: 0 15/ 5 82 15 41.

**Öffnungszeiten:** Montag 15.00 bis 19.00 Uhr, Dienstag bis Samstag 9.00 bis 12.00 und 15.00 bis 19.00 Uhr.

**Streckenbeschreibung:** S.S. 230 Vercelli–Biella in Verrone auf der linken Straßenseite.

FRED PERRY UNGARO GANT WATRO

# At its best

*Freizeitkleidung von ihrer besten Seite, oberklassig und beinahe für jede Gelegenheit. Die Erfolgsformel: Qualität und Stil.*

**Warenangebot:** Halb- und Ganzarmpolos, Freizeithemden, Tenniskleidung, Strickwaren, Jacken alles im legeren aber exklusiven Freizeitlook.

**Ersparnis:** 40%. Preisbeispiele: Polo Fred Perry (1/2 Arm) 49.000 Lit., 1/1 Arm 57.000 Lit., Hemden 60.000 bis 80.000 Lit., Jacken ab 100.000 Lit., dickere Jacken von Gant kosten um 300.000 Lit., dicker Wollpullover von Fred Perry 120.000 Lit., Tennishemd 40.000 Lit., Tennispullunder 70.000 Lit.

**Einkaufssituation:** kleiner, an die Fabrik angeschlossener Verkauf mit freundlicher Beratung in sehr gediegenem Ambiente.

**Firma:** Beta SPA, Via per Bienna/Ecke Strada Trossi, 13 - 13050 Verrone (BI), Telefon: 0 15/5 82 18 45.

**Öffnungszeiten:** Montag 15.00 bis 19.00 Uhr, Dienstag bis Samstag 9.15 bis 12.30 und 15.00 bis 19.00 Uhr.

**Streckenbeschreibung:** S.S. 230 Vercelli–Biella, auf der rechten Straßenseite, ungefähr 300 m nach dem Fila-Direktverkauf. Hinweisschild beachten.

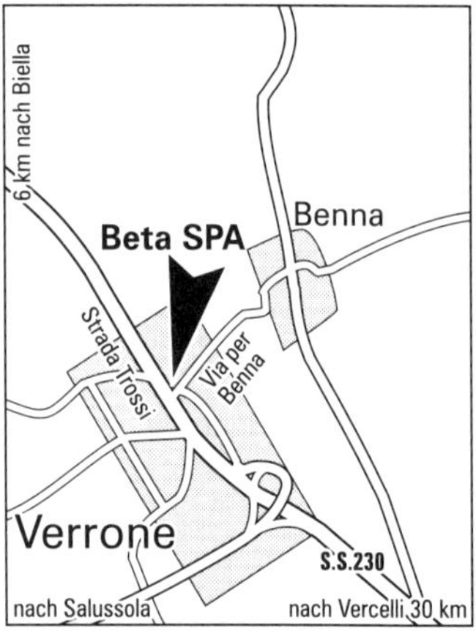

MAGLIA

# Nicht nur reine Schurwolle!

*Klassisches Sortiment in verschiedenen Wollqualitäten, alles preislich äußerst fair und eine freundliche Bedienung. Dies macht diesen Verkauf aus.*

**Warenangebot:** die ganze Palette verschiedener Pullis, vom Polo über den Rundkragen bis zum V-Ausschnitt, für Damen und Herren. Von Lambswool bis Cashmere in vielen Farben, auch einige Herrenhemden.

**Ersparnis:** 30%. Preisbeispiele: Pullis, egal welchen Schnittes, in Lambswool um 100.000 Lit., Damencardigans 90.000 Lit., dicker Cashmere-Pullover 540.000 Lit., andere dünnere Cashmerepullover um 300.000 Lit.

**Einkaufssituation:** Laden in Boutiquengröße. Große Auswahl an Pullis.

**Firma:** Maglia più Discount, Strada Trossi, 8 - 13050 Verrone (BI), Telefon: 0 15/2 55 84 55.

**Öffnungszeiten:** Dienstag bis Samstag 9.00 bis 19.00.

**Streckenbeschreibung:** S.S. 230, Strada Trossi, direkt neben dem Fila-Direktverkauf.

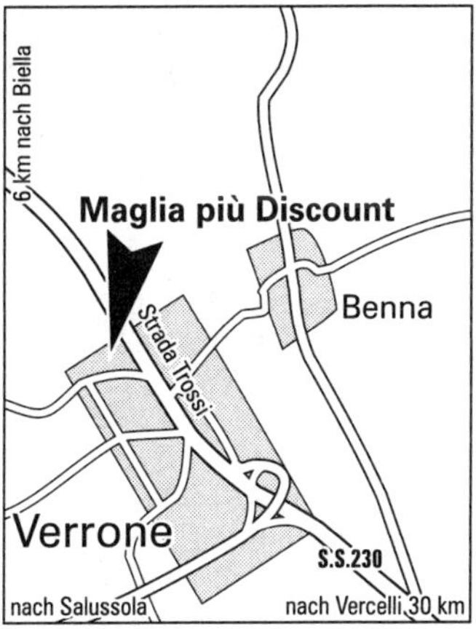

**ALBISETTI**

# Was darf's denn sein, bitte?

*Albisetti gibt ein Stellldichein für qualitativ und designmäßig hochwertige, bekannte Mode und bietet Restposten und 2. Wahl von CACHAREL, VALENTINO, FENDI, RALPH LAUREN, CALVIN KLEIN, GILMAR, CENTO X CENTO u.a.m. zu erschwinglichen Preisen.*

**Warenangebot:** begrenzte Auswahl an Damen- und Herrenbekleidung. Für die Dame Kleider, Röcke, Kostüme, Taschen, Bademoden oder Strickwaren und für den Herrn Anzüge, Polos, Schuhe, Hemden, Hausmäntel oder Badehosen.

**Ersparnis:** um 40% und mehr. Preisbeispiele: 2.-Wahl-Seidentücher ab 25.000 Lit., Baumwollpolos ab 15.000 Lit., Bikinis und Badanzüge Valentino und Ferré ab 55.000 Lit., gefüttertes Georgette-Hochsommerkleid mit Trägern 125.000 Lit., Calvin Kleinjeans ab 75.000 Lit., dazu passende Jeansjacke 97.000 Lit., Leinenjacke Valentino ab 150.000 Lit., Gilmar-Pulli 175.000 Lit.

**Einkaufssituation:** nicht allzu großer, kaufhausähnlicher Verkaufsraum, Ware zum Teil übersichtlich in Regalen, auf Kleiderständern und zum Teil auf großen Wühltischen, freundliche Bedienungen, hauseigener Parkplatz vor Verkaufsstätte.

**Firma:** ALBISETTI S.P.A., Via Nazionale, 3 - 22070 Vertemate (CO), Telefon: 0 31/90 11 90.

**Öffnungszeiten:** Montag 14.00 bis 19.00 Uhr, Dienstag bis Samstag 9.30 bis 12.30 und 14.00 bis 19.00 Uhr.

**Streckenbeschreibung:** an der Superstrada S.S. 35 von Milano nach Como in Vertemate auf der linken Straßenseite.

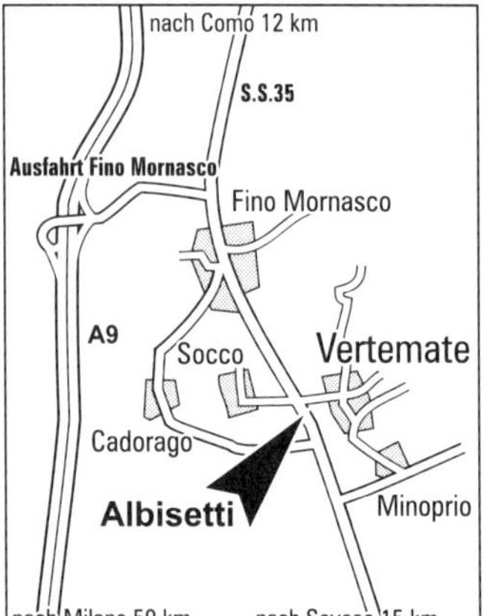

## GREEN TREE SHOP CASTELLI

# Tragbare Möglichkeiten

*Fabrikverkauf der Firma Confezioni Castelli aus Brendola. Die Mode liegt im mittleren Bereich und ist für viele Gelegenheiten genau das Richtige. Lui e Lei ist eine Marke, die dort vorherrscht, ebenso wie Green Tree und Kathleen Madden.*

**Warenangebot:** für Damen gibt es Röcke, Kleider, Blusen, Blazer, Hosen T-Shirts und Stricksachen, für Herren ist das Angebot kleiner und hauptsächlich auf Stricksachen, T-Shirts, Hemden und Polos beschränkt.

**Ersparnis:** bis 50% und darüber. Preisbeispiele: Kleid im Marinelook von Kathleen Madden, 98% Baumwolle, 2% Elasthan, mit Strickoberteil 58.000 Lit., Blusen ab 19.000 Lit./ 39.000 Lit., Herrenhemden ab 15.000 Lit., Herrenpolos um 45.000 Lit., Green-Tree-Leinen-Blazer für Damen, sportlich/rustikal, ohne Futter 125.000 Lit., Satin-Shirt 45.000 Lit.

**Einkaufssituation:** richtiger Fabrikverkauf, nicht sehr groß, mit vielen Wühlkörben, gefüllt mit 2.-Wahl-Ware und Sonderangeboten. Die übrige Ware ist in Regalen und an Ständern übersichtlich angeboten.

**Firma:** Green Tree Shop Castelli, Viale della Scienza, 46/ 48 - 36100 Vicenza (VI), Telefon: 04 44/96 04 56.

**Öffnungszeiten:** Dienstag bis Samstag 9.00 bis 12.30 und 15.00 bis 19.30 Uhr.

**Streckenbeschreibung:** A 4 Milano–Venezia, Abfahrt Vicenza-West – dann zweite Straße links in die Viale della Scienza, nach ca. 500 m auf der rechten Seite beim Supermarkt „Il Gransole" liegt der Fabrikverkauf mit großem Parkplatz.

**FRATELLI ROSSI**

# Für „Tausendfüßler"

*Fratelli ROSSI fertigt exquisite Designerschuhe für Yves Saint Laurent, FENDI, Genny, Cappriccio, Fendissima u. a.*

**Warenangebot:** kaum zu überblickende, gut sortierte, Auswahl an sportlichen, klassischen und modischen Damen-, Herren- und Kinderschuhen, überwiegend Vorsaison-Modelle. Sportkleidung für jede Sportart, evtl. auch mal vergilbt. Sportliche Damen- und Herrenoberbekleidung wie Pullis, Blazer, Röcke und Jackets.

**Ersparnis:** bis 50%, bei Sonderangeboten zum Teil bis 70%. Preisbeispiele: moderne Yves-Saint-Laurent-Pumps 169.000 Lit., flach, 139.000 Lit., klassische Herren-Sportschuhe ab 120.000 Lit., Damen-Sommerschuhe, flach, hochhackig, bunt oder uni, ab 75.000 Lit., Reitstiefel in Leder 169.000 Lit. und in Gummi 59.000 Lit. Prince-Damen-Tennisanzug (vergilbte Jacke) 80.000 Lit.

**Einkaufssituation:** großes Gebäude mit hallenähnlichem Verkaufsraum, randvoll gepackt. Parkplatz vor dem Haus.

**Firma:** Centro Sport, Fratelli ROSSI, Via Venezia, 8 - 35010 Vigonza (PD), Telefon: 049/ 625039.

**Öffnungszeiten:** Montag 15.15 bis 19.15 Uhr, Dienstag bis Samstag 9.30 bis 12.30 und 15.15 bis 19.15 Uhr.

**Streckenbeschreibung:** A 4 Verona–Venedig, Ausfahrt Padova Est (Ost). An der S.S. 11 in Richtung Venedig finden Sie rechter Hand, nicht zu übersehen, das Schuhzentrum Rossi (Schaukästen an der Gebäudefront). Ca. 1 km weiter liegt, ebenfalls rechts, RENÈ.

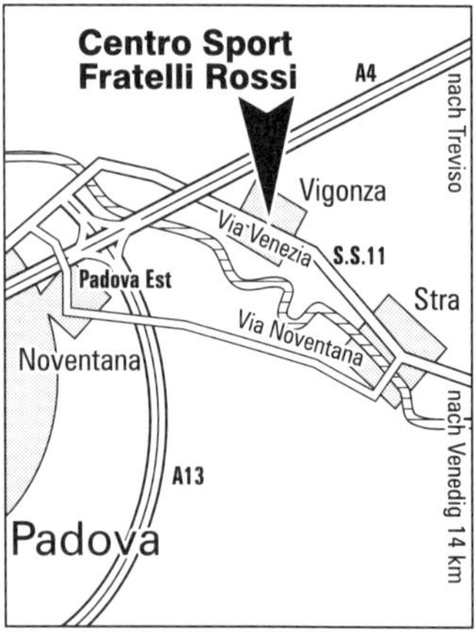

MILTON DAVID FREEMAN

# Einfach klassisch

*Verkauf von Blusen und Hemden aus eigener Herstellung. Hervorragend in der Qualität, klassisch und schnörkellos, doch nicht ohne das gewisse Etwas.*

**Warenangebot:** Blusen und Hemden in allen Größen, mit kurzem oder langem Arm, Damenblusen, Krawatten, einzelne Sakkos und Damenblazer oder Hosenanzüge.

**Ersparnis:** 25%. Preisbeispiele: Herrenhemden um 59.000 bis 69.000 Lit., sportliches Herrenkurzarmhemd in grober Baumwollstruktur mit modischem Kragen 59.000 Lit., Baumwollbluse um 70.000 Lit., ohne Arm 50.000 Lit., Sakko, Viskose, kariert, 229.000 Lit.

**Einkaufssituation:** gepflegter Verkauf direkt bei der Hemdennäherei.

**Firma:** Spaccio Milton Brando S.R.L., Via Manzoni, 119 - 36010 Zanè (Thiene) (VI), Telefon: 04 45/36 23 50.

**Öffnungszeiten:** Dienstag bis Samstag 9.30 bis 12.30 und 15.30 bis 19.30 Uhr.

**Streckenbeschreibung:** von Thiene Richtung Schio über Santorso, am Ortsende Thiene/ Ortsanfang Zanè gegenüber dem Centro Corte liegt der Verkauf.